TRUMAN CAPOTE

Música para camaleões

Nova escrita

Tradução
Sergio Flaksman

Companhia Das Letras

Tradução publicada mediante acordo com Random House Trade Publishing, uma divisão de Random House, Inc.

Título original
Music for chameleons

Capa
Raul Loureiro

Foto de capa
Truman Capote com Marylin Monroe © Bettmann/Corbis/Stock Photos

Preparação
Valéria Franco Jacintho

Revisão
Isabel Jorge Cury
Otacílio Nunes

Dados Internacionais de Catalogação na Publicação (CIP)
(Câmara Brasileira do Livro, SP, Brasil)

Capote, Truman, 1924-1984
Música para camaleões : nova escrita / Truman Capote ; tradução Sergio Flaksman. — São Paulo : Companhia das Letras, 2006.

Título original : Music for chameleons
ISBN 85-359-0782-3

1. Romance de não-ficção 2. Romance norte-americano I. Título.

06-0024 CDD-813

Índice para catálogo sistemático:
1. Romances : Literatura norte-americana 813

[2006]

EDITORA SCHWARCZ LTDA.
Rua Bandeira Paulista, 702, cj. 32
04532-002 — São Paulo — SP
Telefone: (11) 3707-3500
Fax: (11) 3707-3501
www.companhiadasletras.com.br

Para Tennessee Williams

Sumário

Prefácio, 9
I. Música para camaleões, 19
1. Música para camaleões, 21
2. O sr. Jones, 32
3. Uma luz na janela, 35
4. Mojave, 40
5. Hospitalidade, 65
6. O fulgor, 73

II. Caixões entalhados à mão, 91

III. Retratos por conversação, 181
1. Um dia de trabalho, 183
2. Olá, estranho, 203
3. Jardins ocultos, 220
4. Audácia, 236
5. E então tudo veio abaixo, 252
6. Uma criança linda, 266
7. Turnos noturnos, 286

Prefácio

Minha vida — a artística, pelo menos — poderia ser registrada num gráfico preciso, como a evolução de uma febre: os picos e os pontos mais baixos, os ciclos claramente definidos.

Comecei a escrever aos oito anos — a partir do nada, sem qualquer exemplo que me inspirasse. Jamais tinha conhecido alguém que escrevesse; a bem da verdade, conhecia poucas pessoas que liam. Mesmo assim, as únicas quatro coisas que me interessavam eram: ler livros, ir ao cinema, sapatear e desenhar. Então, um belo dia, comecei a escrever, sem saber que me acorrentara para o resto da vida a um amo nobre mas impiedoso. Deus, quando nos dá um talento, também nos entrega um chicote, a ser usado especialmente na autoflagelação.

Mas é claro que eu não sabia disso. Escrevia contos de aventura, de mistério policial, esquetes, histórias que ouvi de ex-escravos e veteranos da Guerra Civil. Era tudo muito divertido — num primeiro momento. Só parou de ter graça quando descobri a diferença entre escrever bem e escrever mal, e em seguida fiz uma descoberta ainda mais alarmante: havia uma diferença entre escrever muito bem e a verdadeira arte; sutil, mas devastadora. Daí em diante, o chicote não parou mais de descer!

Assim como alguns jovens passam de quatro a cinco horas por dia estudando piano ou violino, eu vivia entre meus papéis e minhas canetas. Apesar disso, jamais conversava com ninguém a respeito do que escrevia; se alguma pessoa me perguntasse o que eu andava fazendo durante todas aquelas horas, eu respondia que eram os trabalhos para a escola, que na verdade eu jamais fazia. Minha produção literária ocupava todo meu tempo: o meu aprendizado no altar da técnica e do domínio do ofício; as complexidades diabólicas da paragrafação, da pontuação, da disposição dos diálogos. Para não falar do grandioso projeto geral, o grande arco exigente unindo o meio ao começo e ao fim. Havia tanto o que aprender, e em tantas fontes: não só nos livros, mas na música, na pintura e na simples observação do dia-a-dia.

Na verdade, o mais interessante que eu escrevia naquela época eram as despojadas observações corriqueiras que registrava em meu diário. Descrições de vizinhos. Longas reproduções textuais de conversas entreouvidas. Mexericos locais. Uma espécie de noticiário ou reportagem, um estilo de "ver" e "ouvir", que mais tarde haveria de exercer séria influência sobre mim, embora na época eu não o percebesse, pois todas as minhas obras "formais", aquelas que eu retocava e datilografava com todo o cuidado, eram mais ou menos ficcionais.

Quando cheguei aos dezessete anos, já era um escritor consumado. Fosse eu um pianista, seria esse o momento do meu primeiro concerto. Decidi que estava pronto para ser publicado. Enviei contos para as principais revistas literárias trimestrais, bem como para as revistas de circulação nacional que, naquele tempo, traziam a melhor literatura de ficção dita "de qualidade" — *Story*, *The New Yorker*, *Harper's Bazaar*, *Mademoiselle*, *Har-*

per's, *Atlantic Monthly* —, e contos de minha autoria acabaram sendo devidamente publicados nesses periódicos.

E então, em 1948, publiquei um romance: *Other voices, other rooms*. Ele foi bem recebido pela crítica, tornando-se um best-seller. E também deu início, graças a uma exótica foto do autor na quarta capa, a certa notoriedade, que tem me acompanhado de perto desde então. De fato, muita gente atribuiu o sucesso comercial do romance à fotografia. Outros julgaram que esse livro não era mais do que uma aberração acidental: "É espantoso que uma pessoa tão jovem escreva tão bem assim". Espantoso? Mas eu só tinha feito escrever, todo dia, ao longo dos catorze anos anteriores! Ainda assim, o romance foi uma conclusão satisfatória para o primeiro ciclo do meu desenvolvimento.

Uma novela, *Bonequinha de luxo*, pôs fim ao segundo ciclo, em 1958. Durante os dez anos transcorridos, experimentei quase todos os gêneros literários, procurando dominar diversas técnicas e adquirir uma virtuosidade técnica tão forte e flexível quanto uma rede de pesca. Evidentemente fracassei em muitas das áreas que invadi, mas é verdade que os fracassos ensinam mais que os sucessos. Pelo menos foi o meu caso, e mais tarde pude aplicar, com grande proveito, o que tinha aprendido. De qualquer modo, durante essa década de explorações, escrevi coletâneas de contos (*A tree of night*, *Memória de Natal*), ensaios e retratos (*Local color*, *Observations*, minha obra contida em *Os cães ladram*), peças teatrais (*The grass harp*, *Uma casa de flores*), roteiros para cinema (*Beat the devil*, *Os inocentes*) e muitas reportagens factuais, em sua maioria para a *New Yorker*.

Na verdade, do ponto de vista do meu destino de criador, o trabalho mais interessante que fiz ao longo de toda essa segunda fase foi publicado inicialmente sob a forma de uma série de artigos na *New Yorker* e depois num livro intitulado *The muses are heard*. Neles, eu falava da primeira iniciativa de intercâmbio cultural entre a União Soviética e os Estados Unidos: a turnê pela Rússia, empreendida em 1955, da montagem de *Porgy and Bess* por uma companhia de negros americanos. Apresentei toda essa aventura como um cômico e curto "romance de não-ficção" ou "sem ficção" ["*nonfiction novel*"], o primeiro do gênero.

Alguns anos antes, Lillian Ross tinha publicado *Filme*, o livro em que relatava a produção de um longa-metragem, *A glória de um covarde*; com seus cortes rápidos, seus *flashbacks* e *flash-forwards*, a narrativa parecia ela própria um filme. Ao ler a obra me perguntei o que aconteceria se a autora abrisse mão de sua rígida disciplina linear de narrar tudo da maneira mais direta possível e apresentasse o conteúdo como se fosse ficcional — o livro resultaria melhor ou pior? E decidi, caso se apresentasse um tema apropriado, que eu faria uma tentativa dessas: *Porgy and Bess*, e a Rússia nas profundezas do inverno, pareceram-me o tema certo.

The muses are heard recebeu críticas excelentes; mesmo as fontes que normalmente não me encaravam com muita simpatia se viram levadas a elogiá-lo. Ainda assim, não atraiu uma atenção especial, e as vendas foram moderadas. Apesar disso, para mim, o livro foi um acontecimento importante: enquanto eu o escrevia, percebi que talvez tivesse encontrado uma solução para o que sempre fora meu maior dilema criativo.

Já fazia vários anos que eu me sentia cada vez mais atraído pelo jornalismo como forma de arte em si. E tinha dois motivos. Primeiro, não me parecia que nada de verdadeiramente inovador tivesse acontecido na literatura em prosa, ou na literatura em geral, desde os anos 20; segundo, o aspecto artístico do jornalismo era um território quase inexplorado, pela simples razão de que muito poucos artistas literários se dedicavam ao jornalismo narrativo; quando o faziam, era na forma de ensaios de viagem ou autobiografias. A partir de *The muses are heard*, comecei a pensar "em linhas" muito diferentes: eu queria produzir um romance jornalístico, uma obra de grande porte que tivesse a credibilidade do fato, a instantaneidade do cinema, a profundidade e a liberdade da prosa, e a precisão da poesia.

Mas foi só em 1959 que algum instinto misterioso me conduziu para o meu tema — um obscuro caso de homicídio numa região isolada do Kansas —, e foi apenas em 1966 que pude publicar o resultado, *A sangue frio*.

Num conto de Henry James, acho que "The middle years", um dos personagens, um escritor nas sombras da maturidade, lamenta: "Vivemos no escuro, fazemos o que podemos, o resto é a loucura da arte". Ou algo semelhante. De qualquer maneira, o sr. James é categórico; o que ele diz é verdadeiro. E a parte mais escura do escuro, a parte mais louca da loucura são os altos riscos permanentemente envolvidos no processo. Os escritores, pelo menos os que assumem riscos autênticos, os que se dispõem a agüentar o tranco e a caminhar na prancha, têm muito em comum com outra estirpe de homens solitários — os sujeitos que ganham a vida nos salões de bilhar e nas mesas de carteado. Muita gente achou que fosse loucura minha passar seis anos vagando pelas planícies do Kansas; outros rejeitaram integralmente meu conceito de "romance de não-ficção", proclamando que era indigno de um escritor "sério"; Norman Mailer descreveu isso como um "fracasso da imaginação" — queria dizer, suponho, que um romancista deveria escrever sobre algo imaginário, e não sobre coisas reais.

Sim, foi parecido com um jogo de pôquer de cacife muito alto; passei seis anos de estraçalhar os nervos, sem saber se tinha ou não um livro. Foram verões longos e invernos gelados, mas não parei de distribuir as cartas, de jogar minha mão da melhor maneira possível. E finalmente ficou claro que eu *tinha*, sim, um livro. Vários críticos protestaram, afirmando que "romance de não-ficção" não passava de um rótulo publicitário, de um logro, e que não havia nada de realmente novo ou original no que eu produzira. Mas houve quem tivesse uma impressão diferente, escritores que perceberam o valor da minha experiência e se apressaram em se apropriar dela — e ninguém com mais presteza do que Norman Mailer, que ganhou muito dinheiro e conquistou diversos prêmios escrevendo romances de não-ficção (*Os exércitos da noite*, *Of a fire on the moon*, *A canção do carrasco*), sempre tomando o cuidado, porém, de jamais descrevê-los como romances "de não-ficção". Não importa; Mailer é um belo escritor e um bom camarada, e fico satisfeito por lhe ter sido de alguma serventia.

A ziguezagueante curva do meu prestígio como escritor tinha chegado a uma altura considerável, e ali a deixei ficar antes de passar ao meu quarto, e espero derradeiro, ciclo. Por quatro anos, mais ou menos de 1968 a 1972, fiquei a maior parte do tempo lendo e escolhendo, reescrevendo e indexando cartas minhas, cartas remetidas por outras pessoas, meus diários e agendas (contendo relatos minuciosos de centenas de cenas e conversas) dos anos 1943 a 1965. Pretendia usar boa parte desse material num livro que já vinha planejando de longa data: uma variação sobre o romance de não-ficção. Dei ao livro o nome de *Answered prayers* [Súplicas atendidas], que remete a uma citação de santa Teresa: "Mais lágrimas foram derramadas por súplicas atendidas do que por súplicas sem resposta". Em 1972 comecei a trabalhar nesse livro escrevendo primeiro o último capítulo (é sempre bom saber para onde se vai). Em seguida, escrevi o primeiro capítulo, "Unspoiled monsters" [Monstros incólumes]. Então o quinto, "A severe insult to the brain" [Um grave insulto ao cérebro"]. E depois o sétimo, "La côte basque" [A costa basca]. E prossegui dessa maneira, escrevendo diversos capítulos fora da seqüência. E só conseguia fazê-lo porque o enredo — ou melhor, os enredos — era verdadeiro; e todos os personagens, reais; não era difícil guardar tudo na memória, porque nada tinha sido inventado. Ainda assim, *Answered prayers* não pretendia ser um *roman à clef* comum, em que os fatos se apresentam disfarçados de ficção. Minhas intenções eram opostas: remover os disfarces, e não fabricá-los.

Em 1975 e 1976, publiquei quatro capítulos do livro na revista *Esquire*. E isso despertou a irritação de certos círculos, nos quais se julgou que eu estaria traindo confidências, injuriando amigos e/ou adversários. Não pretendo entrar nessa discussão; a questão diz respeito à política social, e não ao mérito artístico. Direi apenas que tudo que um escritor pode usar em seu trabalho é o material que reuniu graças ao seu empenho e às suas observações, e que não se pode negar seu direito de usá-lo. É possível condenar esse uso, mas não impedi-lo.

Entretanto, acabei parando de trabalhar em *Answered prayers* em setembro de 1977, fato que nada teve a ver com qualquer reação do público aos trechos já publicados do livro. A interrupção ocorreu porque me vi às voltas com problemas sérios: sofri ao mesmo tempo uma crise criativa e uma crise pessoal. Já que esta última tinha muito pouca relação, ou nenhuma, com a primeira, só preciso me estender a respeito do caos criativo.

Hoje, por mais que tenha sido um tormento, fico feliz por essa crise ter acontecido; afinal, ela modificou inteiramente não só meu entendimento do ato de escrever, minha atitude em relação à arte, à vida e ao equilíbrio entre as duas, como também minha compreensão da diferença existente entre o que é verdade e o que é *realmente* verdade.

Em primeiro lugar, acho que a maioria dos escritores, mesmo os melhores, escreve além da conta. Prefiro escrever de menos. Simples, claro como um regato. Mas sentia que meu texto estava ficando denso demais, que eu precisava de três páginas para chegar a efeitos que deveria ser capaz de produzir num único parágrafo. Reli vezes sem conta tudo que tinha escrito de *Answered prayers*, e comecei a ter dúvidas — não em relação ao tema ou à minha abordagem, mas em relação à textura da escrita propriamente dita. Reli *A sangue frio*, e tive a mesma sensação: havia muitos trechos que eu não escrevera tão bem quanto deveria, cujo potencial não havia explorado plenamente. Aos poucos, mas com uma sensação de alarme cada vez maior, li cada palavra que já tinha publicado, e percebi que nunca, em nenhum momento da minha vida de escritor, eu tinha conseguido deflagrar toda a energia e toda a excitação estética que o material continha. Mesmo quando o texto era bom, dava para notar que eu só tinha trabalhado com a metade, e às vezes apenas um terço, dos poderes de que dispunha. Por quê?

A resposta, revelada a mim ao cabo de meses de meditação, era simples mas não satisfatória. Pelo menos, não adiantou de nada para atenuar minha depressão; na verdade, fez com que ela se adensasse. Porque a resposta criava um problema aparentemente insolúvel, e, se eu não fosse capaz de resolvê-lo, o melhor seria parar de escrever. O problema era: como é que um escritor pode combinar com sucesso, em uma única forma — o conto, digamos —, tudo que sabe sobre todas as demais formas de escrita? Por isso minha obra muitas vezes só produzia uma luz insuficiente; a voltagem estava presente, mas, por me restringir às técnicas da forma em que estava trabalhando, eu acabava por não usar tudo que sabia a respeito de composição literária — tudo que eu aprendera escrevendo roteiros de cinema, peças teatrais, reportagens, poemas, contos, novelas, romance. Um escritor precisa dispor na mesma paleta de todas as suas cores, de todas as suas habilidades, de modo a poder combiná-las (e, nos casos apropriados, aplicá-las simultaneamente). Mas como?

Voltei a *Answered prayers*. Eliminei um capítulo e reescrevi outros dois. Um progresso, sem dúvida um progresso. Mas a verdade é que eu precisava retornar ao jardim-de-infância. E lá estava eu — mais uma vez correndo riscos numa dessas apostas assustadoras! Mas estava animado; sentia sobre mim o brilho de um sol invisível. Ainda assim, meus primeiros experimentos foram canhestros. Eu me sentia realmente uma criança às voltas com uma caixa de lápis de cor.

Do ponto de vista técnico, a maior dificuldade que eu tivera ao escrever *A sangue frio* tinha sido me deixar completamente de fora. Normalmente, o repórter precisa se usar como personagem, como uma testemunha ocular, a fim de firmar sua credibilidade. Mas eu considerava essencial para o tom aparentemente neutro desse livro que o autor estivesse ausente. Na verdade, em todas as minhas reportagens, eu sempre tentara me manter o mais invisível que conseguia.

Agora, porém, eu me postava no centro do palco, e reconstituía, com rigor e minúcia, conversas corriqueiras travadas com pessoas do cotidiano: o zelador do meu prédio, um massagista da academia de ginástica, um velho colega de escola, meu dentista. Depois de escrever centenas de páginas desse tipo de coisa bem simplória, acabei desenvolvendo um estilo. Tinha encontrado uma estrutura básica em que eu poderia incorporar tudo que sabia sobre a arte de escrever.

Tempos depois, usando uma versão modificada dessa mesma técnica, escrevi uma novela de não-ficção ("Caixões entalhados à mão") e uma série de contos. E o resultado é este volume: *Música para camaleões*.

E como foi que tudo isso afetou minha outra obra em andamento, *Answered prayers*? Consideravelmente. Por enquanto, eis-me aqui, nas trevas da minha loucura, totalmente a sós com meu baralho — e, claro, com o chicote que Deus me deu.

I. MÚSICA PARA CAMALEÕES

1. Música para camaleões

Ela é alta e esbelta, tem uns setenta anos, cabelos grisalhos, é bem cuidada, nem preta nem branca, de uma cor dourada e clara de rum. É uma aristocrata da Martinica que vive em Fort-de-France, mas também tem um apartamento em Paris. Estamos sentados no terraço de sua casa, uma casa arejada e elegante, que parece toda feita de renda de madeira: lembra certas casas antigas de Nova Orleans. Estamos tomando chá de hortelã gelado, levemente temperado com absinto.

Três camaleões verdes perseguem uns aos outros pelo terraço; um deles faz uma pausa aos pés de Madame, exibindo a língua bífida, e ela comenta: "Camaleões. Criaturas excepcionais. A maneira como mudam de cor. Vermelho. Amarelo. Verde-limão. Cor-de-rosa. Lilás-claro. E sabia que adoram música?". Ela me contempla com seus belos olhos negros. "Não acredita?"

Madame passara toda a tarde me contando muitas coisas curiosas. Como à noite seu jardim ficava cheio de imensas mariposas noturnas. Que seu motorista, uma figura de grande dignidade que me conduzira até a casa dela numa Mercedes verde-escura, tinha sido condenado pelo envenenamento da mulher mas fugira da ilha do Diabo. E descrevera uma aldeia, no alto das montanhas do norte, totalmente habitada por albinos: "Pessoinhas de olhos cor-de-rosa, brancas como giz. Ocasionalmente podemos ver algumas delas nas ruas de Fort-de-France".

"Sim, é claro, acredito."

Ela inclina de lado a cabeça prateada. "Não, não acredita. Mas vou provar."

Com essas palavras, Madame ingressa em seu fresco salão caribenho, um aposento sombreado com ventiladores de teto que giram devagar, e se instala num piano bem afinado. Continuo sentado na varanda, de onde consigo observar essa mulher sofisticada e idosa, produto de sangues variados. Ela começa a executar uma sonata de Mozart.

Aos poucos os camaleões se acumularam; uma dúzia, mais uma dúzia, na maioria verdes, alguns escarlates, outros lilás. Trotavam através da varanda e se aglomeravam à porta do salão, uma platéia sensível e atenta à música executada. E que parou, porque de repente minha anfitriã se levantou e bateu o pé, ao que os camaleões se espalharam como fagulhas desprendidas por uma estrela que explodisse.

Então ela me encara. "*Et maintenant*? *C'est vrai*?"

"De fato. Mas parece tão estranho."

Ela sorri. "*Alors*. Esta ilha inteira nada em estranheza. Esta casa, por exemplo, é assombrada. Muitos fantasmas moram aqui. E não nas trevas. Alguns deles aparecem à luz forte do meio-dia; mais atrevidos, impossível. Impertinentes."

"O que também é comum no Haiti. Lá os fantasmas muitas vezes andam em plena luz do dia. Uma vez vi uma horda de fantasmas trabalhando num campo perto de Petionville. Removiam lagartas dos cafeeiros."

Ela aceita a informação como fato, e continua: "*Oui. Oui.* Os haitianos fazem seus mortos trabalhar. São conhecidos por isso. Os nossos, deixamos entregues às suas dores. E a seus caprichos. Tão rudes, os haitianos. Tão *créoles*. E lá é impossível mergulhar, os tubarões são tão assustadores. E os mosquitos: o tamanho deles, a audácia! Aqui na Martinica não temos mosquitos. Nenhum".

"Já tinha reparado; e me perguntei por quê."

"Também nos perguntamos. A Martinica é a única ilha do Caribe que não é amaldiçoada pelos mosquitos, e ninguém sabe explicar por quê."

"Talvez as mariposas noturnas devorem todos eles."

Ela ri. "Ou os fantasmas."

"Não. Acho que os fantasmas iriam preferir as mariposas."

"É, as mariposas devem ser o alimento favorito dos fantasmas. Se eu fosse um fantasma esfomeado, comeria qualquer coisa exceto mosquitos. Quer mais gelo no seu copo? Mais absinto?"

"Absinto. Não conseguimos isso nos Estados Unidos. Nem mesmo em Nova Orleans."

"Minha avó paterna era de Nova Orleans."

"A minha também."

Enquanto ela serve o absinto de um deslumbrante frasco esmeralda: "Então talvez sejamos aparentados. O nome de solteira dela era Dufont. Alouette Dufont".

"Alouette? É mesmo? Muito bonito. Sei de duas famílias Dufont em Nova Orleans, mas não tenho parentesco com nenhuma delas."

"Que pena. Seria divertido chamar você de primo. *Alors*. Claudine Paulot me disse que esta é sua primeira visita à Martinica."

"Claudine Paulot?"

"Claudine e Jacques Paulot. Você os conheceu no jantar do governador, na outra noite."

Eu me lembro: ele é um homem alto e bem-apessoado, o primeiro presidente do Tribunal de Apelações para a Martinica e a Guiana Francesa, onde fica a ilha do Diabo. "O casal Paulot. Sei. Eles têm oito filhos. Ele é bastante favorável à pena de morte."

"O senhor parece ser um viajante. Por que nunca tinha vindo para cá?"

"À Martinica? Bem, eu tinha certa relutância. Um grande amigo meu foi assassinado aqui."

Os lindos olhos de Madame se mostram uma fração menos amigáveis do que antes. E ela faz um pronunciamento pausado: "O homicídio é uma ocorrência rara aqui. Não somos um povo violento. Somos sérios, mas não violentos".

"Sérios. Sim. As pessoas nos restaurantes, nas ruas, até mesmo nas praias têm expressões muito severas. Parecem bastante preocupadas. Como os russos."

"Precisamos ter em mente que aqui a escravidão só acabou em 1848."

Não consigo ligar as duas coisas, mas não chego a perguntar nada, porque ela já diz: "Além do mais, a Martinica é *très chère*. Um sabonete comprado em Paris por cinco francos aqui custa o dobro. O preço de tudo é duas vezes mais alto porque tudo precisa ser importado. Se esses criadores de caso conseguirem o que querem, e a Martinica se tornar independente da França, vai ser o fim de tudo. A Martinica não tem como existir sem o subsídio da França. Simplesmente deixaríamos de existir. *Alors*, alguns de nós têm uma expressão bem séria. Mas, falando de maneira geral, você acha a população atraente?".

"As mulheres. Vi algumas mulheres lindíssimas. Dóceis, delicadas, de postura lindamente altaneira; de estrutura óssea excelente, como a dos gatos. E elas também têm certa agressividade muito atraente."

"É o sangue senegalês. Temos muitos senegaleses aqui. Mas e os homens? Não os acha tão atraentes?"

"Não."

"Concordo. Os homens não são atraentes. Comparados às nossas mulheres, parecem irrelevantes, sem caráter: *vin ordinaire*. A Martinica, sabe, é uma sociedade matriarcal. Quando isso ocorre, como na Índia, por exemplo, os homens nunca são grande coisa. Percebi que o senhor está olhando para meu espelho negro."

Estou. Meus olhos o miram, distraídos — são atraídos por ele contra minha vontade, como às vezes são irresistivelmente cativados pelo chuvisco sem sentido de um aparelho de televisão mal regulado. O poder que ele tem é assim frívolo, e portanto vou descrevê-lo em excesso — à maneira desses romancistas da "avant-garde" francesa que, tendo descartado a narrativa, os personagens e a estrutura, se restringem a parágrafos que ocupam uma página toda detalhando os contornos de um único objeto, a mecânica de um movimento isolado: uma parede, uma parede branca em que uma mosca descreve meandros. Assim: o objeto na sala de estar de Madame é um espelho negro. Tem pouco menos de vinte centímetros de altura e quinze de largura. É emoldurado por um estojo de couro negro surrado, em forma de livro. Na verdade, o estojo está aberto sobre uma mesa, exatamente como se fosse uma edição de luxo para ser folheada e lida; mas não há nada ali que se possa ler ou ver — além do mistério da imagem de quem o contempla projetada pela superfície do espelho negro antes de se afundar em suas profundezas sem fim, seus corredores de trevas.

"Pertenceu", ela explica, "a Gauguin. O senhor sabe, claro, que ele viveu e pintou aqui antes de se instalar entre os polinésios. Esse espelho negro era dele. Era um artefato muito comum entre os artistas do século passado. Van Gogh usava um. E Renoir também."

"Não entendo muito bem. Para que eles usavam esses espelhos?"

"Para refrescar a visão. Renovar sua resposta à cor, às variações de tonalidade. Depois de um período longo trabalhando, com os olhos fatigados, descansavam contemplando esses espelhos negros. Exatamente como os gourmets, num banquete com vários pratos sofisticados, reavivam o palato com um *sorbet de citron*." Madame ergue da mesa o pequeno volume que contém o espelho e o passa para mim. "Eu o uso com freqüência, quando meus olhos se ressentem do excesso de sol. É muito reconfortante."

Reconfortante mas também perturbador. O negrume, quando o contemplamos por bastante tempo, deixa de ser negro e se torna de um estranho azul prateado, o limiar de visões secretas; como Alice, eu me sinto à beira de uma viagem através do espelho, uma viagem que hesito em começar.

A certa distância escuto a voz dela — enevoada, serena, culta: "O senhor então tinha um amigo que foi assassinado aqui?".

"Tinha."

"Americano?"

"Sim. Era um homem muito talentoso. Músico. Compositor."

"Ah, eu me lembro — o homem que escrevia óperas! Judeu. Usava bigodes."

"Chamava-se Marc Blitzstein."

"Mas já faz tanto tempo! Pelo menos quinze anos. Ou mais. Pelo que entendi, o senhor está hospedado no novo hotel. La Bataille. O que está achando?"

"Muito agradável. Um pouco tumultuado porque estão construindo um cassino lá. O homem encarregado do cassino se chama Shelley Keats. Quando soube achei que fosse piada, mas o nome dele realmente é esse."

"Marcel Proust trabalha no Le Foulard, aquele pequeno restaurante de frutos do mar em Schoelcher, a aldeia de pescadores. Marcel é garçom. Você ficou decepcionado com nossos restaurantes?"

"Sim e não. São melhores do que em qualquer outro lugar do Caribe, porém caros demais."

"*Alors*. Como eu já disse, tudo aqui é importado. Não plantamos nem os legumes e verduras que comemos. Os nativos se acham muito especiais." Um beija-flor entra na varanda e se equilibra casualmente no ar. "Mas nossos frutos do mar são excepcionais."

"Sim e não. Nunca vi lagostas tão imensas. Verdadeiras baleias; criaturas pré-históricas. Pedi uma, mas não tinha gosto de nada e era tão dura de mastigar que perdi uma obturação. Como as frutas da Califórnia: lindas de se olhar, mas sem gosto."

Ela sorri, nada feliz: "Bem, espero que nos desculpe". Eu me arrependo da minha crítica e percebo que não estou sendo muito gentil.

"Almocei no seu hotel semana passada. Na varanda que dá para a piscina. Fiquei chocada."

"Por quê?"

"Por causa dos banhistas. As senhoras estrangeiras em torno da piscina estavam sem nada em cima e com muito pouco embaixo. Isso é permitido no seu país? Mulheres se exibindo praticamente nuas?"

"Não num lugar tão público quanto uma piscina de hotel."

"Exatamente. E não acho que deveria ser tolerado aqui. Mas é claro que não podemos nos dar ao luxo de contrariar os turistas. O senhor se deu ao trabalho de conferir alguma das nossas atrações turísticas?"

"Ontem fomos ver a casa onde nasceu a imperatriz Josefina."

"Jamais aconselho alguém a fazer esse passeio. Aquele velho, o curador, que nunca fecha a boca! E não sei dizer o que é pior — o francês, o alemão ou o inglês que ele fala. Muito aborrecido. Como se a viagem até lá já não fosse bastante cansativa."

Nosso beija-flor se retira. Ao longe, ouvimos orquestras de tambores de aço, pandeiros, um coro de vozes embriagadas ("*Ce soir, ce soir nous danserons sans chemise, sans pantalons*": Hoje à noite, hoje à noite dançaremos sem camisa e sem calças), sons que nos fazem lembrar que é Carnaval na Martinica.

"Geralmente", ela declara, "saio da ilha durante o Carnaval. É impossível. O tumulto, o mau cheiro."

Quando planejei minha experiência na Martinica, que incluía viajar na companhia de três outras pessoas, não sabia que nossa visita coincidiria com o Carnaval: nasci em Nova Orleans, já estou farto desse assunto. No entanto, a versão martinicana se revelou surpreendentemente vital, espontânea e animada, como a explosão de uma bomba numa fábrica de fogos de artifício. "Estamos gostando, meus amigos e eu. Ontem à noite vimos um grupo maravilhoso desfilando: cinqüenta homens com guarda-chuvas pretos, cartolas de seda e esqueletos fosforescentes pintados no peito. Adoro as senhoras com perucas feitas de tiras de papel dourado e com lantejoulas coladas por todo o rosto. E os homens de branco, usando os vestidos de noiva de suas mulheres! E os milhões de crianças carregando velas acesas, cintilando como vagalumes. Na verdade, quase tivemos um desastre. Tomamos um carro emprestado no hotel e chegamos a Fort-de-France; avançávamos bem devagar pelo meio da multidão, quando um dos nossos pneus estourou, e fomos imediatamente cercados por demônios vermelhos munidos de tridentes..."

Madame acha graça: "*Oui. Oui.* Os garotos que se vestem de diabos vermelhos. Isso vem de séculos!".

"Sim, mas eles começaram a dançar em cima do carro. Causando grandes estragos. O teto se transformou num verdadeiro terreiro de samba. Mas não podíamos abandonar o carro, com medo de que o avariassem de modo irremediável. Então o mais calmo dos meus amigos, Bob MacBride, se ofereceu para trocar o pneu ali mesmo. O problema é que ele estava usando um terno novo de linho branco, e não queria sujá-lo."

"E então ele se despiu. Muito sensato."

"Pelo menos foi engraçado. Ver MacBride, que é um sujeito do tipo bem solene, só de cueca, tentando trocar o pneu enquanto toda a loucura da Terça-Feira Gorda rodopiava à volta dele, e demônios vermelhos tentavam espetá-lo com seus tridentes. Tridentes de papelão, felizmente."

"Mas o senhor MacBride conseguiu trocar o pneu?"

"Se não tivesse conseguido, duvido muito que eu estivesse aqui abusando da sua hospitalidade."

"Pois não teria acontecido nada. Não somos um povo violento."

"Não, por favor. Não estou sugerindo que estivéssemos em perigo. Era só... bem... parte da graça."

"Absinto? *Un peu*?"

"Uma gota. Obrigado."

O beija-flor retorna.

"E seu amigo, o compositor?"

"Marc Blitzstein."

"Estive pensando. Uma vez ele veio jantar aqui. Trazido por madame Derain. E lorde Snowdown estava aqui aquela noite. Com o tio, o inglês que construiu todas aquelas casas em Mustique..."

"Oliver Messel."

"*Oui. Oui.* Meu marido ainda era vivo. Ele tinha ótimo ouvido para música. E pediu ao seu amigo que tocasse piano. E ele tocou algumas canções alemãs." Ela agora está de pé, andando de um lado para o outro, e percebo como é extraordinária sua silhueta, como ela parece etérea, delineada no interior de seu tênue vestido parisiense de renda verde. "Lembro-me disso, mas não consigo lembrar de como ele morreu. Quem o matou?"

O tempo todo o espelho negro está pousado no meu colo, e mais uma vez meus olhos sondam suas profundezas. É estranho aonde nos levam nossas paixões, como nos perseguem e flagelam, impingindo — nos sonhos indesejados — destinos que não são bem-vindos.

"Dois marinheiros."

"De onde? Da Martinica?"

"Não. Dois marinheiros portugueses desembarcados de um navio ancorado no porto. Ele conheceu os dois num bar. Estava aqui, escrevendo uma ópera, e tinha alugado uma casa. Levou os dois para casa com ele..."

"*Agora* me lembrei. Eles roubaram tudo que ele tinha e o surraram até a morte. Foi horrível. Uma tragédia apavorante."

"Um trágico acidente." O espelho negro ri de mim: Por que você diz isso? Não foi acidente nenhum.

"Mas nossa polícia prendeu esses marinheiros. Eles foram julgados, condenados e enviados para a prisão na Guiana. Não sei se ainda estão presos. Vou perguntar a Paulot. Ele deve saber. Afinal, ele é o primeiro presidente do Tribunal de Apelação."

"Na verdade não importa."

"Não importa!? Esses facínoras deveriam ter sido guilhotinados!"

"Não. Mas eu não me incomodaria de ver os dois trabalhando nos campos do Haiti, recolhendo lagartas nos cafezais."

Despregando os olhos do brilho demoníaco do espelho, percebo que minha anfitriã se deslocou temporariamente do terraço para seu salão envolto em sombras. Um acorde de piano soa, e mais outro. Madame está brincando com a mesma melodia. Logo os melômanos se acumulam, camaleões escarlates, verdes, lavanda, uma platéia que, enfileirada no piso de terracota do terraço, lembra a disposição de uma notação musical. Um mosaico mozartiano.

2. O sr. Jones

Durante o inverno de 1945, morei vários meses numa pensão do Brooklyn. Não era um lugar miserável, e sim um antigo *brownstone** agradavelmente mobiliado e mantido num asseio hospitalar por suas proprietárias, duas irmãs solteironas.

O sr. Jones morava no quarto ao lado do meu. O meu quarto era o menor da casa; e o dele, o maior, um belo aposento ensolarado, o que lhe era muito conveniente, uma vez que ele nunca saía de lá: tudo de que precisava — refeições, compras, lavanderia — era providenciado pelas proprietárias de meia-idade. Mas ele sempre recebia visitas; em geral, meia dúzia de pessoas, homens e mulheres, jovens, velhos, nem um nem outro, passavam por seu quarto a cada dia, do começo da manhã até tarde da noite. Ele não era traficante de drogas nem vidente; não, todos vinham apenas conversar com ele e aparentemente o presenteavam com pequenas somas de dinheiro por suas palavras e seus conselhos. Fora isso, ele não tinha nenhum meio visível de sustento.

* Prédio revestido de pedra escura, típico de Nova York. (N. T.)

Nunca tive uma conversa com o próprio sr. Jones, circunstância que desde então muitas vezes lamentei. Era um homem bem-apessoado, de uns quarenta anos. Esbelto, com cabelos negros e traços marcantes; um rosto fino e pálido, malares altos e uma marca de nascença na face esquerda, uma pequena imperfeição escarlate em forma de estrela. Usava óculos de armação de ouro com lentes negras: era cego, além de ser aleijado — de acordo com as irmãs, perdera o uso das pernas devido a um acidente na infância, e só conseguia se deslocar com muletas. Estava sempre de terno e colete, impecável, cinza-escuro ou azul, e gravata discreta — como que pronto para partir rumo a um escritório de Wall Street.

No entanto, como já disse, ele nunca saía da casa. Passava os dias simplesmente sentado numa poltrona confortável de seu quarto alegre, recebendo visitas. Eu não saberia dizer por que aquelas pessoas de aparência tão comum vinham vê-lo, ou sobre o que conversavam, e andava preocupado demais com minhas coisas para fazer suposições a esse respeito. Quando pensava no assunto, imaginava que seus amigos tivessem encontrado nele um homem inteligente e bondoso, um bom ouvinte a quem podiam fazer confidências e consultar acerca de seus problemas: um misto de sacerdote e terapeuta.

O sr. Jones tinha um telefone. Era o único inquilino com uma linha particular. E tocava o tempo todo, muitas vezes depois da meia-noite ou bem cedo, às seis horas da manhã.

Mudei-me para Manhattan. Alguns meses depois, voltei àquela pensão para pegar um caixote de livros que tinha deixado lá. Enquanto as proprietárias me serviam chá e bolo em sua "sala de visitas" adornada com cortinas de renda, perguntei-lhes pelo sr. Jones.

As mulheres baixaram os olhos. Limpando a garganta, uma delas respondeu: "Está nas mãos da polícia".

A outra arriscou: “Comunicamos que ele tinha desaparecido”.

A primeira acrescentou: “Mês passado, vinte e seis dias atrás, minha irmã subiu levando o café-da-manhã do senhor Jones, como sempre. Ele não estava lá. Todos os seus pertences continuavam no lugar. Mas ele tinha sumido”.

“É estranho...”

“... que um homem totalmente cego, um aleijado sem condições de se mover...”

Dez anos se passam.

Nesta tarde de dezembro de frio polar, estou em Moscou. A bordo de um vagão do metrô. Além de mim, poucos passageiros. Um deles, um homem sentado bem à minha frente, usa botas, sobretudo grosso e comprido e gorro de pele ao estilo russo. Tem olhos brilhantes, azuis como os de um pavão.

Depois de um instante de dúvida, fiquei simplesmente olhando fixo, pois, mesmo sem os óculos pretos, não havia como confundir aquele rosto fino e singular, aqueles malares altos e sua singular marca de nascença vermelha em forma de estrela.

Eu estava a ponto de atravessar o corredor do vagão e abordá-lo quando o trem parou numa estação, e o sr. Jones, lançando mão de um bom par de pernas vigorosas, levantou-se e desceu do vagão a passos largos. Rapidamente, a porta do trem se fechou atrás dele.

3. Uma luz na janela

Certa vez fui convidado para um casamento; a noiva sugeriu que eu viajasse de carro, na companhia de um par de convidados, o sr. a e a sra. Roberts, que eu não conhecia. Era um dia frio de abril, e, ao longo da viagem de Nova York até Connecticut, o casal Roberts, na faixa dos quarenta e poucos anos, pareceu muito agradável — não que fossem pessoas com quem eu escolheria passar um longo fim de semana, mas também não eram nada maus.

No entanto, muita bebida alcoólica foi consumida na recepção do casamento; segundo os meus cálculos, um terço do total pelos meus condutores. Eles foram os últimos a deixar a festa — mais ou menos às onze da noite — e fiquei muito ressabiado de acompanhá-los; eu sabia bem que estavam embriagados, mas não percebi *o quanto*. Tínhamos percorrido mais ou menos uns trinta quilômetros, com o carro descrevendo um trajeto consideravelmente pouco retilíneo, e o sr. e a sra. Roberts trocando insultos nos termos mais extraordinários (na verdade, parecia um momento extraído de *Quem tem medo de Virginia*

Woolf?), quando o sr. Roberts, muito compreensivelmente, dobrou numa entrada errada e se perdeu numa estrada vicinal escura. Eu lhes pedia, e finalmente comecei a suplicar, que parassem o carro e me deixassem descer, mas estavam tão envolvidos em suas invectivas que me ignoravam. O carro acabou parando (temporariamente) por conta própria ao bater a lateral no tronco de uma árvore. Aproveitei a oportunidade para pular pela porta traseira do carro e enveredar correndo pelo bosque. Logo o maldito veículo seguiu viagem, deixando-me sozinho na escuridão gelada. Tenho certeza de que meus anfitriões nem sequer sentiram minha falta; Deus sabe que não senti falta deles.

Mas não era uma alegria ter sido largado ali numa noite fria e ventosa. Comecei a caminhar, esperando chegar a uma estrada de maior movimento. Andei por meia hora sem avistar habitação alguma. E então, bem encostado à estrada, vi um pequeno chalé de madeira com varanda e com uma janela iluminada por uma lâmpada. Subi à varanda na ponta dos pés e olhei pela janela; uma senhora idosa, de finos cabelos brancos e um rosto redondo e agradável, estava sentada junto ao fogo, lendo um livro. Havia um gato enrodilhado em seu colo, e vários outros cochilando a seus pés.

Bati na porta, e quando ela abriu, eu lhe disse, com os dentes batendo: "Desculpe perturbar, mas sofri uma espécie de acidente; será que poderia usar seu telefone para chamar um táxi?".

"Oh, meu Deus", ela disse, sorrindo. "Sinto muito, mas não tenho telefone. Sou muito pobre. Mas, por favor, entre." Quando ultrapassei a porta e entrei no aposento acolhedor, ela disse: "Minha nossa, rapaz. Você está quase congelado. Posso lhe fazer um café? Uma xícara de chá? Tenho um pouco de uísque, que o meu marido deixou — ele morreu seis anos atrás".

Respondi que um pouco de uísque seria muito bem-vindo.

Enquanto ela ia buscar a bebida, aqueci minhas mãos junto ao fogo e corri os olhos pela sala. Era um lugar alegre, ocupado por seis ou sete gatos das cores dos vira-latas. Olhei o título do livro que a sra. Kelly — era assim que ela se chamava, conforme mais tarde fiquei sabendo — vinha lendo: era *Emma*, de Jane Austen, uma das minhas escritoras favoritas.

Ao voltar com um copo de gelo e uma empoeirada garrafa de bourbon, a sra. Kelly disse: "Sente-se, sente-se. É muito raro eu receber visitas. Claro, tenho os meus gatos. Bem, o senhor vai pernoitar? Tenho um quartinho de hóspedes esperando há muito tempo por um convidado. De manhã, o senhor poderá caminhar até a estrada, pegar uma carona até a cidade e então poderá procurar uma oficina para consertar seu carro. Fica a menos de dez quilômetros daqui".

Perguntei-lhe como ela conseguia viver tão isolada, sem carro próprio e sem telefone; ela me respondeu que seu bom amigo, o carteiro, cuidava de todas as suas compras. "Albert. Ele é muito carinhoso e fiel. Só que vai se aposentar ano que vem. Depois disso, não sei o que será de mim. Mas alguma coisa há de aparecer. Talvez um novo carteiro bondoso. Mas me diga: que tipo de acidente o senhor sofreu?"

Quando lhe expliquei a verdade do que tinha ocorrido, ela reagiu com indignação: "Pois o senhor fez a coisa certa. Eu jamais entraria num carro com alguém que tivesse sequer cheirado um cálice de licor. Foi assim que perdi meu marido. Quarenta anos casados, quarenta anos felizes, e fui perdê-lo atropelado por um motorista bêbado. Se não fossem os meus gatos...". E acariciou um gato laranja que ronronava em seu colo.

Conversamos perto do fogo até meus olhos ficarem pesados. Conversamos sobre Jane Austen ("Ah, Jane. Minha tragédia é que li todos os livros dela tantas vezes que já sei de cor") e outros escritores admirados: Thoreau, Willa Cather, Dickens,

Lewis Carroll, Agatha Christie, Raymond Chandler, Hawthorne, Tchékhov, Maupassant — ela era uma mulher de espírito alerta e variado; a inteligência iluminava seus olhos castanhos como a pequena lâmpada acesa na mesinha ao lado dela. Conversamos sobre escritores de Connecticut, políticos, lugares distantes ("nunca viajei para outro país, mas, se eu tivesse uma oportunidade, eu iria é para a África. Às vezes sonho com a África, com montanhas verdes, calor, lindas girafas, elefantes andando de um lado para o outro"), religião ("claro, fui criada no catolicismo, mas agora quase me dá vergonha dizer isso, tenho o espírito aberto. Leitura demais, talvez"), jardinagem ("planto, colho e faço conserva de todos os meus legumes; uma necessidade"). E finalmente: "Perdoe esta minha parolagem. O senhor não tem idéia do prazer que me dá. Mas já passou muito da sua hora de dormir. A minha, pelo menos, sei que já chegou".

Ela me conduziu até o andar de cima, e, depois que me vi confortavelmente instalado numa cama de casal debaixo de uma deliciosa pilha de lindas colchas de retalhos, ela voltou para me desejar boa noite e bons sonhos. Fiquei acordado, pensando. Que experiência extraordinária — ser uma senhora de idade vivendo sozinha no meio do nada e receber um desconhecido que bate à sua porta no meio da noite, e não só abri-la como ainda acolhê-lo com todo o calor e lhe oferecer pouso. Se nossos papéis fossem invertidos, duvido que eu tivesse a mesma coragem, para não falar em generosidade.

Na manhã seguinte ela me serviu o café-da-manhã na cozinha. Café e farinha de aveia quente com açúcar e creme de leite; eu estava com fome e achei tudo delicioso. A cozinha era mais acanhada ainda que o resto da casa; o fogão, uma geladeira ruidosa, tudo parecia a ponto de expirar. Tudo menos um objeto grande e mais moderno, um freezer, que ficava num canto.

Ela continuava a tagarelar: "Adoro passarinhos. Sinto tanta

culpa por não lhes atirar migalhas no inverno! Mas não quero que eles se juntem em volta da casa. Por causa dos gatos. O senhor gosta de gatos?".

"Sim, já tive uma siamesa chamada Toma. Ela viveu até os doze anos, e íamos juntos a toda parte. Corremos o mundo todo. E, depois que ela morreu, nunca mais tive coragem de arranjar outro gato."

"Então pode ser que o senhor compreenda isto", ela disse, levando-me até o freezer e levantando a tampa. Continha apenas gatos: pilhas de gatos congelados e perfeitamente preservados — dúzias de gatos. Tive uma sensação estranha. "Todos meus velhos amigos. Que encontraram o descanso. É que eu não conseguia me conformar com a perda deles. Com a perda *completa*." Ela riu e disse: "O senhor deve estar achando que sou um pouco fora dos eixos".

Um pouco fora dos eixos? Sim, um pouco fora dos eixos, pensei enquanto caminhava sob o céu cinzento na direção da estrada que ela me indicara. Mas radiosa: uma luz na janela.

4. Mojave

Às cinco daquela tarde de inverno tinha hora marcada com o dr. Bentsen, outrora seu psicanalista e agora seu amante. Quando a relação entre os dois se transformara de analítica em emocional, ele tinha insistido, por razões de ordem ética, para que ela deixasse de ser paciente dele. Não que isso fizesse muita diferença. Ele não valera muito a ela como analista e como amante... bem, certa vez ela o acompanhara com os olhos enquanto ele corria para pegar o ônibus: cem quilos de Intelectual de Manhattan, de estatura mais para baixa, em torno dos cinqüenta anos de idade, com ancas largas e olhos míopes. E ela caíra na risada: como era possível amar um homem tão mal-humorado, tão maldotado quanto Ezra Bentsen? A resposta era que não o amava; na verdade, nem mesmo gostava dele. Mas pelo menos não o associava à renúncia e ao desespero. Ela temia seu marido; não tinha medo do dr. Bentsen. Ainda assim, era o marido que ela amava.

Ela era rica; pelo menos, recebia uma mesada substancial do marido, que era rico, e desse modo podia pagar o aluguel do apartamento conjugado onde ela se encontrava com o amante talvez uma vez por semana, às vezes duas, nunca mais do que isso. E também podia comprar os presentes que ele parecia esperar nessas ocasiões. Não que ele fosse capaz de apreciar a qualidade deles: abotoaduras Verdura, cigarreiras clássicas Paul Flato, o obrigatório relógio Cartier e (de maneira bem mais apropriada) ocasionais somas específicas em dinheiro, que ele lhe pedia "como empréstimo".

Ele, porém, nunca dera *a ela* um único presente. Na verdade, dera um: uma tiara espanhola de madrepérola para os cabelos, que ele alegava ter recebido de herança, um tesouro materno. Evidentemente, não era nada que ela pudesse usar, porque mantinha os cabelos curtos, soltos e da cor do tabaco, formando como que uma auréola de infância em torno de seu rosto enganosamente ingênuo e juvenil. Graças às dietas, a exercícios particulares com Joseph Pilates e aos cuidados dermatológicos do dr. Orentreich, ela aparentava vinte e poucos anos; tinha trinta e seis.

A tiara espanhola. Os cabelos dela. Aquilo lembrava Jaime Sanchez e algo que lhe acontecera na véspera. Jaime Sanchez era seu cabeleireiro, e, embora eles se conhecessem havia menos de um ano, tinham se tornado, a seu modo, bons amigos. Ela só fazia confidências a ele até certo ponto; ele revelava a ela consideravelmente mais. Até pouco tempo antes, ela considerava Jaime um jovem feliz, quase abençoado pela sorte. Ele dividia o apartamento com um atraente companheiro, um jovem dentista chamado Carlos. Jaime e Carlos, colegas de turma em San Juan, tinham vindo juntos de Porto Rico, instalando-se primeiro em Nova Orleans, depois em Nova York, e fora Jaime, com muito talento, trabalhando num salão de beleza, quem pagara os estudos de Carlos até sua formatura em odontologia. Agora Carlos tinha um consultório e uma clientela de porto-riquenhos e negros prósperos.

No entanto, por ocasião de suas últimas visitas ao salão, ela percebera que os olhos geralmente desanuviados de Jaime Sanchez exibiam uma expressão sombria, amarelada, como se ele estivesse de ressaca, e que as mãos tão habilidosas e coordenadas do cabeleireiro, em geral calmas e ágeis, tremiam um pouco.

Ontem, enquanto aparava com a tesoura os cabelos dela, ele de repente se interrompeu e começou a arquejar — não como quem se esforça para respirar, mas como quem luta para abafar um grito.

Ela perguntou: "O que foi? Você está bem?".

"Não."

Ele caminhou até uma pia e borrifou água fria no rosto. Enquanto se enxugava, disse: "Vou matar Carlos". E ficou na expectativa, como se esperasse que ela lhe perguntasse por quê; ela se limitou a fitá-lo, e ele prosseguiu: "Não adianta mais conversar. Ele não entende nada. O que eu digo não significa nada. Minha única maneira de continuar a me comunicar com ele é matá-lo. Aí ele vai entender".

"Eu é que não estou entendendo, Jaime."

"Alguma vez já lhe falei de Angelita? Minha prima Angelita? Ela chegou aqui faz seis meses. Sempre foi apaixonada por Carlos. Desde que tinha, oh, doze anos de idade. E agora Carlos também se apaixonou por ela. Quer casar com ela e ter uma casa cheia de filhos."

Ela ficou tão embaraçada que só lhe ocorreu uma pergunta: "E ela é uma boa moça?".

"Boa demais." Ele tinha agarrado a tesoura e recomeçara a cortar. "Não, é isso mesmo. É uma moça excelente, muito miúda, parece um periquito bonitinho, e é boa, muito mais do que deveria; a bondade dela acaba sendo cruel. Embora ela não perceba que está sendo cruel. Por exemplo..." Ela olhou de relance para o rosto de Jaime, em movimento no espelho acima da pia; não era o rosto alegre que tantas vezes a encantava, mas um reflexo exato da dor e da perplexidade. "Angelita e Carlos querem que eu vá morar com eles depois que casarem, nós três juntos no mesmo apartamento. Foi idéia dela, mas Carlos disse sim! isso mesmo! Devemos ficar todos juntos, e a partir de então ele e eu vamos viver como irmãos. É por isso que preciso matá-lo. Ele não pode ter me amado, nunca, não se for capaz de ignorar que estou passando por esse inferno. Ele me diz: 'Eu amo você, Jaime; mas Angelita... com ela é diferente'. Não existe diferença. Ou você ama ou não. Ou você destrói ou não. Mas isso é algo que Carlos nunca vai entender. Nada atinge esse homem, nada — só uma bala ou uma navalha."

Ela teve vontade de rir; mas não conseguiu, porque percebeu que ele falava a sério e também porque sabia bem o quanto certas pessoas só conseguem realmente reconhecer a verdade, só *entendem*, quando submetidas a um sofrimento extremo.

Ainda assim ela riu, mas de um modo que Jaime não poderia interpretar como um riso autêntico. Um gesto comparável a um encolher de ombros solidário. "Você jamais seria capaz de matar alguém, Jaime."

Ele começou a escovar os cabelos dela; os puxões não eram delicados, mas ela sabia bem que a raiva que ele transmitia era contra si mesmo, e não contra ela. "Merda!" E então: "Não. E é esse o motivo da maioria dos suicídios. Alguém está torturando você. Você quer matar a pessoa, mas não pode. Toda a sua dor é porque você ama essa pessoa, mas nem assim você pode matá-la, porque é a ela que você ama. E então, em vez disso, você se mata".

Ao se despedir, ela pensou em beijá-lo no rosto, mas acabou decidindo lhe dar um aperto de mão. "Eu bem sei como isto é uma coisa batida, Jaime. E sei também que, agora, não vai ajudá-lo em nada. Mas lembre-se: sempre se pode encontrar uma outra pessoa. Basta não querer tornar a encontrar a mesma pessoa, e pronto."

O apartamento dos encontros ficava na parte leste da rua 56; hoje ela caminhou até lá, desde sua casa, uma pequena *townhouse** em Beekman Place. Estava ventando, havia restos de neve na calçada e a promessa de mais neve no ar, mas ela se agasalhara muito bem com o casaco que seu marido lhe dera de Natal — um sobretudo de camurça marrom-escuro, cor de zibelina, forrado de pele de zibelina.

Um primo tinha alugado esse apartamento para ela no nome dele. Esse primo, casado com uma verdadeira megera, morava em Greenwich e às vezes freqüentava o apartamento na companhia de sua secretária, uma japonesa gorda que costumava se encharcar com um frasco de Mitsouko capaz de desnortear qualquer olfato. Naquela tarde o apartamento recendia poderosamente a Mitsouko, e assim ela pôde deduzir que o primo provavelmente estivera ali havia pouco. Isso significava que ela precisava mudar os lençóis.

Trocou a roupa de cama, e em seguida começou a se preparar. Numa mesinha ao lado da cama, colocou uma caixinha embrulhada num papel cerúleo reluzente; o pacote continha um palito de ouro que ela comprara na Tiffany, um presente para o dr. Bentsen — entre seus hábitos detestáveis estava o de palitar os dentes o tempo todo e, ainda por cima, palitá-los com uma série interminável de fósforos de papelão. Parecera a ela que o palito de ouro poderia tornar o processo um pouco menos ofensivo. Pôs uma pilha de discos de Lee Wiley e Fred Astaire

* Pequeno prédio, de três ou quatro andares, utilizado como uma só residência. (N. T.)

na vitrola, serviu-se uma taça de vinho branco, despiu-se completamente, lubrificou-se e estendeu-se na cama, cantarolando, acompanhando o divino Fred, e atenta ao rumor da chave de seu amante na porta.

A julgar pelas aparências, orgasmos eram acontecimentos agônicos na vida de Ezra Bentsen: ele fazia caretas, rilhava as dentaduras, gania como um cãozinho assustado. Claro, ela sempre ficava aliviada quando ouvia o ganido; o som significava que dali a pouco sua carcaça coberta de espuma sairia de cima dela, pois ele não era do tipo que se deixava ficar ali, murmurando doces lisonjas: ele simplesmente rolava de lado e pronto. E hoje, depois disso, ele estendeu as mãos cobiçosas para a caixinha azul, sabendo que era um presente para ele. Depois de abrir o pacote, grunhiu.

Ela explicou: "É um palito de ouro".

Ele deu um risinho, um som incomum vindo dele, pois tinha um senso de humor bastante reduzido. "Bonitinho", ele disse, e começou a palitar os dentes. "Sabe o que aconteceu ontem à noite? Dei uma bofetada em Thelma. Com força. E mais um soco na barriga."

Thelma era a mulher dele; ela trabalhava como psiquiatra infantil e tinha fama de ser muito competente.

"O problema de Thelma é que não dá para conversar com ela. Ela não entende. Às vezes é o único jeito de fazê-la ouvir o que você quer dizer. Deixá-la com a boca inchada."

Ela pensou em Jaime Sanchez.

"Você conhece a mulher de Roger Rhinelander?", o dr. Bentsen perguntou.

"Mary Rhinelander? O pai dela era o melhor amigo do meu. Eram sócios numa coudelaria de cavalos de corrida. Um dos cavalos dela ganhou o Dérbi de Kentucky. Mas, coitada! Casou com um verdadeiro canalha."

"É o que ela me diz."

"Ah? A senhora Rhinelander se tornou sua paciente?"

"Há muito pouco tempo. Engraçado. Ela veio me procurar mais ou menos pelo mesmo motivo que você; a situação dela é quase idêntica."

Pelo mesmo motivo? Na verdade, uma série de problemas haviam contribuído para que acabasse seduzida no sofá do dr. Bentsen, o principal dos quais era não ter sido capaz de manter relações sexuais com o marido depois do nascimento do segundo filho do casal. Ela tinha se casado aos vinte e quatro anos; o marido era quinze anos mais velho que ela. Embora brigassem com freqüência e sentissem muito ciúme um do outro, os primeiros cinco anos de casamento permaneciam na memória dela como um mar de rosas. A dificuldade só começou quando ele pediu que ela tivesse um filho; se ela não estivesse tão apaixonada, jamais teria consentido — passara a infância inteira com medo de crianças, e a companhia de uma criança ainda a deixava desconfortável. Mas ela lhe deu um filho homem, e a experiência da gravidez a deixou traumatizada: quando não estava sofrendo de verdade, imaginava algum tormento; depois do parto, caiu numa depressão que se estendeu por mais de um ano. Ela passava catorze horas por dia dormindo um sono de Seconal; nas outras dez, mantinha-se acordada à base de anfetaminas. O segundo filho, outro menino, fora um acidente alcoólico — embora ela desconfiasse que, na verdade, tinha sido lograda pelo marido. No momento em que soube que ficara novamente grávida, ela insistiu em fazer um aborto; ele respondeu que pediria o divórcio se ela abortasse. Mas com o tempo ele acabou se arrependendo. O menino nasceu prematuro, dois meses antes da hora, deixou de morrer por pouco e, devido à violenta hemorragia interna, ela também; no final das contas, durante longos meses de terapia intensiva os dois pairaram acima de um abismo. A partir de então, ela nunca mais tornou a dividir a cama com o marido; queria mas não conseguia, pois a mera presença dele sem roupas ou a idéia do corpo dele dentro do dela bastava para lhe evocar terrores intoleráveis.

O dr. Bentsen usava meias pretas grossas presas por ligas, que nunca retirava para "fazer amor"; enquanto enfiava as pernas devidamente ornadas pelas ligas numa calça de brim azul com assento lustroso, anunciou: "Vamos ver. Amanhã é terça. Quarta é o dia do nosso aniversário...".

"Nosso aniversário?"

"Meu e de Thelma! Nosso vigésimo aniversário de casamento. Eu queria levá-la a... Qual é o melhor restaurante da cidade atualmente?"

"E que diferença faz? É pequeno demais, elegante demais, e o dono jamais lhe daria uma mesa."

A falta de senso de humor dele se reafirmou: "Que coisa mais estranha, você falar assim. Como é que ele não me daria uma mesa?".

"Não dando. Só de olhar para você ele vai saber que você tem canelas peludas. Existem *algumas* pessoas que se recusam a servir quem tem canelas peludas. E ele é uma delas."

O dr. Bentsen conhecia bem o hábito que ela tinha de introduzir um linguajar desconhecido na conversa, e tinha aprendido a fingir que sabia o que aquilo significava; ele era tão ignorante a respeito do ambiente dela quanto ela a respeito do dele, mas a volúvel instabilidade do seu caráter jamais lhe permitiria reconhecê-lo.

"Pois bem, então", ele disse, "sexta-feira está bem? Em torno das cinco?"

Ela respondeu: "Não, obrigada". Ele estava dando o laço na gravata e parou; ela continuava deitada na cama, descoberta, nua; Fred cantava "By myself". "Não, obrigada, querido doutor B. Acho que não vamos tornar a nos encontrar aqui."

Ela notou que ele estava espantado. Claro que ele iria sentir falta dela — ela era linda e o tratava com consideração, ela jamais se incomodava quando ele lhe pedia dinheiro. O dr. Bentsen se ajoelhou ao lado da cama e acariciou o seio dela. Ela percebeu um bigode gelado de suor em seu lábio superior. "O que foi? Drogas? Bebida?"

Ela riu e respondeu: "Eu só tomo vinho branco, e bem pouco. Não, meu amigo. É só por causa das suas canelas peludas".

Assim como muitos analistas, o dr. Bentsen tinha um espírito muito literal; por um segundo, ela achou que ele fosse tirar as meias para examinar os pés. Com um tom brusco de criança, ele rebateu: "Mas *não* tenho canelas peludas".

"Ah, tem, sim. Como as de um cavalo. Todos os cavalos comuns têm canelas peludas. Mas não os puros-sangues. Todo puro-sangue tem canelas lisas e lustrosas. Dê lembranças minhas a Thelma."

"Muito engraçadinha. Sexta-feira?"

O disco de Astaire acabou. Ela tomou o último gole do vinho.

"Talvez. Eu ligo", ela disse.

Mas no fim das contas não ligou, e nunca mais tornou a vê-lo — exceto uma única vez, um ano mais tarde, ao se sentar numa banqueta ao lado dele no La Grenouille; ele almoçava com Mary Rhinelander, e ela achou muita graça ao ver a sra. Rhinelander assinar a conta.

A neve prometida já tinha chegado quando ela voltou, novamente a pé, para sua casa em Beekman Place. A porta da frente, pintada de amarelo-claro, tinha uma aldrava de bronze na forma de pata de leão. Anna, uma das quatro irlandesas que trabalhavam na casa, veio abrir a porta e informou que as crianças, esgotadas por uma tarde de patinação na pista de gelo do Rockefeller Center, já tinham jantado e sido postas na cama.

Graças a Deus. Assim ela não seria obrigada a cumprir aquela meia hora de brincadeira, histórias e beijinhos de boa-noite que costumava encerrar o dia de seus filhos; talvez não fosse a mais afetuosa das mães, mas era dedicada — como fora sua própria mãe. Eram sete da noite, e seu marido tinha telefonado dizendo que chegaria em casa às sete e meia; às oito eles eram esperados num jantar com o casal Sylvester Hales, amigos de São Francisco. Ela tomou um banho, perfumou-se para remover as lembranças do dr. Bentsen, refez sua maquiagem, que só aplicava em quantidades moderadas, vestiu um cafetã de seda cinza e calçou sapatinhos de seda cinza com fivelas de pérolas.

Estava posando junto à lareira na biblioteca do segundo andar quando ouviu os passos do marido na escada. Era uma pose graciosa, tão convidativa quanto o próprio aposento, uma sala octogonal incomum, com paredes cobertas de laca cor de canela, piso laqueado de amarelo, prateleiras de bronze (uma idéia tomada de empréstimo de Billy Baldwin), dois imensos buquês de orquídeas castanhas arranjados em vasos chineses amarelos, um cavalo de Marino Marini num canto, um Mares do Sul de Gauguin na parede acima do consolo da lareira, na qual um fogo delicado borboleteava. Janelas de toda a altura das paredes revelavam a visão de um jardim no escuro, da neve que caía e de rebocadores iluminados boiando no East River como lanternas acesas. Havia um divã voluptuoso em frente ao fogo, forrado de veludo cor de café; diante dele, sobre uma mesa laqueada no mesmo tom de amarelo do piso, repousava um balde de prata cheio de gelo; embebida no gelo, uma garrafa repleta até o gargalo de vodca russa vermelha aromatizada com pimenta.

O marido hesitou à porta, e aprovou-a com um gesto afirmativo de cabeça: era um desses homens que realmente reparam na aparência de uma mulher e que percebem num relance a atmosfera geral. Ele merecia que ela se arrumasse para ele, e aquela era uma das razões menores do amor que ela lhe dedicava. Um motivo mais importante era que ele se parecia com o pai dela, o homem que tinha sido, e haveria de ser para sempre, o homem da sua vida; seu pai se suicidara com um tiro, mas ninguém sabia por quê, uma vez que era um cavalheiro de uma discrição quase fora do normal. Antes que isso acontecesse, ela desfizera três noivados. Dois meses depois da morte do pai, ela conhecera George e casara com ele porque tanto na aparência quanto nos modos ele lhe lembrava seu grande amor perdido.

Ela atravessou o aposento para encontrar o marido no meio do caminho. Beijou-lhe o rosto, e a carne em que seus lábios pousaram estava tão fria quanto os flocos de neve na janela. Ele era um homem alto, irlandês, de cabelos negros e olhos verdes; bonito, ainda que ultimamente tivesse acumulado um peso adicional considerável e suas bochechas estivessem um tanto pendentes. Ele emanava vitalidade; e isso já bastava para torná-lo atraente tanto para as mulheres quanto para os homens. Observado de perto, porém, podia-se notar nele uma fadiga secreta, a falta de qualquer otimismo verdadeiro. Sua mulher percebia isso com toda a intensidade, e por que não haveria de perceber? Era ela a causa principal.

Ela disse: "O tempo está tão feio lá fora, e você, com um ar tão cansado. Vamos ficar em casa e jantar perto do fogo".

"É mesmo, querida? Você não se importa? Fico achando que é certa maldade com os Hales. Embora ela seja uma babaca."

"*George*! Não use esta palavra. Você sabe o quanto eu detesto."

"Desculpe", ele disse; e estava mesmo arrependido. Sempre tomava o cuidado de não ofendê-la, assim como ela tomava a mesma precaução com ele: uma conseqüência do silêncio que os mantinha ao mesmo tempo juntos e distantes.

"Vou ligar e dizer que você está com início de gripe."

"E não vai mentir. Acho que estou mesmo."

Enquanto ela ligava para os Hales, e combinava com Anna um jantar de sopa e suflê a ser servido dali a uma hora, ele tomou sem respirar uma dose inacreditável da vodca escarlate, sentindo que a bebida acendia uma fogueira em seu estômago; antes da volta da mulher, serviu-se de mais uma dose respeitável e se estendeu ao comprido no divã. Ela se ajoelhou no chão, tirou seus sapatos e começou a massagear seus pés: Deus é testemunha de que *ele* não tinha canelas peludas.

Ele gemeu. "Hummm. Que delícia."

"Eu amo você, George."

"Eu também."

Ela pensou em pôr um disco para tocar, mas não, o som do fogo era tudo de que o aposento precisava.

"George?"

"Sim, querida?"

"No que você está pensando?"

"Numa mulher chamada Ivory Hunter."

"Você realmente conhece uma pessoa chamada Ivory Hunter?"

"Bem. Era o nome artístico que ela usava. Foi dançarina de teatro de revista."

Ela riu. "Mas o que é isso, uma das suas aventuras de estudante?"

"Eu não cheguei a conhecê-la pessoalmente. Só ouvi falar dela uma vez. Foi no verão depois que me formei em Yale."

Ele fechou os olhos e tomou toda sua vodca. "No verão em que viajei de carona até o Novo México e a Califórnia. Lembra? Foi quando quebrei o nariz. Numa briga de bar, em Needles, na Califórnia." Ela gostava daquele seu nariz quebrado, que compensava a extrema suavidade do rosto dele; uma vez ele falara em tornar a quebrar e consertar, mas ela o convencera do contrário. "Era começo de setembro, que é sempre a época mais quente do ano no sul da Califórnia; em torno de quarenta graus todo dia. Eu deveria ter tomado um ônibus, pelo menos para atravessar o deserto. Mas resolvi seguir em frente feito um idiota, em pleno Mojave, carregando uma mochila que pesava mais de vinte quilos e suando até ficar sem uma gota de suor no corpo. Garanto que fazia uns sessenta e cinco graus à sombra. Se desse para achar uma sombra. Mas nada. Só areia, cactos e um céu azul fervente. Um caminhão grande passou, mas não quis parar para mim. Só matou uma cascavel que tentava atravessar a estrada rastejando.

"Eu não parava de pensar que ainda ia acabar encontrando alguma coisa. Um posto. De vez em quando passava um carro, mas era como se eu fosse invisível. Comecei a sentir pena de mim mesmo, a entender o que pode significar se sentir totalmente desamparado, e compreendi por que os budistas costumam mandar os jovens sair mendigando. É um aprendizado de humildade. Acaba com a última camada de gordura infantil.

"E então encontrei o senhor Schmidt. Achei que ele talvez fosse uma miragem. Um velho de cabelos brancos, uns quinhentos metros mais à frente, à beira da estrada. Estava de pé ao lado da pista, com ondas de calor dançando à volta. Quando cheguei mais perto, vi que trazia uma bengala e usava óculos pretos, e que estava vestido como alguém a caminho da igreja — terno branco, camisa branca, gravata preta, sapatos pretos.

"Sem olhar em minha direção, e ainda a certa distância, ele gritou: 'Eu me chamo George Schmidt'.

"E respondi: 'Olá, senhor. Boa tarde'.

"Ele disse: 'É de tarde?'.

"'Passa das três.'

"'Então já faz mais de duas horas que estou parado aqui. Você se incomodaria de me dizer onde estou?'

"'No meio do deserto de Mojave. Uns trinta quilômetros a oeste de Needles.'

"'Imagine só', ele disse. 'Deixar um cego de setenta anos abandonado no meio do deserto. Com dez dólares no bolso, e mais nada além da roupa do corpo. As mulheres são iguais às moscas: quando não pousam no açúcar, pousam na merda. Não vou dizer que sou feito de açúcar, mas agora ela realmente resolveu se meter na merda. Meu nome é George Schmidt.'

"E respondi: 'Certo, senhor, já me disse. Eu sou George Whitelaw'. Ele queria saber aonde eu estava indo, quais eram meus planos; e, quando eu disse que estava viajando de carona, a caminho de Nova York, ele perguntou se eu não poderia lhe dar a mão e ajudá-lo a caminhar um pouco. Talvez conseguíssemos carona. Esqueci de mencionar que ele tinha sotaque alemão e era extremamente corpulento, quase gordo; dava a impressão de ter passado a vida toda deitado numa rede. Mas, quando peguei a mão dele, senti a aspereza, a força imensa que ela tinha. Não era um par de mãos que dava vontade de sentir em torno do pescoço. E ele disse: 'É verdade, tenho mãos fortes. Trabalho como massagista há cinqüenta anos, os últimos doze em Palm Springs. Você tem água?'. Eu lhe passei meu cantil, que ainda estava pela metade. E ele me disse: 'Ela me deixou aqui sem uma gota d'água. A coisa toda me pegou de surpresa. Embora eu não possa dizer que não deveria estar preparado, conhecendo Ivory como conheço. Ela é a minha mulher. Ivory Hunter, esse é o nome dela. Fazia striptease, chegou a se apresentar na Feira Mundial de Chicago em 1932, e poderia ter se tornado uma verdadeira estrela, não fosse por Sally Rand. Foi Ivory quem inventou a história de dança do leque, mas a tal Rand roubou a idéia dela. Pelo menos é o que Ivory diz. Deve ser mais uma das mentiras dela. Epa, cuidado com a cascavel, está em algum lugar por aí, estou ouvindo o chocalho dela. Tem duas coisas que me dão medo. Cobras e mulheres. Elas têm muito em comum. E uma das coisas que elas têm em comum é a seguinte: tanto numas como nas outras, a última coisa que morre é o rabo'.

"Passaram alguns carros, eu agitava o polegar, e o velho tentava fazê-los parar acenando com a bengala, mas devíamos estar com uma aparência estranha demais — um rapaz todo sujo, de macacão, junto a um velho cego vestindo suas melhores roupas urbanas. Acho que teríamos ficado lá até hoje, se não fosse esse chofer de caminhão. Era mexicano. Estava parado no acostamento trocando um pneu. Sabia falar umas cinco palavras de *tex-mex*,* só palavrões, mas eu ainda me lembrava de muita coisa do espanhol aprendido no verão que passei com tio Alvin, em Cuba. Então o mexicano me contou que estava a caminho de El Paso, e disse que, se era para lá que estávamos indo, podíamos subir na cabine.

"Mas o senhor Schmidt não estava com muita vontade. Precisei praticamente arrastá-lo para dentro da jamanta. 'Detesto mexicanos. Não conheci nenhum de quem eu tivesse gostado. Se não fosse por um mexicano... Ele só tem dezenove anos, e ela, eu diria pelo toque da pele, diria que Ivory é uma mulher com bem mais de sessenta. Quando casei com ela, uns anos atrás, ela falou que tinha cinqüenta e dois. Eu morava num acampamento de trailers ao lado da estrada 111. Um desses acampamentos de trailers entre Palm Springs e Cathedral City. Cathedral City!

* *Tex-mex*: forma abreviada de "texano de origem mexicana". (N. T.)

Um nome e tanto para aquela verdadeira lixeira, que não passa de um amontoado de cabarés, bilhares e bares de veados. A única coisa que se pode dizer a favor de Cathedral City é que Bing Crosby mora lá. Se é que isso quer dizer alguma coisa. De qualquer modo, ao meu lado, num outro trailer, morava minha amiga Hulga. Depois que minha mulher morreu — ela morreu no mesmo dia que Hitler —, Hulga me levava de carro para o trabalho todo dia; ela é garçonete no mesmo clube de judeus em que trabalho como massagista. Todos os garçons e garçonetes do clube são alemães altos e louros. Os judeus adoram; e fazem os empregados trabalhar duro. Um dia Hulga me contou que uma prima estava vindo passar um tempo com ela. Ivory Hunter. Esqueci o nome civil dela, está na certidão de casamento mas sempre esqueço. Ela já tinha se casado umas três vezes antes de me conhecer; e acho que não se lembrava mais do seu nome de solteira. De qualquer modo, Hulga me contou que essa prima dela, Ivory, tinha sido uma dançarina famosa, mas acabara de deixar o hospital e tinha perdido o último marido por causa do ano inteiro passado no hospital, com tuberculose. Por isso Hulga tinha convidado Ivory para morar em Palm Springs. Por causa dos ares. E também porque ela não tinha mais aonde ir. Na primeira noite que Ivory passou lá, Hulga me convidou para ir à casa dela, e gostei da prima na mesma hora; a gente não conversava muito, passava quase o tempo todo escutando rádio, mas gostei de Ivory. Ela tinha uma voz linda, arrastada e muito suave, como a voz de uma enfermeira; disse que não fumava nem bebia e que era da Igreja de Deus, como eu. Depois disso, quase toda noite eu ia para a casa de Hulga.'"

George acendeu um cigarro, e sua mulher lhe serviu mais uma dose da vodca com pimenta. Para sua própria surpresa, acabou servindo uma dose para si mesma também. Uma série de elementos da narrativa do marido tinha intensificado sua eterna ansiedade geralmente atenuada pelo Librium; ela não conseguia imaginar para onde estariam se encaminhando as memórias dele, mas sabia que deveria haver algum ponto de chegada, pois George raramente vagava. Ele se formara em terceiro lugar em sua turma da Escola de Direito de Yale; sem nunca trabalhar como advogado, completara sua formação na Harvard Business School; na década anterior, tinham lhe oferecido um cargo no gabinete presidencial e o posto de embaixador na Inglaterra ou na França, ou onde ele quisesse. No entanto, o que a fizera sentir necessidade da vodca vermelha, aquele globo de rubi ardendo à luz do fogo, fora a maneira assustadora como George Whitelaw se transformara no sr. Schmidt; seu marido era um imitador excepcional. Capaz de arremedar alguns de seus amigos com uma precisão que os levava à loucura. Mas aquela não era uma paródia qualquer; ele parecia estar num transe, um homem fixado na mente de outro homem.

"'Eu tinha um Chevrolet velho, que nunca mais ninguém usara desde a morte da minha mulher. Mas Ivory mandou consertar, e bem depressa quem começou a me levar para o trabalho e a me trazer de volta para casa foi Ivory. Hoje vejo que foi tudo combinado entre Hulga e Ivory, mas na época não percebi. Todo mundo no acampamento de trailers, e todo mundo que conhecia Ivory, dizia que ela era uma mulher linda, com grandes olhos azuis e belas pernas. Eu achei que era só por uma questão de bom coração, ou por causa da Igreja de Deus — achei que era por isso que toda noite ela cozinhava e fazia sala para um velho cego. Uma dessas noites, estávamos escutando a parada de sucessos no rádio, e ela me beijou, esfregando a mão na minha perna. Dali a pouco, estávamos mandando ver duas vezes por dia — primeiro de manhã antes do café e outra vez depois do jantar, e eu com sessenta e nove anos nas costas. Mas parecia que ela era tão louca pelo meu pau como eu por aquela babaca...'"

Ela jogou a vodca na lareira, um jorro que fez as chamas assobiar e crescer; mas foi um protesto vão: o sr. Schmidt estava além de qualquer censura.

"'Sim, senhor, Ivory era boceta pura, pura babaca. Em qualquer dos sentidos da palavra. Casei com ela exatamente um mês depois de nos conhecermos. Ela não mudou muito, continuou a me dar boa comida, sempre interessada em ouvir as histórias dos judeus do clube, e fui eu que precisei diminuir o sexo — e diminuir *muito*, por causa da minha pressão e tudo mais. Mas ela nunca se queixava. Líamos a Bíblia juntos, e noite após noite ela lia revistas em voz alta, revistas boas, como a *Reader's Digest* e a *Saturday Evening Post*, até eu adormecer. Ela sempre dizia que esperava morrer antes de mim, porque, se acontecesse o contrário, ela iria ficar de coração partido e sem nada na vida. É verdade que eu não tinha muito para deixar. Não tinha seguro de vida, só uma pequena poupança que transformei em conta conjunta; e mandei pôr o trailer no nome dela. Não, não posso dizer que tenha havido alguma palavra mais áspera entre nós até o dia em que ela teve uma briga violenta com Hulga.

"'Passei muito tempo sem conhecer o motivo da briga. Só soube que as duas não se falavam mais, e, quando perguntei a Ivory o que estava acontecendo, ela respondeu: 'Nada'. Pelo menos do ponto de vista dela, não tinha havido desentendimento nenhum com Hulga: 'Mas você sabe como ela bebe'. E é verdade. De toda maneira, como eu disse, Hulga era garçonete no clube, e um dia entrou de repente na minha sala de massagem. Eu estava com um cliente estirado na mesa, totalmente nu, mas ela nem ligou — o cheiro dela era o de uma fábrica de uísque ordinário. Mal conseguia ficar de pé. Contou que tinha acabado de ser despedida, e em seguida começou a xingar e a mijar. Berrava comigo e ao mesmo tempo mijava por todo o chão. Disse que todo mundo no acampamento ria de mim. Que Ivory era uma puta velha, que só tinha resolvido se amarrar comigo porque não tinha onde cair morta nem uma escolha melhor. E perguntou se eu por acaso era lesado. Então eu não sabia que minha mulher vivia fodendo o dia inteiro com Freddy Feo, sabe Deus desde quando?

"'Bem, Freddy Feo era um rapaz *tex-mex* meio itinerante — tinha acabado de sair de alguma prisão por aí. O gerente do acampamento de trailers tinha achado o rapaz num desses bares de veados de Cat City e o trouxera para trabalhar como faz-tudo. Acho que ele não devia ser cem por cento bicha, porque vivia metido com as velhotas de lá, andando com elas por dinheiro. Uma delas era Hulga. Que ele deixava de cabeça virada. Nas noites mais quentes, os dois costumavam ficar sentados do lado de fora do trailer dela, instalados no banco de balanço, bebendo tequila pura, foda-se o limão, ele tocando violão e cantando aquelas músicas de cucaracha. Ivory me descreveu o violão: disse que era verde e tinha o nome dele escrito em letras feitas de lantejoula. Uma coisa eu sei: aquele cucaracho cantava bem. Mas Ivory sempre alegava que não agüentava o rapaz; dizia que ele era um gomalinado muito ordinário, decidido a extrair os últimos tostões de Hulga. Eu, pelo meu lado, não me lembro de ter trocado nem dez palavras com ele, mas não gostava dele por causa do cheiro. Tenho um faro de sabujo, e já sentia o cheiro dele a cem metros de distância, de tanta brilhantina que ele usava no cabelo e por uma outra coisa que, segundo Ivory, se chamava Noitada em Paris.

"'Ivory jurou e tornou a jurar que não era nada daquilo. Ela? *Ela* deixar um macaco mexicano como Freddy Feo encostar um dedo nela? Segundo Ivory era porque Hulga tinha sido largada pelo rapaz e estava louca e com ciúme, convencida de que ele estava comendo todo mundo, de Cat City a Indio. Disse que ficava ofendida por eu dar ouvidos a tamanhas mentiras, muito embora Hulga lhe despertasse mais piedade do que raiva. E tirou a aliança que eu tinha dado a ela — e que tinha sido da minha primeira mulher, mas ela disse que não fazia diferença porque sabia que eu tinha sido apaixonado por Hedda e isso deixava tudo ainda melhor — e a devolveu dizendo que, já que eu não acreditava nela, ela então me devolvia o anel e ia tomar o próximo ônibus para qualquer lugar. Aí eu enfiei o anel de volta no dedo dela, e nós caímos de joelhos no chão e fizemos uma prece juntos.

"'Eu acreditei mesmo nela, pelo menos achei que sim; mas de algum modo aquilo parecia um serrote dentro da minha cabeça — sim, não, sim, não. E agora Ivory não ficava mais relaxada; antes, o corpo dela era desembaraçado, o mesmo desembaraço que ela tinha na voz. Mas depois ela ficou igual a um arame — tensa, como aqueles judeus do clube que viviam choramingando e reclamando porque não havia massagem que desse conta de todos os problemas deles. Hulga arrumou um novo emprego no Miramar; no acampamento de trailers, eu sempre dava um jeito de me afastar toda vez que sentia o cheiro dela se aproximando. Uma vez ela meio que sussurrou do meu lado: 'Sabia que a sua linda mulherzinha deu um par de brincos de ouro para o gomalinado? Só que o namorado dele não o deixa usar'. Não sei. Toda noite Ivory rezava comigo, rogando a Deus que nos conservasse juntos, saudáveis de corpo e espírito. Mas eu percebia... Bem, nas noites quentes de verão em que Freddy Feo aparecia por lá e se instalava em algum lugar ali perto no escuro, cantando e tocando violão, ela desligava o rádio bem no meio do programa do Bob Hope ou do Edgar

Bergen, ou qualquer outro, e ia sentar do lado de fora para escutar. Dizia que era para olhar as estrelas: 'Aposto que não existe outro lugar no mundo em que se vejam tantas estrelas quanto aqui'. Então de um dia para o outro ela me contou que na verdade detestava Cat City e Palm Springs. Odiava o deserto todo, as tempestades de areia, os verões com as temperaturas que chegavam a cinqüenta e cinco graus, e nada para fazer se você não fosse rico e sócio do Racquet Club. Simplesmente me anunciou tudo isso, um belo dia de manhã. Disse que o melhor seria ir embora com o trailer e estacionar em algum lugar onde o ar fosse mais fresco. Wisconsin. Michigan. Gostei da idéia; desse jeito eu ficava tranqüilo quanto ao que pudesse estar acontecendo entre ela e Freddy Feo.

"'Bem, eu tinha um cliente lá no clube, um sujeito de Detroit, e ele disse que talvez pudesse me arranjar um lugar de massagista no Detroit Athletic Club, nada de definitivo, só uma boa possibilidade. Mas para Ivory já bastava. Em dois tempos ela já tinha soltado o trailer, quinze anos de jardim espalhados a toda a volta, o carro pronto para viajar, e todas as nossas economias transformadas em cheques de viagem. Ontem à noite ela me ensaboou da cabeça aos pés e lavou meu cabelo com xampu, e hoje de manhã partimos pouco depois do nascer do sol.

"'Eu percebi que algo estava errado, e teria descoberto o que era se não tivesse cochilado assim que chegamos à estrada. Ela deve ter posto algum remédio para dormir no meu café.

"'O fato é que, assim que acordei, senti o cheiro dele. A brilhantina e o perfume ordinário. Ele estava escondido no trailer. Todo encolhido em algum lugar lá dentro, feito uma cobra. Então pensei o seguinte: Ivory e o garoto vão me matar e me deixar para os urubus. Ela disse: 'Você acordou, George'. Da maneira como ela falou, pelo leve medo que percebi, dava para dizer que ela tinha entendido o que estava se passando na minha cabeça. Que eu tinha adivinhado tudo. E eu disse a ela: *Pare o carro*. Ela quis saber: para quê? Porque eu queria mijar. Ela parou o carro, e a ouvi chorando. Assim que desci, Ivory disse: 'Você foi bom para mim, George, mas eu não sabia o que mais poderia fazer. E você tem profissão. Sempre vai achar um canto em algum lugar'.

"'Desci do carro, realmente dei uma mijada, e enquanto estava ali de pé o motor deu a partida, e ela foi embora. E eu não sabia onde estava até o senhor aparecer, senhor...?'

"'George Whitelaw.' E disse a ele: 'Meu Deus, foi praticamente um assassinato. Deixar um cego sem qualquer ajuda no meio de lugar nenhum. Quando chegarmos a El Paso, vamos procurar a polícia'.

"E ele disse: 'De jeito nenhum. Ela já tem problemas suficientes sem a polícia estar metida na história. Escolheu pousar na merda — problema dela. É Ivory quem está no meio de lugar nenhum. Além disso, eu a amo. Às vezes uma mulher faz esse tipo de coisa com você, e ainda assim você continua a amá-la'."

George tornou a encher seu copo; ela pôs uma pequena acha de lenha no fogo, e o novo jorro das chamas foi apenas um pouco mais luminoso que o vermelho furioso que de repente lhe subiu às faces.

"As *mulheres*...", ela disse, em tom agressivo e desafiante. "Só uma pessoa louca... Você acha que eu seria capaz de fazer uma coisa dessas?"

A expressão dos olhos dele, certo silêncio visual, deixou-a chocada e a fez desviar o olhar, retirando a pergunta. "Bem, e o que aconteceu com ele?"

"O senhor Schmidt?"

"O senhor Schmidt."

Ele deu de ombros. "Da última vez que o vi estava tomando um copo de leite numa lanchonete, em uma parada de caminhões perto de El Paso. Tive sorte; consegui uma carona com um caminhoneiro até Newark. E meio que me esqueci de toda a história. Mas nos últimos meses tenho pensado muito em Ivory Hunter e em George Schmidt. Deve ser a idade; estou começando a me sentir velho também."

Ela tornou a se ajoelhar ao lado dele; pegou sua mão, entrelaçando os dedos com os dele. "Cinqüenta e dois anos? E se sente *velho*?"

Ele não estava mais ali; quando falou, era o murmúrio especulativo de um homem conversando consigo mesmo. "Sempre fui tão confiante. Andava pelas ruas e sentia uma *onda*. Dava para sentir as pessoas olhando para mim — nas ruas, nos restaurantes, no teatro — com inveja, cada uma se perguntando quem seria aquele sujeito. Assim que eu chegava a uma festa, sabia de cara que, se quisesse, conquistaria metade das mulheres presentes. Mas isso passou. Até parece que o velho George Whitelaw se transformou no homem invisível. Nenhuma cabeça se vira mais. Telefonei duas vezes para Mimi Stewart semana passada, e ela não me ligou de volta. Não lhe contei, mas ontem passei pela casa de Buddy Wilson, ele estava dando uma espécie de coquetel. Acho que havia lá umas vinte moças razoavelmente atraentes, mas todas me ignoraram por completo; para elas, eu era só um sujeito cansado e mais velho, que sorria demais."

Ela disse: "Mas achei que você ainda estava saindo com Christine".

"Vou lhe contar um segredo. Christine ficou noiva daquele rapaz, o Rutherford, de Filadélfia. Não me encontro com ela desde novembro. É uma boa escolha; ela está feliz, e fico feliz por ela."

"Christine! Qual dos rapazes Rutherford? Kenyon ou Paul?"

"O mais velho."

"Kenyon. Você sabia disso, e não me contou nada?"

"São tantas as coisas que não lhe contei, querida."

No entanto, não era inteiramente verdade. Porque, quando os dois tinham parado de dormir juntos, começaram as conversas — e até mesmo a colaboração — em torno de todos os casos dele. Alice Kent: cinco meses; caso terminado porque ela tinha exigido que ele se divorciasse e casasse com ela. Sister Jones: encerrado ao final de um ano, quando o marido dela descobrira tudo. Pat Simpson: modelo da *Vogue*, tinha ido para Hollywood prometendo voltar, mas nunca mais. Adele O'Hara: linda e alcoólatra, protagonista renitente de cenas extravagantes; aquele caso ele mesmo rompera. Mary Campbell, Mary Chester, Jane Vere-Jones, Outras. E agora Christine.

Algumas ele encontrara por si mesmo; a maioria eram "romances" que ela própria tinha produzido, amigas que apresentava a ele, confidentes que ela encarregava de servir de válvula de escape, mas sem ultrapassar certo ponto.

"Bem", ela suspirou. "Acho que não podemos condenar Christine. Kenyon Rutherford é um ótimo partido." Ainda assim, o espírito dela se desprendeu veloz, procurando como as chamas que corriam trêmulas em meio às achas de lenha: um nome para preencher o vácuo. Alice Combs: disponível, mas monótona demais. Charlotte Finch: rica demais, e George se sentia emasculado pelas mulheres — assim como pelos homens, aliás — que tivessem mais dinheiro do que ele. Talvez a mulher de Ellison? A sra. Harold Ellison, muito *soignée*, estava no Haiti tentando obter um divórcio rápido...

Ele disse: "Pare de franzir o rosto".

"Não estou franzindo o rosto."

"O resultado só vai ser mais silicone, contas maiores de Orentreich. Prefiro ver as rugas humanas. Não quero saber de quem é a culpa. Todo mundo, em algum momento, larga o outro lá fora debaixo do sol, e nunca entendemos por quê."

Um eco, cavernas ressonantes: Jaime Sanchez, Carlos e Angelita; Hulga, Freddy Feo, Ivory Hunter e o sr. Schmidt; o dr. Bentsen e George, George e ela, o dr. Bentsen e Mary Rhinelander...

Ele exerceu certa pressão nos dedos dela entrelaçados aos seus, com a outra mão ergueu seu queixo e fez questão de olhá-la nos olhos. Levou a mão dela até seus lábios e lhe beijou a palma.

"Eu a amo, Sarah."

"Eu o amo também."

Mas o toque de seus lábios e sua ameaça insinuada a deixaram tensa. Do andar de baixo, ela ouviu o chacoalhar de talheres nas bandejas: Anna e Margaret estavam subindo com a ceia.

"Eu o amo também", ela repetiu simulando sono, e com uma languidez fingida se levantou para puxar as cortinas das janelas. Fechadas as cortinas, a seda pesada escondia o rio noturno e as barcaças iluminadas, silhuetas tão borradas pela neve que pareciam tão indistintas quanto o desenho num pergaminho japonês representando uma noite de inverno.

"George?", uma súplica urgente antes que as irlandesas chegassem, vergadas ao peso do jantar mas equilibrando suas oferendas com habilidade. "*Por favor*, querido. Nós vamos encontrar alguém."

5. Hospitalidade

Antigamente, nas áreas rurais do Sul, havia casas de fazenda e fazendeiras em cujas mesas quase qualquer passante desconhecido — um pregador errante, um amolador de facas ou um trabalhador itinerante — era bem-vindo e podia fazer uma refeição substancial ao meio-dia. É provável que ainda existam muitas mulheres assim. Pelo menos minha tia sem dúvida existe, a sra. Jennings Carter. Mary Ida Carter.

Na infância, passei longos períodos na propriedade dos Carter, que na época era pequena mas hoje é considerável. Naquele tempo a casa era iluminada por lampiões a querosene; a água era extraída de um poço com uma bomba, e depois carregada para casa em baldes; a casa era aquecida por lareiras e fogões; e a única diversão era a que nós mesmos conseguíssemos produzir. À noite, depois do jantar, quase sempre meu tio Jennings, um homem bem-apessoado e viril, tocava piano acompanhado por sua bela mulher, a irmã mais nova da minha mãe.

Eram gente muito trabalhadora, os Carter. Jennings, com a ajuda de alguns trabalhadores em regime de parceria, cultivava sua terra com um arado puxado a cavalo. Quanto à mulher, suas tarefas eram infinitas. Eu a ajudava em muitas delas: alimentar os porcos, ordenhar as vacas, bater manteiga, debulhar o milho, descascar ervilhas e quebrar nozes — era divertido, exceto por uma tarefa que eu sempre tentava evitar e, quando obrigado, procurava cumprir com os olhos fechados: detestava torcer o pescoço das galinhas, embora nem por isso jamais me recusasse a comê-las depois.

Isso foi durante a Depressão, mas sempre havia muito que comer na mesa de Mary Ida durante a refeição principal do dia, servida ao meio-dia e para a qual o marido suarento e seus ajudantes eram chamados pelos dobres de um sino enorme. Eu adorava tocar o sino; sentia-me poderoso e cheio de bondade.

Era para essas refeições do meio-dia, quando a mesa ficava coberta de bolinhos quentes, pão de milho, mel no favo, galinha, peixe frito (bagre ou perca), feijão-manteiga e feijão-fradinho, que às vezes apareciam convidados, às vezes esperados e às vezes não. "Bem", Mary Ida suspirava, ao ver um vendedor de Bíblias de pés cansados chegando pela estrada, "não estamos precisando de mais uma Bíblia. Mas é melhor pôr mais um prato na mesa."

Entre todas essas pessoas que alimentamos, há três que nunca me sairão da memória. O primeiro foi o missionário presbiteriano que viajava pela região pedindo recursos para seus deveres cristãos em terras pagãs. Mary Ida disse que não tinha meios para uma contribuição em dinheiro, mas que teria o maior prazer em recebê-lo para almoçar conosco. O pobre homem dava realmente a impressão de precisar muito de comida. Ataviado com um terno preto lustroso coberto de ferrugem e poeira, sapatos rangentes de agente funerário e um chapéu preto esverdeado, era magro como uma cana-de-açúcar. Tinha o pescoço comprido, vermelho e enrugado, com um pomo-de-adão muito agitado e do tamanho de um bócio. Nunca vi sujeito mais faminto; tomou um litro de leite gordo em três goles, devorou uma travessa inteira de galinha (comendo com as duas mãos, mas como se ele sozinho fosse duas pessoas) e tantos bolinhos, cobertos de manteiga e melado, que perdi a conta. Ainda assim, em meio a toda essa atividade, conseguiu nos fazer relatos arrepiantes de suas aventuras em territórios cheios de perigos. "Vou lhes contar uma coisa. Vi canibais assando homens negros e brancos num espeto — do mesmo jeito que se assa um porco — e comendo tudo, cada pedacinho, os dedos dos pés, os miolos, as orelhas e o resto. Um dos canibais me disse que o mais gostoso são os bebês recém-nascidos; segundo ele, parecem cordeiro. Acho que só não me comeram porque eu não tinha muita carne presa aos ossos. Vi homens pendurados pelos pés até o sangue começar a jorrar dos ouvidos. Uma vez fui mordido por uma mamba verde, a cobra mais venenosa do mundo. Fiquei um pouco enjoado por algum tempo, mas não morri, por isso os pretos acharam que eu era um deus e me deram uma capa feita de pele de leopardo."

Depois que o pregador esfaimado foi embora, Mary Ida se sentiu tonta, certa de que teria pesadelos pelo menos por um mês. Mas seu marido, para consolá-la, disse: "Ora, querida, não vá me dizer que você acreditou naquelas asneiras? Aquele sujeito não é mais missionário do que eu. É só um mentiroso pagão".

Depois houve uma vez em que acolhemos um condenado que tinha fugido de uma fila de acorrentados sentenciados a trabalhos forçados na Prisão Estadual de Alabama, em Atmore. É claro que *não* sabíamos que era um sujeito perigoso, condenado à prisão perpétua por milhares de roubos à mão armada. Ele simplesmente apareceu à nossa porta e disse a Mary Ida que estava com fome, perguntando se ela poderia lhe dar algo para comer. "Ora, meu amigo", ela disse, "o senhor veio ao lugar certo. Estou justamente acabando de servir o almoço."

De algum modo, provavelmente assaltando algum varal, ele tinha conseguido trocar o traje listrado de presidiário por um macacão e uma camisa azul surrada. Achei que era uma pessoa agradável, e todos também acharam; o sujeito tinha uma flor tatuada no pulso, seus olhos eram gentis, e ele falava baixo. Disse que seu nome era Bancroft (que, ficamos sabendo depois, era *mesmo* seu nome verdadeiro). Meu tio Jennings lhe perguntou: "E com o que o senhor trabalha, senhor Bancroft?".

"Bem", ele remanchou, "estou justamente procurando algum serviço. Como quase todo mundo. Sou bastante jeitoso. Sei fazer quase tudo. O senhor não tem alguma coisa para mim?"

Jennings disse: "Bem que eu gostaria de mais um homem para me ajudar. Mas não tenho como pagar".

"Eu trabalho por quase nada."

"Entendi", Jennings disse. "Mas o que eu tenho é nada mesmo."

Inesperadamente, já que este era um tema pouco comentado naquela casa, começaram a falar de crime. Mary Ida se queixou: "Pretty Boy Floyd. E esse sujeito, Dillinger. Correndo pelo país e atirando nas pessoas. Roubando bancos".

"Olhe, não sei", o sr. Bancroft disse. "Não tenho nenhuma simpatia por esses bancos. E Dillinger é muito inteligente, isso a gente precisa admitir. Fico com vontade de rir ao ver como ele entra nos bancos e consegue se safar sem sofrer nada." E em seguida riu de fato, exibindo dentes manchados de tabaco.

"Bem", Mary Ida devolveu, "fico um pouco surpresa de ouvi-lo falar assim, senhor Bancroft."

Dois dias mais tarde, Jennings foi até a cidade em sua carroça e voltou trazendo um barril de pregos, um saco de farinha e um exemplar do *Mobile Register*. Na primeira página havia uma foto do sr. Bancroft — "Dois-Canos" Bancroft, como era coloquialmente designado pelas autoridades. Tinha sido capturado em Evergreen, a cinqüenta quilômetros dali. Quando Mary Ida viu sua foto, abanou intensamente o rosto com uma ventarola de papel, como que para prevenir um desmaio. "Que os céus me ajudem", ela exclamou. "Ele poderia ter matado a todos nós."

Jennings observou em tom amargo: "E havia uma recompensa por ele. Que perdemos a oportunidade de ganhar. É *isso* que me deixa furioso".

Depois, houve a moça chamada Zilla Ryland. Mary Ida a encontrou dando banho numa criança de dois anos, um menino ruivo, num riacho que cortava a mata por trás da casa. Nas palavras de Mary Ida: "Eu vi a moça antes que ela me visse. Estava de pé, nua, dentro da água, dando banho no seu lindo garotinho. Na margem tinham ficado um vestido de chita, as roupas do menino e uma mala velha amarrada com uma corda. O menino estava rindo, e ela também. Então ela me viu e se assustou. Com medo. Eu disse: 'Belo dia. Mas quente. A água deve estar boa'. Mas ela agarrou a criança e saiu depressa da água, e eu disse: 'Não precisa ficar com medo de mim. Sou apenas a senhora Carter, que mora logo ali adiante. Venha até minha casa para descansar um pouco'. Então ela começou a chorar; era muito novinha, pouco mais que uma criança ela também. Eu perguntei: qual é o problema, meu bem? Mas ela não respondeu nada. A essa altura, já tinha enfiado o vestido e posto a roupa no menino. Eu disse que talvez pudesse ajudar se ela me contasse qual era o problema. Mas ela sacudiu a cabeça e disse que não havia problema nenhum, então respondi que ninguém fica chorando por causa de coisa nenhuma, não é? É melhor você vir até minha casa, vamos conversar. E ela veio".

E veio mesmo.

Eu estava no balanço da varanda lendo um número antigo do *Saturday Evening Post* quando vi as duas subindo o caminho, Mary Ida carregando uma mala desconjuntada e aquela menina descalça com um garotinho no colo.

Mary Ida me apresentou: "Este é o meu sobrinho, Buddy. E... desculpe, querida, não ouvi o seu nome."

"Zilla", a garota sussurrou, com os olhos baixos.

"Desculpe, querida, não estou escutando."

"Zilla", ela tornou a sussurrar.

"Bem", Mary Ida disse em tom alegre, "o seu nome é bem fora do comum."

Zilla deu de ombros. "Foi minha mãe que deu. Era o nome dela também."

Duas semanas mais tarde, Zilla ainda estava conosco; acabou se revelando uma pessoa tão fora do comum quanto o nome. Seus pais tinham morrido, e o marido tinha "fugido com outra. Ela era bem gorda, e ele gostava de mulheres gordas, costumava dizer que eu era magrinha demais, e aí fugiu com ela, se divorciou de mim e casou com ela em Athens, na Geórgia". Seu único parente vivo era um irmão: Jim James. "Foi por isso que vim para cá, para o Alabama. Da última vez que eu soube, ele estava morando em algum lugar por aqui."

Tio Jennings fez tudo que pôde para localizar Jim James. E tinha bons motivos para isso, pois, embora gostasse do garotinho de Zilla, Jed, desenvolveu uma hostilidade razoável contra Zilla — ficava irritado com a vozinha aguda da moça e com seu costume de cantarolar misteriosas melodias desafinadas.

Jennings para Mary Ida: "Por quanto tempo mais nossa hóspede ainda vai ficar por aqui?". Mary Ida: "Oh, Jennings. Shhh! Zilla pode ouvir. Coitadinha. Ela não tem para onde ir".

Jennings então intensificou seus esforços. Envolveu o xerife no caso; chegou até a *pagar* por um anúncio no jornal local — o que era realmente ir bem longe. Mas, em nossa região, ninguém jamais tinha ouvido falar de Jim James.

Finalmente Mary Ida, mulher inteligente, teve uma idéia. A idéia foi convidar um vizinho, Eldridge Smith, para o jantar, geralmente uma refeição bem leve servida às seis da tarde. Não sei por que não tinha pensado nisso antes. O sr. Smith não representava exatamente uma festa para os olhos, mas era pequeno proprietário e viúvo recente, com uns quarenta anos e dois filhos em idade escolar.

Depois desse primeiro jantar, o sr. Smith aparecia de visita quase todo fim de tarde. Depois que a noite caía, deixávamos Zilla e o sr. Smith a sós, e eles ficavam sentados no balanço rangente da varanda, rindo, conversando e sussurrando. Aquilo deixava Jennings louco, porque, assim como não gostava de Zilla, tampouco apreciava o sr. Smith; e os apelos reiterados da mulher lhe pedindo "calma, querido, vamos esperar para ver" pouco contribuíam para acalmá-lo.

Esperamos um mês. Em uma bela noite Jennings puxou o sr. Smith de lado e lhe disse: "Escute aqui, Eldridge. De homem para homem, quais são as suas intenções com relação a essa bela jovem?". Da maneira como saíram da boca de Jennings, essas palavras soaram mais como ameaça do que qualquer outra coisa.

Mary Ida fez o vestido de noiva em sua máquina Singer de pedal. Era de algodão branco com mangas bufantes, e Zilla usou um arco de seda branca nos cabelos, especialmente frisados para a ocasião. Ela ficou de uma beleza surpreendente. À sombra de uma amoreira numa tarde fresca de setembro, a cerimônia foi oficiada pelo reverendo L. B. Persons. Em seguida foram servidos bolinhos e ponche de frutas temperado com vinho doce. Enquanto os recém-casados se afastavam na carroça puxada pela mula do sr. Smith, Mary Ida ergueu a barra da saia para enxugar os olhos, mas Jennings, com os olhos mais secos que a pele de uma cobra, declarou: "Obrigado, Senhor. E já que está fazendo favores, minhas plantações bem que precisam de uma chuva".

6. O fulgor

Ela me deixava fascinado.

Fascinava todo mundo, mas a maioria das pessoas tinha vergonha do fascínio que sentia, especialmente as briosas senhoras que reinavam sobre alguns dos lares mais importantes do Garden District de Nova Orleans, a área onde viviam os grandes proprietários de terras, além dos armadores, dos empresários da região petrolífera e dos profissionais liberais mais ricos da cidade. As únicas pessoas que não faziam segredo do fascínio que sentiam pela sra. Ferguson eram os empregados das famílias do Garden District. E, claro, algumas das crianças, jovens ou ingênuas demais para disfarçar seu interesse.

Eu era uma dessas crianças, um menino de oito anos morando temporariamente com parentes que viviam no Garden District. No entanto, ocorre que eu não falava com ninguém sobre essa fascinação, pois sentia certa culpa: eu tinha um segredo, algo que me incomodava, algo que realmente me preocupava muito, algo que tinha medo de contar fosse a quem fosse, a *qualquer um* — não conseguia imaginar qual seria a reação das pessoas, era algo tão estranho que me preocupava, que vinha me preocupando havia quase dois anos. Nunca tinha ouvido falar em ninguém que tivesse um problema como o que me incomodava. Por um lado, podia ser que fosse bobagem; mas por outro...

Eu queria contar meu segredo à sra. Ferguson. Não exatamente *queria*, mas sentia que era minha obrigação. Porque diziam que ela tinha poderes mágicos. Dizia-se, e muita gente séria acreditava, que a sra. Ferguson era capaz de amansar maridos refratários, forçar pretendentes hesitantes a fazer o pedido esperado, restaurar cabelos perdidos, recuperar fortunas dissipadas. Em suma, era uma feiticeira, capaz de transformar sonhos em realidade. E eu tinha um sonho.

A sra. Ferguson não me parecia dotada da sagacidade necessária para ter habilidades mágicas. Nem mesmo para fazer truques com cartas. Era uma mulher feia que aparentava uns quarenta anos, embora tivesse uns trinta; era difícil dizer, porque seu rosto redondo de irlandesa, com olhos redondos de lua cheia, exibia poucas rugas e quase nenhuma expressão. Era lavadeira, talvez a única lavadeira branca de Nova Orleans, e uma verdadeira artista do ofício; as grandes damas da cidade a mandavam chamar quando suas rendas mais finas, seus linhos e suas sedas precisavam de atenção. E também mandavam chamá-la por outros motivos: satisfazer desejos — um novo amante, certo casamento para uma das filhas, a morte de uma amante do marido, um codicilo ao testamento da mãe, um convite para ser a Rainha do Comus, o maior dos bailes do Mardi Gras, a Terça-Feira Gorda. Não era só como lavadeira que a sra. Ferguson era cortejada. O esteio de seu sucesso, e principal fonte de renda, era sua suposta habilidade de peneirar as areias dos sonhos diurnos até obter matéria sólida, áureas realidades.

Agora, em relação a esse desejo meu, à inquietação que me acompanhava desde o momento em que eu acordava até a hora em que adormecia: não era algo que eu pudesse pedir a ela assim de cara. Precisava da hora azada, de um momento cuidadosamente preparado. Ela quase nunca vinha à nossa casa, mas sempre que vinha eu ficava rondando, fingindo que observava os movimentos delicados de seus dedos grossos e feios a manusear os guardanapos de renda, mas na verdade eu tentava atrair sua atenção. Jamais conversávamos; eu era nervoso demais, e ela, burra demais. Sim, burra. Era só uma coisa que eu intuía; por mais que fosse uma feiticeira poderosa, a sra. Ferguson era uma mulher burra. Mas, de vez em quando, nossos olhos se cruzavam, e, por mais que ela fosse tapada, a intensidade, o *fascínio* que ela captava em meu olhar lhe diziam que eu desejava me consultar com ela. Provavelmente supunha que eu queria uma bicicleta, ou uma espingarda de ar comprimido; de qualquer maneira, não estava disposta a perder seu tempo com um garoto como eu. O que eu poderia lhe dar? De modo que ela virava para baixo seus lábios finos e rolava noutra direção seus olhos de lua cheia.

Nessa época, início de dezembro de 1932, minha avó paterna chegou para passar algum tempo conosco. Nova Orleans tinha invernos frios; os ventos úmidos e enregelantes que sopravam do rio penetravam fundo nos ossos. De modo que minha avó, moradora da Flórida, onde era professora, tivera a sensatez de trazer consigo um casaco de pele, que pegara emprestado com uma amiga. Era feito de pele de carneiro persa negro, um pertence de mulher rica, o que minha avó estava longe de ser. Tendo enviuvado jovem, com três filhos para criar, ela não tivera uma vida fácil, mas jamais se queixava. Era uma mulher admirável; tinha um espírito vivaz e ao mesmo tempo saudável e equilibrado. Devido a circunstâncias familiares raramente nos encontrávamos, mas ela sempre me escrevia e me mandava pequenos presentes. Ela me amava e eu queria amá-la, mas só até sua morte; ela morreu com mais de noventa anos, eu me mantive à distância e a tratei com certa indiferença. Ela bem que sentia, mas nunca soube, nem mais ninguém, a causa de minha frieza aparente, porque o motivo era parte de uma culpa complexa, multifacetada como a refulgente pedra amarela que ela trazia ao pescoço com muita freqüência, pendendo de uma corrente de ouro delgada. Um colar de pérolas lhe cairia melhor, mas ela dava grande valor àquele badulaque um tanto teatral, que, pelo que eu soube, o avô dela tinha ganhado, por sua vez, num jogo de cartas no Colorado.

Claro que o colar não tinha valor; conforme minha avó sempre tinha o escrúpulo de explicar a qualquer pessoa que lhe perguntasse, a pedra, do tamanho da pata de um gato, não era "preciosa", não se tratava de um diamante amarelo-canário nem mesmo de um topázio, era apenas um pedaço de cristal de rocha habilidosamente facetado e tingido de amarelo-escuro. A sra. Ferguson, porém, não sabia do valor verdadeiro da bijuteria, e quando numa tarde, no decorrer da estada de minha avó, aquela bruxa gordota e ainda relativamente jovem chegou à nossa casa para engomar algumas peças de linho, pareceu ficar enfeitiçada pelo brilhante pedaço de vidro que pendia da correntinha em torno do pescoço de minha avó. Seus ignorantes olhos de lua cintilavam. Nesse momento eu não encontrava mais nenhuma dificuldade para atrair sua atenção; ela me estudava com um interesse que até então jamais se manifestara.

Quando a sra. Ferguson estava indo embora, eu a acompanhei até o jardim, onde havia um pé de glicínia centenário, um lugar misterioso mesmo no inverno, quando seus ramos secavam, deixando aquele túnel de folhagem despido de suas sombras acolhedoras. Ela entrou debaixo da planta e acenou para mim.

Baixinho, ela me perguntou: "Você está querendo alguma coisa?".

"Estou."

"Uma coisa que você quer que eu faça? Um favor?"

Assenti com a cabeça; ela também, mas seus olhos se moviam nervosos: não queria ser vista conversando comigo.

Ela disse: "Meu garoto pode vir até aqui. E conversar com você".

"Quando?"

Ela me disse, porém, para eu me calar, e deixou o jardim correndo. Fiquei olhando enquanto ela se afastava, oscilando na obscuridade. Sentia a boca seca só de pensar que todas as minhas esperanças estavam depositadas naquela mulher burra. Não consegui jantar naquela noite; só fui adormecer quando o dia já clareava. Além da coisa que me preocupava, agora eu tinha adquirido toda uma outra gama de inquietações. Se a sra. Ferguson fizesse o que eu queria, o que aconteceria com minhas roupas e meu nome? para onde eu poderia ir? quem eu seria? Caramba, era de deixar qualquer um maluco! Ou será que eu já estava doido? Fazia parte do problema: eu só podia estar louco, para desejar que a sra. Ferguson fizesse o que eu queria que fizesse. E isso era motivo para eu não poder contar nada a ninguém: iriam achar que eu era louco. Ou coisa pior. Eu não sabia o que poderia ser pior, mas sentia instintivamente que as pessoas — minha família, os amigos da família e as outras crianças — acharem que eu era louco ainda podia ser o menor dos meus problemas.

Devido ao medo e à superstição combinados com a cobiça, os empregados domésticos do Garden District, algumas das arrumadeiras mais arrogantes e alguns dos criados mais vaidosos que jamais cruzaram um piso de parquê, falavam da sra. Ferguson com respeito. Também falavam dela em voz baixa, não só devido a seus dons singulares, mas também devido à sua vida pessoal igualmente singular, da qual coletei vários detalhes aos poucos, bisbilhotando as conversas daqueles negros, mulatos e mestiços elegantes, que se consideravam a verdadeira realeza de Nova Orleans, ou pelo menos superiores a qualquer um de seus patrões. Quanto à sra. Ferguson — ela não era *madame*, apenas *mamselle*: mãe solteira com uma penca de filhos, pelo menos seis, vinda do leste do Texas, de uma dessas aldeias de caipiras da divisa, perto de Shreveport. Aos quinze anos, tinha sido amarrada a um pelourinho em frente da agência do correio da cidade e publicamente açoitada com um chicote de cavalos por seu pai. O motivo do terrível castigo fora uma criança que ela tivera, um menino de olhos verdes mas inconfundivelmente produzido por um pai negro. Trazendo o bebê — que se chamava Skeeter, agora tinha catorze anos e era, ao que se dizia, um verdadeiro demônio —, ela viera para Nova Orleans e encontrara trabalho como governanta de um padre católico irlandês, que ela seduziu e com quem teve um segundo bebê, mas que abandonou por outro homem, e assim por diante, vivendo com uma sucessão de amantes bonitos, homens que ela só podia ter conquistado misturando poções às suas taças de vinho, porque afinal, tirando aqueles poderes fora do comum, quem ela era? Uma representante do lixo branco do leste do Texas que se metia com negros, mãe de seis bastardos, uma lavadeira, ela própria uma criada. Mas ainda assim eles a respeitavam; até mesmo madame Jouet, a criada-chefe da família Vaccaro, dona da United Fruit Company, sempre se dirigia a ela com extrema cortesia.

Em um domingo, dois dias depois de minha conversa com a sra. Ferguson, fui com minha avó à igreja, e, enquanto caminhávamos de volta para casa, apenas alguns quarteirões, percebi que alguém nos seguia: um rapaz de compleição forte, pele amulatada e olhos verdes. Concluí imediatamente que só podia ser o famoso Skeeter, o garoto cujo nascimento fizera sua mãe ser açoitada, e entendi que ele viera me trazer um recado. Senti uma onda de náusea mas também de exaltação, quase embriaguez, o suficiente para me fazer rir.

Em tom alegre, minha avó perguntou: "Ah, lembrou de alguma piada?".

Pensei: Não, mas lembrei de um segredo. Entretanto, apenas respondi: "Foi só uma coisa que o pastor disse".

"É mesmo? Ainda bem que você encontrou alguma graça. Achei o sermão muito árido. Mas o coro estava ótimo."

Eu me abstive de fazer o seguinte comentário: "Bem, se a idéia era só ficarem falando dos pecadores e do inferno, quando não sabem como é o inferno, deviam pedir a mim que fizesse o sermão. Bem que eu poderia lhes dar alguma idéia".

"Você está feliz aqui?", perguntou minha avó, como se estivesse pensando em me fazer essa pergunta desde a sua chegada. "Eu sei que tem sido difícil. O divórcio. Morar aqui, morar ali. Eu queria ajudar. Só não sei de que modo."

"Estou bem. Está tudo bem."

Mas bem que eu queria que ela calasse a boca. E ela calou, franzindo o rosto. E assim, pelo menos um dos meus desejos se satisfazia. Um a menos — só me faltava conseguir mais um.

Quando chegamos à frente da casa, minha avó, dizendo que estava com um começo de enxaqueca e que iria tentar detê-la com um comprimido e uma soneca, deu-me um beijo e entrou em casa. Atravessei correndo o jardim até o velho pé de glicínia e me escondi ali, feito um bandido numa caverna de bandido à espera de um comparsa.

Dali a pouco chegou o filho da sra. Ferguson. Alto para a idade, tinha um pouco menos de um metro e oitenta, era musculoso como um estivador. Não se parecia em nada com a mãe. E não só por sua cor mais escura; seus traços eram bem definidos, a estrutura óssea, bastante precisa — o pai provavelmente era um homem bonito. E, à diferença da sra. Ferguson, seus olhos de esmeralda não lembravam os círculos sem vida das histórias em quadrinhos, pois eram estreitos e maus, como armas, balas ameaçadoras assestadas, a ponto de serem detonadas. Não me causou surpresa saber, não muitos anos depois, que ele cometera um homicídio duplo em Houston e morrera na cadeira elétrica da Prisão Estadual do Texas.

Ele estava bem-arrumado, vestido como os vagabundos adultos que rodavam de bar em bar à beira do cais: chapéu-panamá, sapatos de duas cores, terno de linho branco um pouco manchado, dado por algum homem muito mais magro do que ele. Um charuto impressionante emergia do bolso junto à lapela: um Havana Castle Morro, o charuto dos connaisseurs que os cavalheiros do Garden District serviam para acompanhar o absinto e o álcool de framboesa servidos depois do jantar. Skeeter Ferguson acendeu seu charuto com os gestos floreados de um gângster de cinema, construiu um anel de fumaça impecável, soprou-o bem no meu rosto e disse: "Vim buscar você".

"Agora?"

"Assim que você trouxer o colar da velha."

Embora fosse inútil procurar ganhar tempo, eu tentei: "Que colar?".

"Melhor economizar o fôlego. Vá pegar logo, que depois vamos a algum lugar. Ou então não vamos. E você nunca mais vai ter uma chance."

"Mas ela está usando o colar!"

Outro anel de fumaça, profissionalmente produzido, projetado sem esforço. "Como você vai pegar não é da minha conta. Eu vou só ficar aqui. Esperando."

"Mas pode levar muito tempo. E se eu não conseguir pegar?"

"Vai conseguir, sim. E vou ficar esperando até você voltar."

A casa parecia vazia quando entrei pela porta da cozinha, e, exceto por minha avó, estava vazia mesmo; todos os outros tinham ido visitar uma prima recém-casada que morava do outro lado do rio. Depois de chamar minha avó, e só ouvir como resposta o silêncio, subi as escadas na ponta dos pés e encostei o ouvido na porta de seu quarto. Ela provavelmente estava dormindo. Decidido a correr o risco, entreabri a porta devagarinho.

As cortinas estavam fechadas, e o quarto às escuras, exceto pelo brilho quente do carvão que ardia numa fornalha de porcelana. Minha avó estava deitada na cama, com as cobertas puxadas até o queixo; devia ter tomado o comprimido para dor de cabeça, porque sua respiração era profunda e regular. Ainda assim, puxei a colcha que a cobria com o cuidado meticuloso de um arrombador que girasse os mostradores de um cofre de banco. Seu pescoço estava nu; ela só usava uma roupa de baixo, uma camisola cor-de-rosa. Encontrei o colar em cima de uma cômoda; estava estendido à frente de uma fotografia de seus três filhos, um deles meu pai. Eu não o encontrava havia tanto tempo que tinha esquecido de sua aparência — e depois desse dia o mais provável é que jamais tornasse a vê-lo. Ou, se visse, ele não saberia quem eu era. Mas eu não tinha tempo de pensar nisso. Skeeter Ferguson estava à minha espera, escondido no pé de glicínia, agitando o pé e sugando aquele charuto de milionário. Ainda assim, hesitei.

Eu nunca tinha roubado nada; vá lá, uma ou outra barra de chocolate Hershey do balcão do baleiro no cinema, alguns livros que deixara de devolver à biblioteca pública. Mas aquilo era muito mais importante. E minha avó talvez me perdoasse se um dia soubesse por que eu precisava roubar o colar dela. Não, jamais me perdoaria; ninguém iria me perdoar se um dia soubesse *exatamente* por quê. Mas eu não tinha escolha. Era como Skeeter tinha dito: se eu não pegasse o colar agora, a mãe dele nunca mais me daria outra chance. E a coisa que vinha me preocupando iria continuar me preocupando mais e mais, talvez para todo o sempre. Então peguei o colar. Enfiei-o no bolso e fugi daquele quarto sem sequer fechar a porta. Quando tornei a me encontrar com Skeeter, não lhe mostrei o colar, só lhe disse que tinha pegado, e seus olhos verdes ficaram ainda mais verdes, mais maldosos, quando ele soltou outro de seus anéis de fumaça de bacana e disse: "Claro que sim. Você nasceu para ser bandido. Como eu".

Primeiro caminhamos, depois pegamos um bonde para descer a rua do Canal, geralmente cheia e animada mas meio fantasmagórica àquela hora, com as lojas fechadas e envolta numa imobilidade de domingo que pairava sobre ela como uma nuvem funerária. No cruzamento da rua do Canal com a Royal, trocamos de bonde e seguimos até o Bairro Francês, uma área familiar onde viviam muitas das famílias mais antigas, algumas com linhagens mais puras que qualquer nome encontrado no Garden District. Finalmente recomeçamos a caminhar; andamos quilômetros. Os sapatos duros de ir à igreja que eu ainda calçava machucavam meus pés, e agora eu não sabia mais onde estávamos; mas qualquer que fosse aquele lugar, eu não estava gostando. Não adiantava interrogar Skeeter Ferguson porque, quando eu perguntava, ele simplesmente sorria e assobiava, ou então cuspia, sorria e assobiava. Eu me pergunto se ele ainda assobiou desse jeito a caminho da cadeira elétrica.

Eu realmente não tinha a menor idéia de onde estávamos; era uma parte da cidade que jamais conhecera. E no entanto não tinha nada de incomum, só que havia bem menos rostos brancos pela rua do que eu estava acostumado a encontrar. E quanto mais caminhávamos, mais escassos eles ficavam: só um ou outro residente branco, cercado por pretos e mestiços. Tirando isso, era uma série comum de habitações humildes de madeira, casas de cômodos com a pintura descascando, modestas casas de família, em sua maioria malconservadas, embora houvesse exceções. A casa da sra. Ferguson, quando finalmente chegamos lá, era uma das exceções.

Tratava-se de uma casa antiga, mas de uma casa *de verdade*, com sete ou oito aposentos; não dava a impressão de estar a ponto de desabar à primeira rajada de vento forte vindo do golfo. Era pintada de um castanho feio, mas pelo menos a pintura não estava empolada pelo sol nem se desmanchando em flocos. E ficava no meio de um pátio bem cuidado que continha uma árvore de copa generosa — um cinamomo com velhos pneus, vários deles pendendo dos galhos na ponta das cordas: balanços para as crianças. E havia ainda outros brinquedos espalhados pelo pátio: um velocípede, baldes e pazinhas para fazer tortas de lama — sinais da presença da prole sem pai da sra. Ferguson. Um filhote de vira-lata, atado a uma corrente presa a uma estaca, começou a pular e a ganir no instante em que viu Skeeter.

Skeeter disse: "Chegamos. É só abrir a porta e ir entrando".

"Sozinho?"

"Ela está esperando por você. Faça como estou dizendo. Vá entrando. E, se você pegar ela no meio de uma foda, fique com o olho bem aberto: foi desse jeito que virei um grande fodedor."

Essa última observação, incompreensível para mim, foi coroada por uma risadinha, mas segui suas instruções e, enquanto me dirigia à porta da frente, olhei de novo para ele. Parece impossível, mas ele já tinha desaparecido, e nunca mais tornei a vê-lo — ou, se vi, não me lembro.

A porta abria diretamente para a sala de visitas da sra. Ferguson. Pelo menos o local era mobiliado como uma sala de visitas (com sofá, espreguiçadeiras, duas cadeiras de balanço de vime, mesinhas de madeira escura), embora o piso fosse coberto por um linóleo castanho de cozinha, talvez com a intenção de combinar com a cor da casa. Quando entrei na sala, a sra. Ferguson se balançava numa das cadeiras, enquanto um jovem bem-apessoado, um mestiço não muito mais velho do que Skeeter, balançava em outra. Havia uma garrafa de rum pousada na mesa entre os dois, e ambos bebiam de copos cheios. O jovem, que não me foi apresentado, vestia apenas camiseta e calça boca-de-sino de marinheiro. Sem dizer palavra, parou de balançar, levantou-se da cadeira e saiu adernando por um corredor, levando consigo a garrafa de rum. A sra. Ferguson esperou até ouvir uma porta se fechar.

E então tudo que ela me disse foi: "Onde está?".

Eu suava. Meu coração batia de um modo estranho. Tinha a sensação de ter corrido mais de cem quilômetros, de ter vivido mais de mil anos nas últimas horas.

A sra. Ferguson fez sua cadeira parar, e repetiu: "Onde está?".

"Aqui. No meu bolso."

Ela estendeu a mão grossa e vermelha, com a palma para cima, e depositei o colar nela. O rum já conseguira produzir o efeito de alterar a opacidade habitual dos seus olhos; o fulgor da pedra amarela fez ainda mais. Ela virou a pedra de um lado para o outro, olhando fixo para ela; eu tentava não olhar, tentava pensar em outras coisas, e me surpreendi a me perguntar se ela teria cicatrizes nas costas, marcas deixadas pelo chicote.

"Preciso adivinhar?", ela perguntou, sem jamais tirar os olhos da pedra que pendia de sua frágil corrente de ouro. "Hein? Será que preciso descobrir por que você veio aqui? O que você quer?"

Ela não sabia, não tinha como saber, e de repente eu não queria mais que ela soubesse. E eu disse: "Gosto de sapatear".

Por um instante, a atenção dela se desviou de seu cintilante brinquedo novo.

"Quero ser sapateador. Quero fugir de casa. Quero ir para Hollywood e entrar para o cinema." Havia alguma verdade naquilo; fugir para Hollywood era uma das minhas fantasias escapistas mais cotadas. Mas não era a coisa que, no final das contas, eu decidira não contar a ela.

"Bem", ela respondeu com um sotaque arrastado. "Você é bonitinho mesmo, e pode entrar para o cinema. Mais bonito do que qualquer garoto deveria ser."

Com que então ela *sabia*. E eu me ouvi gritar: "É! Sim! É isso!".

"É o quê? E pare de berrar. Não sou surda."

"Não quero ser garoto. Queria ser uma garota."

Começou como um som diferente, um gorgolejo estrangulado bem no fundo da garganta dela, que acabou emergindo borbulhante na forma de uma risada. Seus lábios finos se esticaram e se abriram; uma gargalhada alcoólica jorrou de sua boca como uma golfada de vômito, e ela parecia despejar aquilo em cima de mim — um riso cujo som lembrava o cheiro de vômito.

"Por favor, por favor, senhora Ferguson, a senhora não entendeu. Estou muito preocupado. Vivo preocupado. Algo está errado. Por favor. A senhora precisa entender."

Ela continuou a se sacudir de tanto riso, e a cadeira de balanço acompanhava seu movimento.

Então eu disse: "Você é mesmo burra. Burra e tapada". E tentei arrancar o colar da mão dela.

O riso se deteve como se ela tivesse sido atingida por um raio; uma tempestade tomou conta de seu rosto, fúria total. Ainda assim, quando ela abriu a boca, sua voz era suave, sibilante e serpentina: "Você não sabe o que quer, menino. Vou lhe mostrar o que você quer. Olhe bem para mim. Olhe para cá. Vou lhe mostrar o que você quer".

"Por favor. Eu não quero nada."

"Abra os olhos, menino."

Em algum lugar da casa, um bebê chorava.

"Olhe para mim, garoto. Olhe para cá."

O que ela queria que eu contemplasse era a pedra amarela. Ela segurava a pedra acima da cabeça, e a fazia oscilar de leve. Parecia ter absorvido toda a luz do aposento, acumulando um brilho devastador que mergulhava tudo o mais nas trevas. Balançando, girando, chispas de fulgor.

"Estou ouvindo um bebê chorar."

"É você mesmo que você está ouvindo."

"Mulher burra. Burra. Burra."

"Olhe bem aqui, garoto."

Girafulguragiragirafulgurafulgurafulgura.

Ainda era dia, ainda era domingo, e lá estava eu de volta ao Garden District, de pé diante de minha casa. Não sei como fui parar lá. Alguém provavelmente me trouxera, mas não sei quem; minha última lembrança era o som do riso da sra. Ferguson voltando.

Claro, houve grande comoção em torno do colar desaparecido. Não chamaram a polícia, mas a casa foi revirada de cabeça para baixo por dias a fio; nenhum centímetro deixou de ser vasculhado. Minha avó ficou muito abalada. Mas, mesmo que o colar tivesse um alto valor, mesmo que fosse uma jóia cuja venda pudesse lhe assegurar conforto pelo resto dos seus dias, ainda assim eu não teria denunciado a sra. Ferguson. Porque, se eu o fizesse, ela poderia revelar o que eu tinha lhe contado, a coisa que jamais tornaria a contar a ninguém, nunca mais. Ficou finalmente decidido que um ladrão tinha entrado na casa e roubado o colar enquanto minha avó dormia. O que não deixava de ser verdade. Todos ficaram aliviados quando minha avó encerrou sua temporada entre nós e voltou para a Flórida. Esperava-se que todo aquele triste episódio da jóia desaparecida fosse esquecido em pouco tempo.

Mas não foi. Quarenta e quatro anos se evaporaram, e não foi esquecido. Tornei-me um homem de meia-idade, atormentado por caprichos e idéias estranhas. Minha avó morreu, ainda saudável e lúcida, a despeito de sua idade avançada.

Uma prima ligou para me informar de sua morte e me perguntou a que horas eu iria chegar para o enterro; respondi que mais tarde lhe diria. Passei mal de tanta dor, fiquei inconsolável; e foi uma reação absurda, totalmente fora de proporção. Minha avó não era alguém que eu tivesse amado. Ainda assim, como sofri! Mas não viajei para o enterro, nem mesmo mandei flores. Fiquei em casa, e tomei um litro de vodca. Fiquei muito embriagado, mas me lembro de ter atendido o telefone e ter ouvido meu pai explicando que era ele. Sua voz de velho tremia devido a algo que ultrapassava o peso dos anos; ele dava vazão a uma raiva acumulada por toda a vida, e, quando fiquei em silêncio, ele disse: "Seu filho-da-puta. Ela morreu com seu retrato na mão". Respondi "Sinto muito", e desliguei. O que eu poderia ter dito? Como poderia explicar que, ao longo de todos esses anos, qualquer referência à minha avó, qualquer carta ou lembrança dela, evocava a sra. Ferguson? Aquele riso, aquela fúria, aquela pedra amarela oscilando e girando: girafulgurafulgura.

II. CAIXÕES ENTALHADOS À MÃO

Caixões entalhados à mão

Relato de não-ficção de um crime americano

Março de 1975.

Uma cidade num pequeno estado do Oeste. Centro para as diversas grandes propriedades agrícolas e fazendas de criação de gado que a cercam, a cidade, com uma população de menos de dez mil habitantes, sustenta doze igrejas e dois restaurantes. Um cinema, embora não tenha exibido um filme sequer em dez anos, ainda se ergue severo e sem alegria na rua principal. Já houve ali um hotel; mas ele também fechou, e hoje o único lugar onde algum viajante pode se hospedar é o Prairie Motel.

O motel é limpo, os quartos bem aquecidos; mais do que isso não se pode dizer. Um homem chamado Jake Pepper mora lá há quase cinco anos. Com cinqüenta e oito de idade, é viúvo e criou quatro filhos, já crescidos. Tem mais de um metro e setenta e cinco, está em ótima forma e parece quinze anos mais novo do que é. Tem um rosto agradável mas feioso, com olhos azuis cor de pervinca e uma boca fina, que, nervosa, assume formas angulares que são às vezes sorrisos e às vezes não. O segredo de sua aparência juvenil não é sua magreza enxuta, nem suas bochechas carnudas e avermelhadas, nem seus sorrisos misteriosos e cheios de malícia; ela se deve a seus cabelos, que parecem os cabelos do irmão mais novo de alguém: de um louro escuro, cortados bem curtos, e tão cheios de redemoinhos que ele não tem muito como penteá-los; limita-se a molhar um pouco a cabeça.

Jake Pepper é detetive e trabalha no Bureau Estadual de Investigações. Fomos apresentados por um amigo em comum, detetive num outro estado. Em 1972, ele me escreveu uma carta dizendo que estava trabalhando num caso de homicídio, algo que a seu ver poderia me interessar. Telefonei para ele e conversamos por três horas. Fiquei muito interessado no que ele tinha para me contar, mas ele se alarmou quando sugeri ir até lá e examinar a situação por minha conta; disse que isso seria prematuro e poderia pôr em risco sua investigação, mas garantiu que me manteria a par dos acontecimentos. Passamos os três anos seguintes trocando telefonemas a cada dois ou três meses. O caso, que evoluiu ao longo de linhas tão tortuosas quanto um labirinto de ratos, parecia então ter chegado a um impasse. Finalmente eu disse: Me deixe ir até aí dar uma olhada.

E foi assim que, numa noite fria de março, eu me vi sentado com Jake Pepper em seu quarto de motel nos arredores gélidos e ventosos daquela pequena cidade esquecida do Oeste. Na verdade, o quarto era agradável, acolhedor; afinal, com alguns intervalos, tinha sido a casa de Jake por quase cinco anos, e ele tinha construído prateleiras para expor fotos de sua família, seus filhos e netos, e guardar centenas de livros, muitos deles a respeito da Guerra Civil Americana, e todos eles escolhas inteligentes: Jake tinha uma preferência por Dickens, Melville, Trollope, Mark Twain.

Jake estava sentado no chão, de pernas cruzadas, um copo de bourbon ao seu lado. Tinha um tabuleiro de xadrez armado à sua frente; com ar distraído, movia as peças.

* * *

TC: O mais espantoso é que ninguém parece saber nada sobre o caso. Quase não foi divulgado.

JAKE: Há bons motivos.

TC: Jamais consegui organizar os fatos na seqüência correta. É como um quebra-cabeça, mas sem metade das peças.

JAKE: Por onde vamos começar?

TC: Pelo começo.

JAKE: Vá até a cômoda. Olhe na gaveta de baixo. Está vendo uma caixa de papelão? Espie o que tem dentro.

(O que encontrei dentro da caixa foi uma miniatura de caixão. Era um objeto de bela feitura, entalhado em pau-de-balsa clara. Não tinha adornos; mas, quando se abria a tampa presa por uma dobradiça, descobria-se que o caixão não estava vazio. Continha uma fotografia — um flagrante espontâneo e casual de duas pessoas de meia-idade, um homem e uma mulher, atravessando uma rua. Não era uma foto posada; dava para sentir que aquelas pessoas não sabiam que estavam sendo fotografadas.)

O caixãozinho, acho que se pode dizer que é o começo.

TC: E a foto?

JAKE: George Roberts e a mulher. George e Amelia Roberts.

TC: O senhor e a senhora Roberts. Claro. As primeiras vítimas. Ele era advogado?

JAKE: Era advogado, e certa manhã (para ser exato: na manhã de 10 de agosto de 1970) recebeu um presente pelo correio. Esse caixãozinho. Com a foto dentro. Roberts era um sujeito tranqüilo e bem-humorado; mostrou o caixão para algumas pessoas no tribunal e reagiu como se fosse uma piada. Dali a um mês, George e Amelia estavam mortos.

TC: E quando você entrou no caso?

JAKE: Imediatamente. Uma hora depois de serem encontrados, eu já estava a caminho daqui com dois outros agentes do bureau. Quando chegamos, os corpos ainda estavam no carro. E as cobras também. Uma coisa que nunca vou esquecer. Nunca.

TC: Volte um pouco. Descreva exatamente o que viu.

JAKE: Os dois não tinham filhos. Tampouco inimigos. Todo mundo gostava deles. Amelia trabalhava para o marido; era secretária dele. Só tinham um carro, e sempre iam juntos para o trabalho. Na manhã em que tudo aconteceu fazia calor. Muito calor. E por isso acho que eles devem ter ficado surpresos quando saíram para pegar o carro e o encontraram com todas as janelas fechadas. De qualquer modo, cada um entrou no carro por uma porta diferente, e assim que entraram — *pam*! Um bando de cascavéis caiu em cima deles como raios. Encontramos nove cascavéis das grandes dentro do carro. E todas tinham recebido injeções de anfetamina; pareciam loucas e morderam o casal em toda parte: no pescoço, nos braços, nas orelhas, nas bochechas, nas mãos. Coitados. As cabeças ficaram imensas, inchadas, parecendo abóboras decoradas para o Halloween e pintadas de verde. Devem ter tido morte quase instantânea. Pelo menos eu espero que tenha sido assim. De verdade.

TC: Não existem tantas cascavéis assim nesta região. Pelo menos não desse porte. Devem ter sido trazidas de outro lugar.

JAKE: E foram. De um criatório de cobras perto de Nogales, no Texas. Mas ainda não é hora de lhe contar como foi que descobri isso.

(Do lado de fora, manchas de neve se espalhavam pelo solo; a primavera ainda estava longe — um vento forte açoitando a janela anunciava que o inverno ainda estava entre nós. Mas o som do vento era só um murmúrio em minha cabeça por baixo do estrépito de cascavéis chocalhantes, com a língua sibilando. Imaginei o carro escuro debaixo do sol quente, as serpentes ondulantes, as cabeças humanas ficando verdes, inchando com o veneno. Fiquei escutando o vento, deixando que varresse parte da cena imaginada.)

JAKE: É claro que não sabemos se o casal Baxter também recebeu um caixão. Tenho certeza que sim; não se encaixaria no padrão se não fosse assim. Mas nunca disseram nada a respeito de terem recebido um caixão, e nunca encontramos vestígio dele.

TC: Talvez tenha desaparecido no incêndio. Mas não havia mais gente com eles, um outro casal?

JAKE: O casal Hogan. De Tulsa. Eram amigos do casal Baxter, estavam de passagem. O assassino não tinha a intenção de matá-los também. Foi um acidente.

Eis o que aconteceu: os Baxter estavam construindo uma casa nova, mas a única parte que já estava pronta era o porão. Todo o resto ainda estava em obras. Roy Baxter era um homem próspero; poderia ter alugado este motel inteiro enquanto sua casa era construída. Mas ele preferia morar no porão subterrâneo, e a única entrada era um alçapão.

Era dezembro — três meses depois do crime das cascavéis. Ao certo, só sabemos o seguinte: os Baxter tinham convidado esse casal de Tulsa para passar a noite no porão deles. E em algum momento, pouco antes do amanhecer, um incêndio violentíssimo começou no porão, e os quatro foram incinerados. Literalmente reduzidos a cinzas.

TC: Mas não poderiam ter fugido pelo alçapão?

JAKE (retorcendo os lábios, bufando): Não. O incendiário, o assassino, tinha empilhado blocos de concreto em cima da porta. Nem King Kong teria conseguido abrir.

TC: Mas é óbvio que havia alguma ligação entre o incêndio e as cascavéis.

JAKE: Agora é fácil dizer. Mas na época não houve jeito de encontrar alguma ligação. Tínhamos cinco homens trabalhando no caso; sabíamos mais sobre George e Amelia Roberts, sobre os casais Baxter e Hogan, do que eles próprios jamais souberam sobre si mesmos. Aposto que George Roberts nunca soube que a mulher havia tido um bebê aos quinze anos e dado para adoção.

Claro, num lugar deste tamanho, de um jeito ou de outro todo mundo conhece todo mundo, pelo menos de vista. Mas não encontramos nada que ligasse as vítimas. Ou alguma motivação. Não havia nenhum motivo, não que pudéssemos descobrir, para alguém querer matar todas essas pessoas. (Estudou seu tabuleiro de xadrez; acendeu o cachimbo e tomou um gole do seu bourbon) As vítimas, todas elas, eram desconhecidas para mim. Nunca tinha ouvido falar de nenhuma delas antes das mortes. Mas o próximo foi um amigo meu. Clem Anderson. Da segunda geração de uma família norueguesa; herdou do pai uma fazenda, uma bela extensão de terra. Estivemos na faculdade mais ou menos na mesma época, ele entrou no ano em que eu me formei. Casou com uma antiga namorada minha, uma garota maravilhosa, a única que já vi com olhos cor de lavanda. Pareciam duas ametistas. Às vezes, quando eu enchia a cara, costumava falar de Amy e dos seus olhos de ametista, e minha mulher não achava graça nenhuma. De qualquer maneira, Clem e Amy se casaram, vieram morar aqui e tiveram sete filhos. Jantei na casa deles na véspera da morte dele, e Amy disse que o único arrependimento da vida dela era não ter tido mais filhos.

Mas eu vinha me encontrando muito com Clem. Desde quando cheguei aqui para cuidar desse caso. Ele tinha um lado incontrolável, e bebia demais; mas era um homem inteligente, e me ensinou muito sobre esta cidade.

Uma noite ele me ligou aqui no motel. Estava com uma voz estranha. Disse que queria me ver imediatamente. Então pedi que viesse me encontrar. Achei que ele estava bêbado, mas não era o caso — estava com medo. Sabe por quê?

TC: Papai Noel tinha deixado um presente para ele.

JAKE: Isso. Mas ele não sabia bem o que era. O que significava. O caixão, sua possível ligação com o crime das cascavéis nunca tinha vindo a público. Guardávamos aquilo em segredo. Eu nunca tinha falado a respeito disso com Clem.

Assim, quando ele chegou aqui neste quarto e me mostrou um caixão que era uma réplica exata do que o casal Roberts tinha recebido, eu soube que meu amigo corria sério perigo. O caixão lhe tinha sido remetido dentro de uma caixa embrulhada em papel pardo; seu nome e endereço estavam escritos em letras anônimas de imprensa. Com tinta preta.

TC: E o caixão trazia uma foto dele?

JAKE: Sim. E vou descrever a foto com cuidado, porque ela ajuda muito a revelar a maneira como Clem morreria. Na verdade, acho que o assassino estava querendo fazer uma piadinha, insinuando a maneira como Clem iria morrer.

Na foto, Clem estava sentado numa espécie de jipe, um veículo excêntrico que ele mesmo inventou. Não tinha capota nem pára-brisa, nenhuma proteção de nenhum tipo para o motorista. Era só um motor com quatro rodas. Ele disse que nunca havia visto aquela foto, e que não tinha idéia de quem a tinha tirado, nem quando.

Eu precisava tomar uma decisão difícil. Será que deveria lhe revelar que os Roberts tinham recebido um caixão semelhante pouco antes de serem mortos, e que era provável que o mesmo tivesse acontecido com os Baxter? De alguma forma, talvez fosse melhor não informá-lo de nada; assim, caso montássemos uma vigilância intensiva, poderíamos chegar ao assassino, o que seria bem mais fácil se ele não soubesse do perigo que corria.

TC: Mas você resolveu contar.

JAKE: Resolvi. Porque, com esse segundo caixão nas mãos, eu tinha certeza de que os crimes estavam ligados. E senti que Clem deveria conhecer a resposta. *Tinha* de saber.

Mas, depois que lhe expliquei o significado do caixão, ele entrou em choque. Precisei esbofeteá-lo. E então ele agiu feito uma criança: deitou na cama e começou a chorar: "Alguém vai me matar. Mas por quê? Por quê?". Eu lhe disse: "Ninguém vai matá-lo. Isso eu lhe garanto. Mas *pense*, Clem! O que você tem em comum com essas pessoas que já morreram? Deve haver alguma coisa. Talvez alguma coisa bem banal". Mas ele só conseguia dizer: "Não sei. Não sei". Forcei-o a beber até ele se embriagar o suficiente para adormecer. Ele passou a noite aqui. De manhã, estava mais calmo. Mas ainda não lhe ocorria nada que pudesse associá-lo aos crimes, de que maneira se encaixava no padrão. Eu lhe recomendei que não falasse sobre o caixão com mais ninguém, nem mesmo com a mulher; e disse ainda que não se preocupasse — eu iria designar mais dois agentes só para tomar conta dele.

TC: E quanto tempo levou até o fabricante dos caixões cumprir a promessa?

JAKE: Ah, acho que ele deve ter saboreado cada minuto. Ele deu linha a Clem, como um pescador com a truta presa no anzol. O bureau acabou achando desnecessário manter os agentes a mais, e finalmente o próprio Clem achou que aquilo não significava nada. Seis meses se passaram. Um dia Amy ligou e me convidou para jantar. Uma noite quente de verão. Cheia de vagalumes pelo ar. Parte das crianças corria caçando os bichinhos, que eram enfiados em jarros de vidro.

Quando fui embora, Clem me levou até o carro. Um rio estreito corria ao lado do caminho onde ele estava estacionado, e Clem disse: "Essa história de ligação. Outro dia me lembrei de uma coisa. O rio". Perguntei qual rio; e ele disse que era justamente aquele, o rio que estava ali ao nosso lado. "É uma história meio complicada. E deve ser besteira. Mas conto da próxima vez que nos encontrarmos."

E é claro que nunca mais o vi. Pelo menos vivo.

TC: É quase como se ele tivesse ouvido a conversa de vocês dois.

JAKE: Quem?

TC: Papai Noel. Quer dizer, não é curioso que, depois de todos esses meses, Clem Anderson finalmente mencionasse o rio, e no dia seguinte, antes que pudesse lhe contar por que tinha se lembrado do rio de uma hora para outra, o assassino tenha cumprido a promessa?

JAKE: Como está seu estômago?

TC: Bem.

JAKE: Então vou lhe mostrar umas fotos. Mas é melhor se servir de um copo bem cheio. Você vai precisar.

(As três fotografias eram brilhantes e em preto-e-branco, tiradas de noite com um flash. A primeira era do jipe improvisado de Clem Anderson, numa estradinha estreita da fazenda, onde tinha capotado e finalmente parara de lado, com os faróis ainda acesos. A segunda foto era de um corpo sem cabeça caído na mesma estrada: um homem sem cabeça, usando botas, calça Levi's e jaqueta de pele de carneiro. A última foto era da cabeça da vítima. Uma guilhotina ou um cirurgião habilidoso não teriam feito melhor. Jazia isolada em meio a algumas folhas, como se alguém a tivesse jogado ali de brincadeira. Os olhos de Clem Anderson estavam abertos, mas não pareciam mortos, apenas serenos, e, exceto por uma ferida aberta na testa, seu rosto mantinha uma expressão calma, tão intocado pela violência quanto seus claros e inocentes olhos de norueguês. Enquanto eu examinava as fotos, Jake se debruçou por cima do meu ombro, contemplando-as comigo.)

JAKE: Aconteceu lá pelo fim da tarde. Amy estava esperando Clem chegar em casa para jantar. Mandou um dos meninos esperar o pai no caminho. Foi o garoto que encontrou o corpo.

Primeiro viu o carro tombado. Depois, uns cem metros à frente, encontrou o corpo. Voltou correndo para casa, e a mãe me ligou. Eu me xinguei de tudo quanto é nome. Quando chegamos lá, foi um dos meus agentes que descobriu a cabeça. Estava a uma distância razoável do corpo. Na verdade, ainda estava no lugar onde tinha sido cortada pelo arame.

TC: O arame, sei. Eu nunca entendi esse troço do arame. É uma coisa...

JAKE: Impressionante?

TC: Mais que impressionante. Absurda.

JAKE: Absurdo nenhum. Nosso amigo simplesmente encontrou um meio simples de decapitar Clem Anderson. Matá-lo sem nenhuma possibilidade de testemunhas.

TC: Deve ser por causa dos cálculos envolvidos. Sempre fico muito espantado com qualquer coisa que precise de matemática.

JAKE: Sem dúvida, o cavalheiro responsável por isso tem certa inclinação para a matemática. Pelo menos calculou medidas muito precisas.

TC: E estendeu um arame entre duas árvores?

JAKE: Entre uma árvore e um poste telefônico. Um arame de aço forte, afilado e amolado como uma navalha. Virtualmente invisível, mesmo em plena luz do dia. Ao cair da noite então, a hora em que Clem saiu da estrada principal dirigindo aquele veículo doido pela estradinha estreita, ele não tinha a menor condição de ver nada. Foi atingido pelo arame no ponto exato: bem debaixo do queixo. E, como você pode ver, o arame lhe cortou a cabeça com a mesma facilidade de uma menina despetalando um malmequer.

TC: Muitas coisas poderiam ter dado *errado*.

JAKE: E se tivessem dado errado? Que diferença faria uma tentativa fracassada? Bastava voltar a tentar e continuar tentando até conseguir.

TC: Pois é *isso* o absurdo. Ele sempre consegue dar um jeito.

JAKE: Sim e não. Mas voltamos a falar disso depois.

(Jake enfiou as fotos num envelope pardo. Deu uma baforada no cachimbo e passou os dedos pelos cabelos cheios de redemoinhos. Fiquei em silêncio, porque sentia que ele tinha sido tomado pela tristeza. Finalmente perguntei se estava cansado, se preferia que eu fosse embora. Ele disse que não, que eram só nove horas, que nunca ia dormir antes da meia-noite.)

TC: E agora você está trabalhando nisso sozinho?

JAKE: Não. Meu Deus, isso me deixaria louco. Eu me revezo com mais dois agentes. Mas ainda sou o investigador titular do caso. E é assim mesmo que prefiro. Investi muito aqui. E vou pegar esse sujeito, nem que seja a última coisa que eu faça na vida. Ele vai acabar cometendo um erro. Na verdade, já cometeu alguns. Embora eu não possa dizer que um deles tenha sido a maneira como cuidou do doutor Parsons.

TC: O legista?

JAKE: O legista. O legista baixinho e magro, meio corcunda e muito minucioso.

TC: Então vejamos. Num primeiro momento você achou que fosse suicídio?

JAKE: Se você tivesse conhecido o doutor Parsons, também iria achar que se tratava de suicídio. Era um homem que tinha todos os motivos do mundo para se matar. Ou para ser morto por alguém. A mulher dele é linda, e ele a viciou em morfina; foi assim que conseguiu convencê-la a casar com ele. Já foi agiota. Era aborteiro. Pelo menos uma dúzia de mulheres meio doidas deixaram tudo que tinham para ele no testamento delas. Um canalha convicto, o doutor Parsons.

TC: Você não gostava dele?

JAKE: Ninguém gostava. Mas o que eu disse antes está errado. Eu disse que Parsons tinha todos os motivos para se matar, mas na verdade não tinha motivo nenhum. Tudo estava em seu lugar, bem cuidado por Deus, e o sol nunca deixava de iluminar Ed Parsons. O único incômodo era a úlcera que ele tinha. Além de algum tipo de indigestão permanente. Sempre andava com aqueles frascos grandes de Maalox, antiácido líquido. Enxugava pelo menos uns dois por dia.

TC: Mesmo assim, todo mundo se surpreendeu quando disseram que o doutor Parsons tinha se matado?

JAKE: Não. Porque ninguém acreditou que tivesse sido suicídio. Pelo menos não no início.

TC: Desculpe, Jake. Mas estou ficando confuso de novo.

(O cachimbo de Jake se apagou; ele pousou o cachimbo num cinzeiro e desembrulhou um charuto, que não acendeu; era um objeto para mascar, e não para fumar. Um cachorro com um osso.)

Antes de mais nada, quanto tempo se passou entre os dois enterros? Entre o enterro de Clem Anderson e o do doutor Parsons?

JAKE: Quatro meses. Mais ou menos.

TC: E Papai Noel também mandou um presente para o doutor?

JAKE: Espere. Espere. Você está indo depressa demais. No dia da morte de Parsons... primeiro achamos que ele tinha morrido, simplesmente. A enfermeira encontrou o doutor caído no chão do consultório. Alfred Skinner, outro médico aqui da cidade, disse que ele devia ter tido um ataque cardíaco; só uma autópsia poderia dizer com certeza.

Na mesma noite, recebi uma ligação da enfermeira de Parsons, dizendo que a mulher dele queria falar comigo. Respondi que tudo bem, eu iria até a casa dela naquela noite mesmo. A senhora Parsons me recebeu no quarto, de onde, pelo que entendi, ela quase nunca saía; confinada, acho eu, pelos prazeres da morfina. Está longe de ser uma inválida, pelo menos no sentido corrente. É uma bela mulher, de aparência perfeitamente saudável. De faces coradas, embora sua pele seja lisa e branca como uma pérola. Só que os olhos pareciam brilhantes demais, com pupilas muito dilatadas. Estava deitada na cama, apoiada numa pilha de travesseiros com fronhas enfeitadas de renda. Atentei para as unhas dela — bem compridas e pintadas com todo o cuidado; e as mãos também eram muito elegantes. Mas o que ela segurava nas mãos não tinha nada de elegante.

TC: Um presente de Papai Noel?

JAKE: Exatamente igual aos outros.

TC: E o que ela contou?

JAKE: Começou dizendo: "Acho que meu marido foi assassinado". Mas estava muito calma; não parecia perturbada, não tinha nenhum tipo de tensão.

TC: Por causa da morfina?

JAKE: Mais do que isso. Aquela mulher já se despediu da vida. Está olhando para trás antes de fechar a porta de saída — sem arrependimentos.

TC: E ela percebeu o significado do caixão?

JAKE: Não exatamente. Nem o marido. Embora ele tivesse a licença de legista do condado e teoricamente fizesse parte da nossa equipe, nunca lhe contamos a história toda. Ele não sabia nada sobre os caixões.

TC: Então por que ela achava que o marido tinha sido assassinado?

JAKE (mascando seu charuto, franzindo o cenho): *Por causa* do caixão. Contou que o marido tinha lhe mostrado o caixão algumas semanas antes, mas que não levara aquilo muito a sério; achava que era só um gesto maldoso, algo que um dos seus inimigos lhe tinha enviado. Mas *ela* me disse que, no mesmo momento em que viu o caixão e o retrato do marido dentro dele, sentiu uma "sombra" cair. É estranho, mas acho que ela amava o doutor. Aquela mulher linda. Aquele corcunda de cabelo arrepiado.

Quando fui embora, levei o caixão comigo e insisti com ela sobre a importância de não tocar nesse assunto com mais ninguém. Depois disso, só nos restava esperar pelo relatório da autópsia. Resultado: morte por envenenamento, provavelmente auto-administrado.

TC: Mas *você* sabia que tinha sido homicídio.

JAKE: Sabia. E a senhora Parsons também sabia. Mas todo mundo achou que tivesse sido suicídio. A maioria das pessoas ainda acha.

TC: E que tipo de veneno nosso amigo escolheu?

JAKE: Nicotina líquida. Um veneno muito violento, rápido e poderoso, sem cor e sem cheiro. Não sabemos exatamente como foi administrado, mas desconfio que tenha sido misturado ao Maalox de que o doutor gostava tanto. Um bom gole, e pronto: o freguês está no chão.

TC: Nicotina líquida. Nunca ouvi falar.

JAKE: Bem, não é exatamente um produto muito conhecido — como o arsênico. E, por falar no nosso amigo, encontrei um trecho outro dia, escrito por Mark Twain, que me pareceu muito apropriado. (Depois de procurar pelas prateleiras e de encontrar o livro que queria, Jake começou a andar pelo quarto, lendo em voz alta numa voz muito diferente da sua, uma voz rouca e raivosa) "Entre todas as criaturas jamais produzidas, o homem é a mais *detestável*. De todo o rebanho, ele, e só ele, é o único a possuir intenção malévola. Que é o mais baixo, o mais odioso, de todos os instintos, vícios e paixões. O homem é a única criatura capaz de infligir dor por esporte, *sabendo* que dói. E também, de toda a lista, é a única criatura dotada de uma mente maldosa." (Jake fechou o livro com estrondo e o atirou na cama) Detestável. Malévolo. Mente maldosa. Sim, senhor, uma descrição perfeita do senhor Quinn. Não dele todo. O senhor Quinn tem muitos talentos.

TC: Você nunca tinha me dito o nome dele.

JAKE: Eu próprio só fiquei sabendo nos últimos seis meses. Mas é assim que ele se chama. Quinn.

(Repetidamente, Jake começou a esmurrar uma das mãos em concha com o outro punho, como um presidiário, raivoso e frustrado, condenado a uma pena extensa. De fato, ele era prisioneiro daquele caso havia vários anos; as grandes fúrias, como os grandes uísques, precisam de longa fermentação.)

Robert Hawley Quinn, um senhor de respeito. Cavalheiro muito considerado.

TC: Mas um cavalheiro que comete erros. De outro modo você nunca ficaria sabendo o nome dele. Ou melhor, não ficaria sabendo que era *ele* o nosso amigo.

JAKE: (Silêncio; não está escutando)

TC: Foram as cobras? Você me disse que elas vieram de um criatório do Texas. Se você descobriu isso, deve saber quem comprou as cascavéis.

JAKE (livre da raiva, bocejando): O quê?

TC: E, por falar nisso, por que injetaram anfetamina nas cobras?

JAKE: O que você acha? Para estimular os bichos. Aumentar a ferocidade. Foi como jogar um fósforo aceso dentro de um tanque de gasolina.

TC: Mas fico pensando... Eu me pergunto como ele terá conseguido aplicar as injeções nas cobras, e deixá-las dentro do carro, sem ele próprio ser mordido.

JAKE: Ensinaram-lhe o jeito certo de lidar com elas.

TC: Quem ensinou?

JAKE: A mulher que vendeu as cobras.

TC: Uma *mulher*?

JAKE: O criatório de cobras de Nogales pertence a uma mulher. Está achando estranho? A mulher do meu filho mais velho trabalha para a polícia de Miami como mergulhadora profissional de altas profundidades. A pessoa que conheço que mais entende de mecânica de automóveis é uma mulher... (O telefone interrompeu nossa conversa; Jake olhou de relance para o relógio e sorriu, e aquele sorriso, tão autêntico e relaxado, revelou não só que ele sabia quem estava ligando como ainda que era alguém cuja voz ele ficava muito feliz de finalmente ouvir.)

Alô, Addie. Sim, ele está aqui. Contou que já é primavera em Nova York, e eu disse que ele deveria era ter ficado por lá mesmo. Não, nada. Só bebendo uma coisinha e conversando sobre *aquilo*, você sabe. Amanhã é domingo? Achei que era quinta-feira. Acho que estou ficando biruta. Claro, adoraríamos ir almoçar. Addie... *não se preocupe* com isso. Ele vai gostar de qualquer coisa que você fizer. Você é a melhor cozinheira dos dois lados das montanhas Rochosas, tanto leste quanto oeste. Então não crie caso. É, talvez aquela torta de uva com maçã. Tranque as portas. Durma bem. Sim. Você sabe que sim. *Buenas noches*.

(Depois de desligar, ele continuou sorrindo, um sorriso mais largo. Finalmente acendeu o charuto, e aspirou a fumaça com prazer. Apontou para o telefone e deu uma risadinha.)

Foi *esse* o erro do senhor Quinn. Adelaide Mason. Ela nos convidou para almoçar amanhã na casa dela.

TC: E quem é a senhora Mason?

JAKE: Senho*rita* Mason. Ela cozinha divinamente.

TC: E fora isso?

JAKE: Addie Mason é o que eu estava esperando. Depois dela, tudo mudou.

Sabe, o pai da minha mulher era ministro metodista. E ela levava muito a sério ir à igreja com a família toda. Eu fazia o possível para escapar sempre que podia; depois que ela morreu, nunca mais voltei. Mas uns seis meses atrás, o bureau estava disposto a arquivar o caso. Já tinha gastado tempo e dinheiro demais com ele. E não tínhamos nada a apresentar, nada que nos permitisse continuar a investigação. Oito assassinatos, e nenhum indício que relacionasse as vítimas umas às outras de maneira que nos revelasse algum motivo. Nada além dos três caixõezinhos feitos à mão.

Mas eu pensava: Não! Não pode ser! Existe uma *mente* atuando por trás disso tudo, uma razão. Comecei a freqüentar a igreja. De qualquer maneira, não há mais nada a fazer por aqui aos domingos. Nem mesmo um campinho de golfe. E comecei a rezar: Por favor, meu Deus, não deixe esse filho-da-puta se safar!

Na rua principal, existe um lugar chamado Okay Café. Todo mundo sabe que pode me encontrar lá praticamente toda manhã, entre as oito e as dez. Sempre tomo meu café-da-manhã no reservado do canto, e depois fico por lá mais algum tempo, lendo os jornais e conversando com várias pessoas, comerciantes daqui, que passam por lá para tomar um café.

No último Dia de Ação de Graças, estava tomando meu café lá, como sempre. Estava praticamente sozinho na casa, porque era feriado; e eu me sentia bem desanimado, de qualquer maneira — o bureau estava fazendo a última pressão sobre mim para encerrar o caso e dar o fora dali. Meu Deus, não que eu não quisesse sair correndo desta maldita cidade! Isso eu estava louco para fazer. Mas a idéia de desistir, de deixar o demônio dançar à vontade naquelas sepulturas, me deixava enojado. Um dia, pensando nisso, cheguei até a vomitar. De verdade.

Bem, de repente Adelaide Mason entrou no café. E veio diretamente até minha mesa. Eu tinha estado com ela várias vezes, mas nunca tínhamos conversado. Ela é professora, dá aulas para a primeira série. E mora com a irmã, Marylee, que é viúva. Addie Mason me disse: "Senhor Pepper, não me diga que o senhor vai passar o Dia de Ação de Graças sentado aqui, no Okay Café? Se não tiver outros planos, por que não vem almoçar em nossa casa? Somos só minha irmã e eu". Addie não é uma mulher nervosa, mas, apesar de seus sorrisos e de sua cordialidade, deu a impressão... hummm... de estar perturbada. Pensei: talvez ela não ache muito correto uma mulher solteira vir fazer um convite para um homem que não é casado, um simples conhecido, ir à casa dela. Mas, antes que eu pudesse responder sim ou não, ela já tinha emendado: "Para dizer a verdade, senhor Pepper, estou com um problema. Algo que gostaria de discutir com o senhor. E assim teremos uma oportunidade. Que tal ao meio-dia?".

Jamais comi melhor em minha vida — em vez de peru, elas serviram pombos com arroz selvagem e um bom champanhe. E, durante toda a refeição, Addie cuidou de manter a conversa em torno de assuntos divertidos. Não parecia nada nervosa, ao contrário da irmã.

Depois do almoço, nós nos acomodamos na sala de visitas, com café e conhaque. Addie se desculpou, saiu da sala, e quando voltou trazia...

TC: Deixe eu adivinhar...

JAKE: Ela me entregou e disse: "Era sobre isto que eu queria conversar com o senhor".

(Os lábios de Jake produziram um anel de fumaça, depois outro. Até ele suspirar, o único som no quarto era o miado enfurecido do vento, raspando as janelas com as garras.)

Você fez uma longa viagem. Talvez já esteja na hora de ir dormir.

TC: Está me dizendo que vai me deixar aqui, em suspense?

JAKE (falando sério, mas com um de seus maliciosos sorrisos ambíguos): Só até amanhã. Acho que você deveria escutar a história de Addie contada pela própria Addie. Vamos, vou com você até o seu quarto.

(Estranhamente, o sono me atingiu como se eu tivesse sido golpeado pelo cassetete de um ladrão; a viagem tinha sido mesmo longa, eu estava com um pouco de sinusite, e muito cansado. Mas depois de alguns minutos eu já estava acordado; ou melhor, ingressava em alguma esfera situada entre o sono e a vigília, e meu espírito se transformava num losango de cristal, um instrumento suspenso que captava os reflexos de imagens em espiral: a cabeça de um homem em meio às folhas, as janelas de um carro salpicadas de veneno, os olhos das serpentes deslizando em meio à atmosfera quente e enevoada, o fogo emergindo da terra, punhos calcinados esmurrando um alçapão, um arame esticado cintilando à luz do entardecer, um corpo sem cabeça caído na estrada, a cabeça em meio às folhas, fogo, fogo, o fogo correndo como um rio, rio, rio. E aí o telefone toca.)

VOZ DE HOMEM: E então? Vai dormir o dia inteiro?

TC (as cortinas estão fechadas, o quarto às escuras, não sei onde estou nem quem sou): Alô?

VOZ DE HOMEM: Aqui é Jake Pepper. Está lembrado? Um sujeito mau. Com olhos azuis impiedosos.

TC: Jake! Que horas são?

JAKE: Pouco mais de onze. Addie Mason está à nossa espera daqui a mais ou menos uma hora. Então entre logo no chuveiro. E ponha roupas quentes. Está nevando lá fora.

(Era uma neve pesada, de flocos espessos cujo peso não permitia que flutuassem; caíam direto no solo e o cobriam por completo. Quando deixamos o motel no carro de Jake, ele precisou acionar o limpador de pára-brisa. A rua principal estava cinzenta, branca e vazia, sem nenhuma vida além de um solitário sinal de trânsito a piscar suas luzes coloridas. Tudo estava fechado, até o Okay Café. A atmosfera sombria e o silêncio abafado pela neve nos contaminaram; nenhum de nós dois dizia nada. Mas eu sentia que Jake estava bem-disposto, como se previsse acontecimentos agradáveis. Seu rosto saudável brilhava e exalava, um pouco demais, o aroma de loção pós-barba. Embora seus cabelos se mostrassem revoltos como sempre, ele estava vestido com cuidado — mas não como se estivesse indo à igreja. A gravata vermelha que usava era apropriada para ocasiões mais festivas. Um pretendente a caminho de um encontro? Essa hipótese já me ocorrera na noite anterior, quando eu ouvira a conversa dele com a srta. Mason; havia certo tom, certo timbre, uma intimidade.

Mas, no instante em que pus os olhos em Adelaide Mason, risquei completamente a idéia da minha mente. Por mais entediado e solitário que Jake pudesse estar, aquela mulher era simplesmente feia demais. Essa, pelo menos, foi minha primeira impressão. Era um pouco mais jovem que a irmã, Marylee Connor, que tinha quase cinqüenta anos; seu rosto era franco, amistoso, mas forte demais, masculino — qualquer cosmético teria sublinhado essa qualidade, e ela pelo menos tinha o extremo bom senso de não usar maquiagem alguma. Seu traço físico mais atraente era a limpeza — de seus cabelos castanhos cacheados, de suas unhas, de sua pele. Era como se ela se banhasse em alguma chuva especial de primavera. As duas irmãs pertenciam à quarta geração desde que a família se instalara na cidade, e Addie lecionava na escola desde que terminara a faculdade; eu me perguntei por quê — diante de sua inteligência, seu caráter e sua sofisticação, era de admirar que ela não tivesse procurado uma platéia mais ampla para seus talentos do que uma sala de aula cheia de crianças de sete anos. "Não", ela me disse, "estou muito feliz assim. Faço o que gosto. Dar aulas na primeira série. Estar lá bem no começo, é disso que eu gosto. E com os alunos do primário, acabo ensinando todas as matérias. Inclusive boas maneiras. As boas maneiras são muito importantes. São tão poucas as crianças que aprendem alguma coisa em casa!"

A velha casa ampliada que as irmãs dividiam, herança de família, refletia, em sua cálida e reconfortante comodidade, em suas cores lisas civilizadas e nos "toques" que caracterizavam sua atmosfera, a personalidade da mais jovem das duas irmãs, pois a sra. Connor, por mais adequada que fosse, carecia visivelmente do olho seletivo e da imaginação de Adelaide.

A sala de estar, quase toda em azul e branco, estava repleta de plantas em flor e continha uma imensa gaiola vitoriana, residência de meia dúzia de canários cantadores. A sala de jantar era amarela, branca e verde, com piso de tábuas corridas de pinho, polidas até brilharem como um espelho; algumas achas de lenha ardiam numa imensa lareira. Os dons culinários da srta. Mason eram mais notáveis ainda do que Jake tinha anunciado. Ela serviu um extraordinário ensopado irlandês e uma incrível torta de uva e maçã; além de vinho tinto, vinho branco e champanhe. O marido da sra. Connor a deixara em uma situação muito boa.

Foi ao longo do almoço que minha impressão inicial da mais jovem de nossas anfitriãs começou a mudar. Sim, não havia dúvida de que existia um entendimento entre Jake e aquela mulher. Eram amantes. E, ao observá-la com mais atenção, ao vê-la, por assim dizer, com os olhos de Jake, comecei a perceber seu inconfundível interesse sensual. É verdade que seu rosto tinha defeitos, mas o corpo, revelado por um vestido justo de malha cinzenta, era adequado, na verdade nada mau; e ela *se deslocava* como se ele fosse *sensacional*: rivalizava com a estrela de cinema mais sensual que se pudesse imaginar. A ondulação dos seus quadris, os movimentos soltos de seus seios copiosos, sua voz de contralto, a fragilidade dos gestos de suas mãos: todos detalhes ultra-sedutores, ultrafemininos sem serem afeminados. O poder dela residia em sua atitude: ela se comportava como se acreditasse que era irresistível; e quaisquer que tenham sido suas oportunidades concretas, seu estilo deixava implícita uma extensa história erótica repleta de notas de rodapé.

Ao final do almoço, Jake já olhava para ela como que disposto a levá-la diretamente para o quarto: a tensão entre os dois era tão intensa quanto a do arame que cortara a cabeça de Clem Anderson. Ainda assim, ele desembrulhou um charuto, que a srta. Mason se apressou em acender para ele. Eu dei uma risada.)

JAKE: O quê?

TC: Parece um romance de Edith Wharton. A *casa do gáudio*, em que as senhoras sempre acendem os charutos dos cavalheiros.

SRA. CONNOR (em tom defensivo): Pois é o costume daqui. Minha mãe sempre acendia os charutos do meu pai. Apesar de não gostar do aroma. Não é mesmo, Addie?

ADDIE: É, Marylee. Jake, você aceita mais um café?

JAKE: Fique sentada, Addie. Não quero mais nada. O almoço estava maravilhoso, e já está na hora de você sossegar. Addie? O que você acha do aroma?

ADDIE (*quase* corando): Tenho uma queda especial pelo cheiro de bons charutos. Se eu fumasse, fumaria charutos.

JAKE: Addie, vamos voltar ao último Dia de Ação de Graças. Quando viemos conversar e nos sentamos bem aqui, como agora.

ADDIE: E eu lhe mostrei o caixão?

JAKE: Quero que você conte sua história ao meu amigo. Do mesmo jeito que me contou.

SRA. CONNOR (empurrando a cadeira para trás): Ah, por favor! Precisamos mesmo falar sobre isso? Sempre! Sempre! Eu acabo tendo pesadelos.

ADDIE (levantando-se e passando um braço pelos ombros da irmã): Está bem, Marylee. Não vamos falar sobre aquilo. Vamos passar para a sala de estar, e você pode tocar piano para nós.

SRA. CONNOR: É uma história bem *horrível*. (E então, olhando para mim) O senhor deve estar achando que sou muito mimada. E sou mesmo. De qualquer maneira, tomei vinho demais.

ADDIE: Querida, você está precisando é de uma sesta.

SRA. CONNOR: Sesta? Addie, quantas vezes eu já lhe disse? Eu tenho pe-sa-de-los. (Depois, recobrando-se) Claro. Uma sesta. Se me desculpam...

(Quando a irmã se retirou, Addie se serviu uma taça de vinho tinto e a ergueu à sua frente, deixando o fogo da lareira realçar seu fulgor escarlate. Seu olhar vagou do fogo para o vinho e depois para mim. Os olhos eram castanhos, mas aquela iluminação variegada — a luz do fogo, as velas da mesa — dava a eles outras cores e os tornava amarelos como os de um gato. À distância, os canários engaiolados cantavam, e a neve, adejando na janela como cortinas de renda dilaceradas, enfatizava o conforto daquela sala, o calor do fogo, o rubor do vinho.)

ADDIE: Minha história. Humm...

Tenho quarenta e quatro anos, e nunca me casei, mas dei duas voltas ao mundo. Tento viajar para a Europa verão sim verão não; mas devo ir logo dizendo que, além de um marinheiro embriagado que perdeu a cabeça e tentou me estuprar a bordo de um cargueiro sueco, nada de muito estranho jamais me tinha acontecido até este ano — uma semana antes do Dia de Ação de Graças.

Minha irmã e eu temos uma caixa postal; o que chamam de "gaveta" — não que nós duas recebamos muita correspondência, mas assinamos diversas revistas. De qualquer maneira, um dia, voltando para casa depois da aula, fui buscar a correspondência, e na nossa gaveta havia um pacote, bastante grande mas muito leve. Estava embrulhado numa folha antiga de papel pardo bem amassado, que parecia já ter sido usada antes, e amarrado com um cordão. O carimbo era local, e o pacote endereçado a mim. Meu nome estava escrito com capricho, em letras grossas de imprensa em tinta preta. Antes mesmo de abri-lo, pensei: Que bobagem será esta? O senhor conhece, lógico, a história dos caixões?

TC: Já vi um deles, sim.

ADDIE: Bem, pois eu não sabia de nada. Ninguém sabia. Era segredo, entre Jake e os agentes dele.

(Piscou o olho para Jake e, inclinando a cabeça para trás, tomou todo o seu vinho de um gole só; foi um gesto de uma graça espantosa, uma agilidade que revelou um pescoço adorável. Jake, devolvendo a piscadela, emitiu um anel de fumaça em sua direção, e aquela oval vazada, flutuando pelo ar, parecia impregnada de uma mensagem erótica.)

Na verdade, só fui abrir o pacote bem mais tarde, naquela mesma noite. Porque, quando cheguei em casa, encontrei minha irmã ao pé da escada; ela tinha caído e torcido o tornozelo. Chamei o médico. Foi uma verdadeira comoção. E só fui me lembrar do pacote quando já estava deitada. E decidi: Bom, pode esperar até amanhã. E bem que eu queria ter respeitado mesmo essa decisão; pelo menos não teria perdido uma noite de sono.

Porque... Porque foi *chocante*. Uma vez recebi uma carta anônima, uma coisa realmente atroz — especialmente perturbadora porque, aqui entre nós, uma boa parte do que ela dizia era mesmo verdade. (Rindo, tornou a encher sua taça) Mas não foi exatamente o caixão que me chocou. Foi a foto que vinha dentro dele — uma foto minha bastante recente, tirada na escada diante da agência do correio. Dá uma sensação de invasão, de roubo — ser fotografada sem saber. Agora sei o que sentem esses africanos que fogem das máquinas fotográficas, com medo de que o fotógrafo roube a alma deles. Fiquei chocada, mas não assustada. Minha irmã é que ficou com medo. Quando lhe mostrei meu presentinho, ela perguntou: "Você acha que isso pode ter alguma coisa a ver com aquela outra história?". E a "outra história" era o que vinha acontecendo por aqui nos últimos cinco anos — assassinatos, acidentes, suicídios, seja lá o que for: depende da pessoa com quem você conversa.

Dei de ombros e enquadrei o caixão na mesma categoria daquela carta anônima; ainda assim, cada vez mais pensava nele — talvez minha irmã tivesse topado com alguma coisa sem querer. Aquele pacote não tinha sido enviado por alguma mulher enciumada, uma simples fuxiqueira querendo criar caso. Era obra de um homem. Um homem é que tinha fabricado aquele caixão. Dedos fortes de homem tinham escrito meu nome em letras de imprensa naquele pacote. E a coisa toda era muito ameaçadora. Mas por quê? E pensei: Talvez o senhor Pepper saiba responder.

Eu já conhecia o senhor Pepper. Jake. Na verdade, ele me interessava bastante.

JAKE: Vamos ficar na história.

ADDIE: Não mudei de assunto. Na verdade, a história foi só um pretexto para atrair você ao meu covil.

JAKE: Não é verdade.

ADDIE (em tom triste, a voz em contraponto inexpressivo com as serenatas chilreadas dos canários): Não, não é verdade. Porque, quando decidi conversar com Jake, já tinha concluído que alguém estava querendo mesmo me matar; e tinha uma idéia razoável de quem era, embora o motivo fosse muito improvável. Trivial demais.

JAKE: Pois não é nem improvável nem trivial. Não depois que você estuda o estilo do monstro.

ADDIE (ignorando o que Jake disse; impessoalmente, como se recitasse a tabuada para seus alunos): Todo mundo conhece todo mundo. É o que dizem de quem vive em cidades pequenas. Mas não é verdade. Nunca conheci os pais de alguns dos meus alunos. Passo todo dia por pessoas que para mim são na verdade desconhecidas. Sou batista, nossa congregação não é muito grande; mas alguns de seus membros... bom, eu não seria capaz de me lembrar do nome deles nem que o senhor encostasse um revólver em minha cabeça.

Mas o que interessa é o seguinte: quando comecei a pensar sobre as pessoas que tinham morrido, percebi que eu conhecia todas elas. Menos o casal de Tulsa, que se hospedara na casa de Ed Baxter e da mulher...

JAKE: O senhor e a senhora Hogan.

ADDIE: Isso. Bem, mas eles não fazem parte dessa história, de qualquer maneira. Estavam só de passagem — e se viram no meio do fogo. Literalmente.

Não que as vítimas fossem muito amigas minhas — exceto talvez Clem e Amy Anderson. Eu tinha dado aula para os filhos deles.

Mas eu conhecia todos os outros: George e Amelia Roberts, o casal Baxter, o doutor Parsons. Conhecia todos bastante bem. E por uma única razão. (Contemplou longamente sua taça de vinho, observando suas cintilações rubras, feito uma cigana que consultasse uma bola de vidro cristalina e fantasmagórica) O rio. (Levou a taça de vinho aos lábios, e novamente tomou tudo que continha num gole voluptuoso, longo e sem esforço) O senhor já viu o rio? Ainda não? Bem, não estamos mesmo na melhor época do ano. Mas no verão ele é uma beleza. De longe a coisa mais bonita de toda essa área. Demos a ele o nome de Blue River, rio Azul; e ele é mesmo azul — não de um azul caribenho, mas ainda assim azul, com o leito de areia e poços fundos e sossegados, muito bons para um mergulho. Nasce nas montanhas ao norte e corta as planícies e as fazendas de gado; é nossa principal fonte de irrigação, e tem dois afluentes — rios muito menores, um chamado Big Brother, Irmão Grande, e o outro Little Brother, Irmão Pequeno.

Os problemas começaram por causa desses afluentes. Muitos fazendeiros, que dependiam deles, acharam que deveriam fazer um desvio do Blue River para aumentar o Big Brother e o Little Brother. Evidentemente, os fazendeiros cujas propriedades eram banhadas pelo rio principal se manifestaram contra a proposta. E ninguém mais do que Bob Quinn, dono do Rancho B. Q., cortado pelos trechos mais largos e mais profundos do Blue River.

JAKE (cuspindo no fogo): Robert Hawley Quinn, um senhor de respeito.

ADDIE: Era uma disputa que vinha fervendo havia décadas. Todo mundo sabia que alargar os dois afluentes, mesmo em prejuízo do Blue River (em termos de energia e inclusive de beleza), era a atitude justa e lógica a tomar. Mas a família Quinn, assim como as dos outros ricos fazendeiros do Blue River, sempre conseguiu, de um modo ou de outro, impedir que qualquer providência fosse tomada.

Então tivemos dois anos de estiagem, e isso levou a situação a um ponto culminante. Os fazendeiros cuja sobrevivência dependia do Big Brother e do Little Brother fizeram um escarcéu dos diabos. A seca lhes causava prejuízos enormes; e já tinham perdido boa parte do gado quando resolveram juntar as forças e reivindicar uma parte do Blue River.

Finalmente, o conselho da cidade decidiu nomear um comitê especial para resolver a questão. Não tenho idéia de como os membros do comitê foram escolhidos. Eu certamente não tinha nenhuma qualificação especial; lembrome de que o velho juiz Hatfield — hoje ele está aposentado, morando no Arizona — ligou para mim e perguntou se eu aceitaria fazer parte; e pronto. Nossa primeira reunião aconteceu no próprio tribunal, em janeiro de 1970. Os outros membros do comitê eram Clem Anderson, George e Amelia Roberts, o senhor Parsons, o casal Baxter, Tom Henry e Oliver Jaeger...

JAKE (para mim): Jaeger. É o chefe da agência de Correios. E é louco, o filho-da-puta.

ADDIE: Não, na verdade não é nada louco. Você só diz que é porque...

JAKE: Porque ele é louco mesmo.

(Addie ficou desconcertada. Contemplou sua taça de vinho, fez menção de tornar a enchê-la, descobriu que a garrafa estava vazia e em seguida extraiu de uma bolsinha, convenientemente aninhada em seu colo, uma bela caixinha de prata cheia de pílulas azuis. Valium; engoliu uma delas com um gole de água. E Jake não tinha dito que Addie não era uma mulher nervosa?)

TC: Quem é Tom Henry?

JAKE: Outro doido. Mais maluco ainda do que Oliver Jaeger. Dono de um posto de gasolina.

ADDIE: Sim, éramos nove. Durante dois meses nos reunimos uma vez por semana. Os dois lados, os que eram contra e os que eram a favor, chamaram especialistas para testemunhar. Boa parte dos fazendeiros também compareceu — para falar conosco e defender seu lado da questão.

Mas não o senhor Quinn. Não Bob Quinn — nunca escutamos uma palavra sequer de sua parte, muito embora, por ser dono do Rancho B. Q., fosse ele quem mais corria o risco de ter prejuízo caso decidíssemos desviar o "seu" rio. E pensei cá comigo: ele é importante e poderoso demais para perder tempo conosco e com nosso comitê de meiatigela; Bob Quinn se empenhou em conversar com o governador, os congressistas, os senadores; acha que traz esse pessoal todo no bolso do colete. O que decidíssemos não teria a menor importância. Os amigos importantes dele dariam um jeito de vetar qualquer coisa.

Mas não foi isso que aconteceu. Decidimos desviar o Blue River exatamente no ponto em que entrava na propriedade de Quinn; claro, ele não ficaria sem o rio — só não teria mais a mesma parte do leão que sempre lhe coubera.

E a decisão teria sido unânime se Tom Henry não tivesse ficado contra nós. Tem razão, Jake. Tom Henry é doido. E assim o resultado foi oito a um. E a decisão foi tão bem recebida, um veredicto que realmente não prejudicava ninguém e beneficiava tanta gente, que os comparsas políticos de Quinn não poderiam fazer muita coisa, a não ser que quisessem se arriscar a perder seus cargos.

Poucos dias depois da decisão, encontrei Bob Quinn na agência de Correios. Ele fez questão absoluta de levar a mão ao chapéu, sorrindo, e perguntou se tudo ia bem comigo. Não que eu esperasse que ele fosse me dar uma cusparada; ainda assim, eu nunca tinha visto tanta cortesia da parte dele. Ninguém poderia ter tido a impressão de que ele ficara ressentido. Ressentido, não! Louco!

TC: E como é a aparência dele, do senhor Quinn?

JAKE: *Não conte a ele*!

ADDIE: E por que não?

JAKE: Porque não.

(Pondo-se de pé, ele caminhou até a lareira e atirou nas chamas o que restava de seu charuto. Ficou de costas para o fogo, com as pernas um pouco afastadas: nunca tinha achado Jake vaidoso, mas era claro que ele estava fazendo certa pose — tentando, com sucesso, ficar atraente. Dei uma risada.)

O quê?

TC: Agora a situação se transformou num romance de Jane Austen. Nos livros dela, cavalheiros interessantes estão sempre aquecendo o traseiro perto da lareira.

ADDIE (rindo): Oh, Jake, é verdade! É verdade!

JAKE: Nunca leio literatura para mulheres. Nunca li e nunca vou ler.

ADDIE: Só por isso, vou abrir mais uma garrafa de vinho, e tomar tudo, sozinha.

(Jake voltou para a mesa e se sentou ao lado de Addie; pegou uma de suas mãos e entrelaçou os dedos com os dela. O efeito que isso teve sobre ela foi embaraçosamente visível — ela enrubesceu, e manchas vermelhas surgiram em seu pescoço. Quanto a ele, parecia nem olhar para ela, indiferente ao que ela fazia. Em vez disso, olhava para mim; era como se estivéssemos a sós.)

JAKE: Eu sei. Depois de ouvir o que você ouviu, deve estar pensando: Bem, agora o caso está resolvido. O culpado é o senhor Quinn.

Foi o que eu também pensei. No ano passado, depois que Addie me contou o que acabou de lhe contar, saí daqui correndo feito um urso com uma abelha enfiada no rabo. Fui direto para a cidade. Dia de Ação de Graças ou não, naquela mesma noite tive uma reunião com todo o bureau. E expus a história inteira: o motivo está aqui, o sujeito é este. Ninguém disse nada — a não ser o chefe, que falou: "Muita calma, Pepper. O homem que você está acusando não é um peso-mosca. E onde estão as evidências? É tudo pura especulação. Adivinhação". Todos concordaram com ele. E me perguntaram: "Onde estão as provas?".

Fiquei tão furioso que comecei a gritar: "O que é que vocês pensam que estou fazendo aqui? Temos tudo para começar a trabalhar e encontrar as provas. Eu sei que foi Quinn". E o chefe disse: "Olhe, no seu lugar eu teria muito cuidado antes de dizer isso a alguém. Meu Deus, você pode fazer todo mundo aqui perder o emprego".

ADDIE: No dia seguinte, quando Jake chegou aqui, eu queria ter tirado uma foto dele. Já precisei apoiar muitos rapazes na minha vida, mas nunca tinha visto nenhum deles com um ar tão acabrunhado quanto você, Jake.

JAKE: Eu não estava muito satisfeito. É bem verdade.

O bureau me apoiou; começamos a investigar a vida de Robert Hawley Quinn desde o início dos tempos. Mas só podíamos andar na ponta dos pés — o chefe estava mais ansioso que um assassino no Corredor da Morte. Eu quis um mandado para revistar o Rancho B. Q., as casas, toda a propriedade. Vetaram. Ele não me deixou nem interrogar o homem...

TC: E Quinn sabia que você suspeitava dele?

JAKE (bufando): Desde o início. Deve ter sido avisado por alguém do gabinete do governador. Talvez pelo governador em pessoa. E muita gente do nosso bureau também deve ter avisado. Não confio em mais ninguém. Em ninguém ligado a esse caso.

ADDIE: Em dois tempos a cidade inteira já sabia de tudo.

JAKE: Graças a Oliver Jaeger. *E* a Tom Henry. Por culpa minha. Já que os dois também tinham participado do Comitê do Rio, achei que deveria contar tudo para eles, conversar sobre Quinn, avisar dos caixões. E os dois me prometeram que guardariam segredo. Mas ter contado para eles foi o mesmo que convocar uma assembléia geral da cidade e fazer um discurso.

ADDIE: Na escola, um dos meus alunos levantou o dedo e disse: "Meu pai contou para minha mãe que alguém mandou um caixão para a senhora, igual aos que usam no cemitério. Disse que foi o senhor Quinn quem mandou". E eu: "Oh, Bobby, seu pai só estava brincando com sua mãe, contando umas histórias para ela".

JAKE: Mais uma das histórias para dormir de Oliver Jaeger! Aquele desgraçado ligou para deus e todo mundo. E você ainda me diz que ele não é doido?

ADDIE: Você só acha que ele é louco porque ele acha que *você* é louco. Ele acredita sinceramente que você está enganado. Que está perseguindo um inocente. (Ainda olhando para Jake, mas falando comigo) Sei que Oliver jamais ganharia um concurso de charme ou de inteligência. Mas ele é um homem racional — fofoqueiro, mas de bom coração. É aparentado com a família Quinn; primo de Bob Quinn em terceiro grau. O que pode ter alguma influência sobre as opiniões dele. Oliver acredita, assim como a maioria das pessoas, que pode até haver alguma ligação entre a decisão do Comitê do Rio e as mortes que ocorreram aqui, mas por que sair apontando o dedo para Bob Quinn? Ele não é o único fazendeiro da área do Blue River que pode ter ficado contrariado. E Walter Forbes? E Jim Johanssen? A família Throby. Os Miller. Os Riley. Por que escolher logo Bob Quinn? Quais são as circunstâncias especiais que levam logo a ele?

JAKE: Foi ele.

ADDIE: Sim, foi ele. Nós sabemos que foi. Mas você não conseguiu provas nem de que ele comprou as tais cascavéis. E mesmo que conseguisse...

JAKE: Eu queria um uísque.

ADDIE: Vou buscar para o senhor. Mais alguma coisa?

JAKE (depois que Addie saiu para atender seu pedido): Ela tem razão. Mesmo sabendo que foi ele, não conseguimos provar que ele comprou as cobras. Sabe, sempre imaginei que essas cobras teriam vindo de alguma fonte comercial; de criadores que criam cobras pelo veneno — e vendem o veneno para laboratórios médicos. Os principais fornecedores ficam na Flórida e no Texas, mas existem criatórios de cobras por todo o país. Nos últimos anos, mandamos um questionário a quase todos — e nunca recebemos uma resposta. Mas no fundo eu sabia que essas cascavéis vieram do Texas, o estado da Estrela Solitária. Era uma questão de lógica — por que alguém iria até a Flórida se poderia achar o que queria mais ou menos ao lado de casa? Pois assim que Quinn entrou no quadro, eu decidi me concentrar na questão das cobras — uma questão em que nunca tínhamos nos aprofundado no grau em que deveríamos, principalmente porque demandava investigações feitas em pessoa e o pagamento de despesas de viagem. Em matéria de fazer o chefe gastar dinheiro — olhe, é mais fácil quebrar nozes com uma dentadura vagabunda. Mas conheço um sujeito, investigador veterano do Bureau do Texas; ele me devia um favor. Então lhe mandei algumas coisas: fotos de Quinn que eu tinha conseguido juntar, e fotos das cascavéis propriamente ditas — nove delas penduradas num varal depois que as matamos.

TC: E como foi que mataram as cobras?

JAKE: Espingarda. Um tiro na cabeça.

TC: Certa vez matei uma cascavel. Com um ancinho de jardim.

JAKE: Aquelas desgraçadas, acho que você não iria conseguir matar nenhuma delas com um ancinho. Nem mesmo iria machucar as bichas. A menor das nove tinha mais de dois metros.

TC: Eram nove cobras. E nove os membros do Comitê do Rio. Uma coincidência bizarra.

JAKE: Bill, meu amigo do Texas, é um sujeito determinado; correu o Texas de fora a fora, passou a maior parte das férias visitando criatórios de cobras e conversando com os criadores. Mais ou menos um mês atrás, ele me ligou e disse que tinha localizado minha testemunha: a senhora García, uma senhora *tex-mex* dona de um criatório de cobras perto de Nogales. São mais ou menos dez horas de carro daqui. Se você usar um carro da polícia estadual e sair dirigindo a cento e quarenta por hora. Bill prometeu se encontrar comigo lá.

Addie foi junto. Passamos a noite dirigindo, e tomamos café com Bill num Holiday Inn. Depois fomos visitar a senhora García. Alguns dos criatórios de cobras se tornam atração turística; mas com o dela não tinha acontecido isso — o lugar ficava afastado da estrada principal, e era bem pequeno. Mas a senhora García possuía alguns espécimes impressionantes. E o tempo todo que passamos lá ela ficou puxando para fora umas cascavéis enormes, enrolando-as no pescoço, nos braços — rindo; quase todos os dentes dela são de ouro. Num primeiro momento, achei que fosse um homem: ela tem uma silhueta de Pancho Villa, e usava uma roupa de caubói com zíper na braguilha.

Tinha catarata num dos olhos, e o outro não parecia enxergar muito bem. Mas não hesitou em reconhecer a foto de Quinn. Contou que ele tinha visitado o criatório dela em junho ou julho de 1970 (o casal Roberts tinha sido morto em 5 de setembro de 1970), acompanhado de um jovem mexicano; chegaram numa camionete com placa do México. Ela disse que não chegou a falar com Quinn; segundo contou, ele não abriu a boca — ficou simplesmente escutando enquanto ela negociava com o mexicano. Contou que não era hábito seu perguntar aos clientes por que compravam sua mercadoria; porém, ela disse, o mexicano lhe adiantou a informação — queria uma dúzia de cascavéis adultas para usar numa cerimônia religiosa. Ela não se surpreendeu; disse que muita gente compra cobras para usar em rituais. Mas o mexicano queria saber se ela tinha como garantir que as cobras que ele pretendia comprar atacariam e matariam um boi de quinhentos quilos. Ela disse que sim, que seria possível — se injetassem uma droga nas cobras, um estimulante à base de anfetamina, antes de colocá-las em contato com o boi.

E ela lhe mostrou como se fazia isso, enquanto Quinn observava. E depois mostrou para nós também. Usou uma vara, mais ou menos do dobro do comprimento de um chicote de montaria, flexível como um ramo de salgueiro; a vara tinha uma laçada de couro presa a uma das pontas. Ela prendeu a cabeça de uma cobra na laçada, deixou-a pendurada no ar, e lhe enfiou uma seringa na barriga. Depois deixou o mexicano treinar algumas vezes; ele se saiu bastante bem.

TC: E ela já tinha visto o mexicano antes?

JAKE: Não. Pedi a ela que me descrevesse o homem, e ela me descreveu qualquer mexicano das cidades da fronteira, com idade entre vinte e trinta anos. Ele pagou; ela acondicionou as cobras em caixotes individuais, e os dois foram embora.

A senhora García foi muito prestativa. Cooperou muito. Até que lhe fizemos a pergunta fundamental: será que ela se disporia a nos dar um testemunho assinado, prestado sob juramento, de que Robert Harley Quinn era um dos dois homens que tinham adquirido dela uma dúzia de cascavéis certo dia do verão de 1970? Nesse exato momento ela perdeu o bom humor. E disse que não iria assinar coisa nenhuma.

Contei a ela que as cobras tinham sido usadas para assassinar duas pessoas. E você precisava ter visto a cara que ela fez. Entrou na casa, trancou as portas e baixou as cortinas.

TC: Um depoimento dela. Não teria muito peso num tribunal.

JAKE: Seria só alguma coisa para mostrar a ele: um começo. É bem provável que tenha sido o mexicano quem soltou as cobras no carro do casal Roberts; evidentemente, a mando de Quinn. E sabe o que mais? Aposto que o tal mexicano está morto, enterrado em algum ponto de nossas vastas pradarias. Por cortesia do senhor Quinn.

TC: Mas em algum ponto da história da vida de Quinn deve haver algo que indique que ele é capaz de violência psicótica...

(Jake fez que sim com a cabeça várias vezes.)

JAKE: É verdade, o cavalheiro em questão já tinha certa familiaridade com o homicídio.

(Addie voltou com o uísque. Ele lhe agradeceu e a beijou no rosto. Ela se sentou ao lado dele, e novamente as mãos dos dois se encontraram, e seus dedos se misturaram.)

Os Quinn são uma das famílias mais antigas da região. Bob Quinn é o mais velho de três irmãos. Todos são sócios no Rancho B. Q., mas é ele quem manda.

ADDIE: Não, quem manda é a mulher dele. Ele casou com uma prima-irmã, Juanita Quinn. A mãe dela era espanhola, e o temperamento dela é ardido feito um *tamale*. O primeiro filho deles morreu no parto, e ela se recusou a ter outro. Mas é de conhecimento geral que Bob Quinn tem alguns filhos. De outra mulher, numa outra cidade.

JAKE: Ele foi herói de guerra. Chegou a coronel dos fuzileiros navais durante a Segunda Guerra Mundial. Nunca toca no assunto, mas, se formos crer no que as pessoas contam, Bob Quinn matou sozinho mais japoneses do que a bomba de Hiroshima.

Mas logo depois da guerra ele foi responsável por algumas mortes um tanto menos patrióticas. No meio de uma noite, chamou o xerife para ir até o Rancho B. Q. e recolher o corpo de dois homens. Alegou que tinha surpreendido os dois roubando gado e que os matara a tiros. Essa foi a versão dele, que ninguém contestou, pelo menos não em público. Mas a verdade é que os dois sujeitos não eram ladrões de gado; eram jogadores de Denver, e Quinn lhes devia um monte de dinheiro. Eles tinham ido ao rancho atrás de uma promessa de pagamento. E só receberam várias descargas de chumbo grosso.

TC: Você já o interrogou sobre isso?

JAKE: Interroguei quem?

TC: Quinn.

JAKE: No sentido exato, eu *nunca* interroguei Quinn sobre coisa alguma.

(Seu sorriso cínico e peculiar contorceu sua boca; ele fez tilintar o gelo do copo, tomou um pouco do uísque e deu uma risadinha — uma risada profunda e áspera, que soava como um homem tentando expectorar.)

Ultimamente, tenho falado bastante com ele. Mas, durante os cinco anos que passei trabalhando no caso, nunca estive com o homem. Só pude vê-lo, e saber quem ele era.

ADDIE: Mas agora os dois ficaram unha e carne. Grandes amigos.

JAKE: Addie!

ADDIE: Ora, Jake, estou só brincando.

JAKE: Não vejo nenhum motivo para brincadeira. Tem sido uma verdadeira tortura para mim.

ADDIE: (apertando a mão dele): Eu sei. Desculpe.

(Jake esvaziou o copo e bateu com ele na mesa.)

JAKE: Só de olhar para ele. De ouvi-lo falar. Rir das suas piadas sujas. Eu o detesto. Ele me odeia. E nós dois sabemos disso.

ADDIE: Deixe eu pôr mais uísque no seu copo, para ver se você fica mais doce.

JAKE: Fique sentada.

ADDIE: Talvez eu devesse ir dar uma olhada em Marylee. Ver se ela está bem.

JAKE: Fique sentada.

(Mas Addie queria fugir da sala, porque se sentia desconfortável com aquela raiva de Jake, aquela fúria muda que habitava seu rosto.)

ADDIE (olhando para fora da janela): Parou de nevar.

JAKE: O Okay Café está sempre cheio nas manhãs de segunda. Depois do fim de semana, todo mundo sempre precisa passar por lá para saber das novidades. Fazendeiros, comerciantes, o xerife e sua turma, o pessoal do tribunal. Mas, naquela segunda-feira em especial — a segunda-feira depois do Dia de Ação de Graças —, o lugar estava repleto; havia pessoas sentadas no colo umas das outras, e todo mundo tagarelando como um bando de velhas assustadas.

Adivinhe qual era o assunto de todos aqueles cacarejos! E tudo graças a Tom Henry e a Oliver Jaeger, que tinham passado o fim de semana inteiro espalhando a notícia, dizendo que aquele cara do bureau, aquele tal de Jake Pepper, tinha resolvido acusar Bob Quinn de assassinato. Fiquei sentado no meu reservado, fingindo que não estava notando. Mas não pude deixar de reparar quando o próprio Bob Quinn entrou no café; deu para ouvir todo mundo prendendo a respiração.

Ele se enfiou com o xerife num outro reservado; o xerife lhe deu um abraço, riu e soltou um berro de vaqueiro. A maioria dos presentes imitou o xerife, e gritou yahoooo, Bob! Olá, Bob! Sim, senhor, o Okay Café estava cem por cento do lado de Bob Quinn. E eu tive a sensação, a sensação clara de que, mesmo que eu conseguisse provar sem sombra de dúvida que aquele homem era culpado de homicídios múltiplos, iriam preferir me linchar a me deixar prendê-lo.

ADDIE (encostando a palma de uma das mãos na testa, como se estivesse com dor de cabeça): É verdade. Bob Quinn tem a cidade inteira do lado dele. É por isso que minha irmã não gosta de nos ouvir falar sobre isso. Ela diz que Jake está errado e que o senhor Quinn é um homem de bem. A teoria dela é que o responsável por esses crimes foi o doutor Parsons, e que foi por isso que ele se suicidou.

TC: Mas o doutor Parsons já tinha morrido muito antes de você receber o caixão.

JAKE: Marylee é um amor, mas não é exatamente um gênio. Desculpe, Addie, mas é verdade.

(Addie retirou sua mão da mão de Jake: um gesto de advertência, mas não muito sério. De qualquer maneira, aquilo deixou Jake livre para se levantar e começar a andar de um lado para o outro. Seus passos ecoavam nas tábuas de pinho lustroso.)

De volta ao Okay Café. Quando eu estava indo embora, o xerife estendeu a mão e agarrou meu braço. Ele é um canalha irlandês muito folgado. E mais tortuoso que os dedos do pé do diabo. E disse: "Ei, Jake, quero lhe apresentar Bob Quinn. Bob, este é Jake Pepper. Do bureau". Apertei a mão de Quinn. E ele disse: "Ouvi falar muito de você. Dizem que joga xadrez. Não encontro muitos adversários por aqui. Que tal um jogo?". Eu disse que claro, e ele: "Amanhã está bom? Venha lá pelas cinco. Podemos tomar alguma coisa e jogar umas partidas".

E foi assim que começou. Eu fui ao Rancho B. Q. na tarde seguinte. Passamos duas horas jogando. Ele joga melhor que eu, mas eu conseguia ganhar com freqüência suficiente para manter as coisas interessantes. Ele é falastrão, e discorre sobre tudo: política, mulheres, sexo, pesca à truta, funcionamento intestinal, sua viagem à Rússia, vantagens de criar gado em vez de plantar trigo ou de beber gim em vez de vodca, Johnny Carson, o safári que fez à África, religião, a Bíblia, Shakespeare, a genialidade do general MacArthur, a caça ao urso, as putas de Rheno comparadas às de Las Vegas, a bolsa de valores, doenças venéreas, flocos de milho comparados a trigo desfiado, ouro comparado a diamantes, a pena capital (à qual ele é totalmente favorável), futebol, beisebol, basquete — *qualquer coisa*. Menos sobre a razão de eu estar preso a esta cidade.

TC: Quer dizer que sobre o caso ele não fala?

JAKE (parando de andar): Não é que ele não fale sobre o caso. Simplesmente se comporta como se o caso nem existisse. Toco no assunto, mas ele nunca responde. Mostrei-lhe as fotos de Clem Anderson: esperava que ele ficasse chocado e demonstrasse alguma reação. Que fizesse algum comentário. Mas ele se limitou a desviar os olhos de volta para o tabuleiro de xadrez, fez seu lance e me contou uma piada suja.

E assim o senhor Quinn e eu temos disputado nossos jogos dentro de um jogo várias tardes por semana, ao longo dos últimos meses. Na verdade, combinei que iria até lá hoje à tarde. E você (apontou um dedo em minha direção) vai comigo.

TC: Vou ser bem recebido?

JAKE: Liguei para ele hoje de manhã. E só o que ele me perguntou foi se você joga xadrez.

TC: Jogo. Mas prefiro assistir.

(Uma acha desabou na lareira, e seus estalidos atraíram minha atenção para o fogo. Contemplando as chamas que ronronavam, eu me perguntei por que Jake teria proibido Addie de descrever Quinn, de me dizer qual era sua aparência. Tentei imaginá-lo, mas não consegui. Só me lembrava do trecho de Mark Twain que Jake lera para mim em voz alta: "Entre todas as criaturas jamais produzidas, o homem é a mais *detestável*... ele, e só ele, é o único a possuir intenção malévola... a única criatura dotada de uma mente maldosa". E a voz de Addie me fez voltar de meu devaneio repugnante.)

ADDIE: Ah, meu Deus. Voltou a nevar. Mas de leve. Só uns flocos flutuantes. (E então, como se o reinício da nevasca tivesse despertado pensamentos sobre a mortalidade, a evaporação do tempo) Sabe, já se passaram quase cinco meses. É tempo demais para ele. Geralmente não espera tanto.

JAKE (perturbado): Addie, o que foi agora?

ADDIE: Meu caixão. Já se passaram quase cinco meses. E, como eu estava dizendo, ele não costuma esperar tanto.

JAKE: Addie! Eu estou aqui. Não vai acontecer nada com você.

ADDIE: Claro, Jake. Eu só estava pensando em Oliver Jaeger. Só queria saber quando é que ele vai receber o caixão dele. Imagine só, Oliver é o chefe da agência de Correios. Um belo dia, quando ele estiver separando a correspondência e... (A voz dela de repente ficou assustadoramente trêmula e vulnerável — queixosa de um modo que acentuava a cantoria despreocupada dos canários) Bem, não vai ser logo.

TC: E por que não?

ADDIE: Porque primeiro Quinn precisa encher o meu caixão.

Já passava das cinco quando saímos, e o ar estava parado, livre de neve, reluzindo com as brasas do pôr-do-sol e os primeiros raios pálidos de luar: uma lua cheia que rolava no horizonte como uma roda branca e redonda, ou uma máscara, uma máscara branca e ameaçadora, vazia de traços, que nos contemplava através dos vidros do carro. No final da rua principal, pouco antes do ponto em que a cidade se transforma em pradaria, Jake apontou um posto de gasolina: "É de Tom Henry. Tom Henry, Addie, Oliver Jaeger; dos membros originais do Comitê do Rio, só restam eles. Eu disse que Tom Henry era um louco. E é. Mas é um louco de sorte. Votou contra os outros. E por isso está a salvo. Tom Henry não receberá nenhum caixão".

TC: *Um caixão para Dimitrios.*

JAKE: O quê?

TC: Um livro de Eric Ambler. Um livro de mistério.

JAKE: Um romance? (Assenti com a cabeça; ele fez uma careta) Você lê mesmo essas porcarias?

TC: Graham Greene era um escritor de primeira. Até ser capturado pelo Vaticano. Depois disso, nunca mais escreveu nada à altura de *O condenado*. Também gosto de Agatha Christie, adoro. E Raymond Chandler é um grande estilista, um poeta. Embora os enredos dos livros dele sejam péssimos.

JAKE: Um lixo. Eles não passam de sonhadores — gente que se acocora diante da máquina de escrever e fica só punhetando, só isso.

TC: Com que então Tom Henry não vai receber nenhum caixão. E Oliver Jaeger?

JAKE: Esse ainda recebe o dele. Um belo dia vai estar arrastando os pés dentro da agência de Correios, esvaziando os malotes de correspondência recebida, e vai encontrar a caixa marrom com o nome dele escrito em letras de imprensa.

Pode esquecer essa história de primos; pode esquecer que ele anda pintando auréolas em volta da cabeça de Bob Quinn. São Bob não vai deixar que ele escape só com umas poucas Ave-Marias, se eu bem conheço são Bob. Tudo indica que ele já usou sua faquinha de entalhar para fabricar o brinquedinho e enfiou dentro dele uma foto de Oliver Jaeger...

(A voz de Jake se deteve e, como se fosse uma ação correlata, seu pé premiu o pedal do freio: o carro derrapou, oscilou, retificou-se; seguimos em frente. Eu sabia o que tinha acontecido. Ele tinha se lembrado, como eu estava me lembrando, da queixa patética de Addie: "...primeiro Quinn precisa encher o meu caixão". Tentei conter minha língua; mas ela se revoltou.)

TC: Mas isso significa...

JAKE: É melhor acender os faróis.

TC: Isso significa que Addie vai morrer.

JAKE: Nada disso! Eu sabia que você ia dizer isso! (Bateu no volante com a mão espalmada) Construí uma muralha em volta de Addie. Dei-lhe um revólver calibre trinta e oito de cano curto, e ensinei a ela como usá-lo. Ela é capaz de acertar uma bala entre os olhos de um homem a cem metros de distância. Aprendeu caratê suficiente para partir uma tábua com uma cutelada. Addie é esperta; ninguém consegue enganá-la. E eu estou aqui. Estou tomando conta dela. E também estou vigiando Quinn. Além de outras pessoas.

(Emoções fortes, medos que se aproximam do terror podem demolir a lógica mesmo de um homem tão lógico quanto Jake Pepper, cujas precauções não tinham ajudado a salvar Clem Anderson. Eu não estava preparado para conversar a respeito disso com ele, não em sua disposição irracional desse momento; mas, se ele supunha que Oliver Jaeger estava condenado, por que estava tão convencido de que Addie iria escapar? Que seria poupada? Se Quinn permanecesse fiel a seu desígnio, teria de se livrar de Addie sem apelação, removê-la de cena antes de poder encetar o último passo de sua obra enviando um pacote a seu primo em segundo grau e defensor aguerrido, o chefe da agência de Correios da cidade.)

TC: Sei que Addie já correu mundo. Mas acho que está na hora de ela viajar de novo.

JAKE (truculento): Ela não pode ir embora daqui. Não agora.

TC: É mesmo? Ela não me parece um tipo suicida.

JAKE: Bom, antes de mais nada, por causa da escola. As férias só começam em junho.

TC: Jake! Meu Deus! Como é que você consegue pensar na *escola* numa hora dessas?

(Por mais fraca que estivesse a luz do dia, pude discernir sua expressão envergonhada; ao mesmo tempo, ele contraiu o maxilar.)

JAKE: Já conversamos sobre isso. Falamos sobre a possibilidade de Marylee e ela saírem de viagem, de fazerem um longo cruzeiro. Mas ela não quer ir a lugar nenhum. E disse: "O tubarão pede uma isca. Se estamos querendo fisgar o tubarão, precisamos de uma isca".

TC: Quer dizer que Addie é o chamariz? A cabra amarrada esperando o bote do tigre?

JAKE: Espere aí. Acho que não estou gostando da maneira como você descreve as coisas.

TC: E como é que você descreveria?

JAKE: (Silêncio)

TC: (Silêncio)

JAKE: Quinn vive pensando em Addie, sem dúvida. Está decidido a cumprir sua promessa. E é aí que nós vamos pegá-lo: na tentativa. Dar-lhe o flagrante com a cortina levantada e todas as luzes acesas. Existe algum perigo, claro; mas precisamos correr o risco. Porque... bem, para falar com toda franqueza, vai ser provavelmente a nossa única chance.

(Apoiei minha cabeça no vidro da janela: vi o lindo pescoço de Addie revelado quando ela atirou a cabeça para trás e tomou o cintilante vinho tinto num só gole deleitoso. Sentia-me fraco, frágil; e estava com nojo de Jake.)

TC: Gostei de Addie. Ela é de verdade; ainda assim existe algum mistério. Eu me pergunto por que ela nunca se casou.

JAKE: Não conte para ninguém. Addie vai casar comigo.

TC (meu espírito ainda estava em algum outro lugar; na verdade, ainda contemplava Addie tomando seu vinho): Quando?

JAKE: No verão. Quando eu puder tirar férias. Ainda não contamos a ninguém. Só para Marylee. Agora você está entendendo? Addie está *a salvo*; não vou deixar nada acontecer com ela; é a mulher que eu amo; vou casar com ela.

(No verão vindouro: a uma vida de distância. A lua cheia, agora mais alta, mais branca e celebrada pelos coiotes, rolava por sobre as pradarias claríssimas. Viam-se grupos de bois e vacas de pé nos frios campos nevados, aglomerando-se para conservar algum calor. Parte do rebanho se reunia em pares. Reparei em dois novilhos malhados encostados lado a lado, trocando conforto e proteção: como Jake, como Addie.)

TC: Bem, meus parabéns. É maravilhoso. Sei que vocês dois vão ser muito felizes.

·

Pouco depois, uma impressionante cerca de arame farpado, lembrando as cercas altas de um campo de concentração, começou a se erguer dos dois lados da estrada; ela assinalava o começo do Rancho B. Q.: mais ou menos uns cinco mil hectares de terras. Abri a janela e recebi no rosto um jorro de ar gelado, perfumado pela neve recente e pelo feno antigo. "Chegamos", Jake disse quando saímos da estrada e passamos por portões de madeira escancarados. Na entrada, nossos faróis iluminaram um letreiro bem pintado: *Rancho B. Q./R. H. Quinn, Proprietário.* Havia um par de *tomahawks* cruzados — machadinhas indígenas de guerra — pintado debaixo do nome do proprietário; perguntei-me se seriam o símbolo do rancho ou o brasão da família. De um modo ou de outro, um par de ameaçadores *tomahawks* me pareceu um símbolo adequado.

O caminho era estreito, e ladeado de árvores sem folhas, às escuras exceto pelo brilho raro de olhos de animais em meio à silhueta dos ramos. Atravessamos uma ponte de madeira que trovejou debaixo de nosso peso. Escutei o som da água, movimentos líquidos em tom grave, e soube que deveria ser o Blue River, mas não pude ver suas águas, pois estavam escondidas atrás das árvores e de barreiras de neve; continuando pelo caminho, o som nos seguia, pois o rio corria ao nosso lado, às vezes estranhamente silencioso, depois borbulhando num crescendo abrupto com a música entrecortada das cascatas e cachoeiras.

A estrada se alargou. Salpicos de luz elétrica apareciam em meio às árvores. Um menino lindo, uma criança loira com os cabelos soltos, montado a pêlo num cavalo, acenou para nós. Passamos por uma fileira de bangalôs, iluminados e vibrando com o estrépito de vozes televisadas: as moradias dos empregados do rancho. Mais à frente, erguendo-se num isolamento imponente, ficava a casa principal, a casa do sr. Quinn. Era uma estrutura ampla de madeira branca com uma varanda coberta que corria por toda a extensão; o casarão parecia abandonado, porque todas as suas janelas estavam às escuras.

Jake buzinou. No mesmo instante, como se soasse uma fanfarra de boas-vindas, um clarão de luz varreu a varanda; lâmpadas acesas brotaram nas janelas do andar de baixo. A porta da frente se abriu, um homem veio nos receber.

A primeira vez que vi o proprietário do Rancho B. Q. não foi suficiente para responder por que Jake não quisera que Addie o descrevesse para mim. Embora não fosse um homem que pudesse passar despercebido, sua aparência não era excessivamente incomum; ainda assim, vê-lo me causou um sobressalto: *eu conhecia o sr. Quinn*. Tinha certeza, e poderia jurar que de algum modo, e sem dúvida havia muito tempo, eu não só tinha conhecido Robert Hawley Quinn como também, na verdade, tínhamos vivido juntos uma experiência assustadora, uma aventura tão perturbadora que a memória gostaria de ter a delicadeza de mantê-la submersa.

Ele usava um caro par de botas de salto carrapeta, mas mesmo sem elas provavelmente media mais de um metro e oitenta, e se andasse ereto, em vez de assumir aquela postura encurvada de ombros caídos, apresentaria uma bela silhueta desempenada. Tinha braços longos, como os de um macaco; as mãos pendiam até a altura dos joelhos, e os dedos eram compridos, habilidosos, estranhamente aristocráticos. Lembrei-me de um concerto tocado por Rachmaninoff; as mãos de Rachmaninoff lembravam as de Quinn. O rosto de Quinn era largo mas descarnado, com as faces cavadas e curtidas pela exposição ao tempo — o rosto de um camponês medieval, do homem que conduzia o arado com todas as dores do mundo amarradas às costas. Mas Quinn não era um camponês embrutecido e melancolicamente subjugado por seu fardo. Usava óculos de aro fino de metal, e era traído por aquelas grossas lentes professorais e pelos olhos cinzentos por trás delas: seu olhar era atento, desconfiado, inteligente, iluminado pela malícia, de uma superioridade complacente. Tinha riso e voz pretensamente hospitaleiros e afáveis. Mas não era um homem falso. Era um idealista, um empreendedor; a si mesmo impunha missões, e essas tarefas constituíam sua cruz, sua religião, sua identidade; não, não era falso, e sim um fanático; e agora, enquanto ainda estávamos os três na varanda, minha memória submersa chegou finalmente à superfície: lembrei-me onde e de que maneira eu tinha conhecido o sr. Quinn.

Ele estendeu uma de suas mãos compridas para Jake; sua outra mão percorria a descuidada cabeleira branca e grisalha usada à moda dos pioneiros — um comprimento que não era muito popular entre os demais fazendeiros da área, todos homens com a aparência de quem ia ao barbeiro todo sábado para um corte rente e um verdadeiro banho de talco. Tufos de pêlos grisalhos jorravam de suas narinas e ouvidos. Reparei na fivela do seu cinto; também era adornada por dois *tomahawks* cruzados, feitos de ouro e esmalte vermelho.

QUINN: Olá, Jake. Eu disse a Juanita: querida, aquele desgraçado vai desistir. Por causa da neve.

JAKE: E você chama isso de *neve*?

QUINN: Estou só brincando com você, Jake. (Para mim) O senhor devia ver quanta neve cai aqui de vez em quando! Em 1952, passamos uma semana inteira em que a única maneira de sair de casa era pela janela do sótão. Perdi setecentas cabeças de gado, todos os meus Santa Gertrudes. Ha ha! Ah, pode acreditar que foi uma época e tanto. Bem, o senhor joga xadrez?

TC: Tanto quanto falo francês. *Un peu.*

QUINN (gargalhando, e dando tapas nas coxas com uma alegria espúria): Ah, já sei. O senhor é o espertalhão da cidade que vem esfolar os trouxas do interior. Aposto que seria capaz de jogar comigo e com Jake ao mesmo tempo, e ganhar dos dois com os olhos vendados.

(Entramos na casa com ele e seguimos por um corredor largo e alto que dava numa sala imensa, uma verdadeira catedral atulhada de móveis espanhóis enormes e pesados — armários, poltronas, mesas e espelhos barrocos proporcionais ao ambiente espaçoso que ocupavam. O piso era revestido de lajotas mexicanas cor de tijolo e salpicado de tapetes navajos. Havia uma parede toda composta de blocos de granito de corte irregular, e nessa parede, que lembrava uma caverna, estava encaixada uma lareira de tamanho suficiente para assar uma junta de bois ao mesmo tempo; em conseqüência, seu acanhado fogo parecia tão insignificante quanto um mero graveto na floresta.

Mas a pessoa sentada ao lado da lareira não tinha nada de insignificante. Quinn me apresentou a ela: "Minha mulher, Juanita". Ela fez um aceno de cabeça, mas não desviou os olhos da tela de televisão iluminada diante dela: o aparelho estava ligado mas sem o som — ela assistia aos movimentos insensatos de imagens mudas, algum programa de auditório em que se apresentam jogos, com um visual extravagante. A poltrona em que ela estava instalada bem que poderia ter decorado antigamente a sala do trono de algum castelo ibérico; e ela a dividia com um pequenino e trêmulo chihuahua e um violão amarelo, atravessado em seu colo.

Jake e nosso anfitrião se instalaram em volta de uma mesa em que se via um esplêndido conjunto de peças de xadrez de ébano e marfim. Observei o início de uma partida, escutando as provocações que eles trocavam, e achei estranho: Addie tinha razão, eles pareciam amigos de verdade, unha e carne. Mas acabei perambulando de volta até a lareira, determinado a estudar um pouco melhor a silenciosa Juanita. Sentei-me a seu lado diante do fogo e me pus à procura de algum tema para dar início à conversa. O violão? O chihuahua fremente, que agora latia, ciumento, para mim?)

JUANITA QUINN: Pepe! Seu mosquito cretino!

TC: Não se incomode. Eu gosto de cachorros.

(Ela olhou para mim. Seu cabelo, repartido no meio e negro demais para ser verdade, dava a impressão de estar colado em seu crânio estreito. Seu rosto parecia um punho: traços pequenos, muito próximos uns dos outros. A cabeça era grande demais para o corpo — ela não era gorda, mas pesava mais do que deveria, e a maior parte do excesso se distribuía entre o colo e sua barriga. Mas tinha pernas esbeltas e bem torneadas, e usava um par de mocassins indígenas lindamente adornados de miçangas. O mosquito continuou a emitir seu latido agudo, mas ela não tomou conhecimento. A televisão reconquistou sua atenção.)

Eu só queria saber: por que a senhora está assistindo sem som?

(Seus entediados olhos de ônix se voltaram para mim. Repeti a pergunta.)

JUANITA QUINN: O senhor bebe tequila?

TC: Bem, existe um lugarzinho em Palm Springs onde preparam margaritas maravilhosas.

JUANITA QUINN: Homens tomam tequila pura. Sem limão. Sem sal. Pura. O senhor aceitaria?

TC: Claro.

JUANITA QUINN: Eu também. Mas infelizmente não temos tequila. Não podemos ter bebida em casa. Se tivéssemos, eu beberia; e meu fígado iria secar...

(Ela estalou os dedos, indicando desastre. Depois apalpou o violão amarelo, dedilhou suas cordas, desenvolveu um tema, uma melodia difícil e desconhecida, que, por um instante, ela murmurou ao mesmo tempo que tocava. Quando parou, seu rosto tornou a se contrair num nó.)

Eu costumava beber toda noite. Toda noite eu tomava uma garrafa de tequila, ia para cama e dormia como um bebê. Nunca ficava doente; tinha boa aparência, me sentia bem, dormia muito bem. Mas acabou. Agora tenho um resfriado atrás do outro, dores de cabeça, artrite; e não consigo mais dormir. Tudo porque o médico disse que eu precisava parar de beber tequila. Mas não vá tirar conclusões apressadas. Não sou uma bêbada. Por mim, o senhor poderia juntar todo o uísque e todo o vinho do mundo e jogar tudo no fundo do Grand Canyon. Eu só gosto é de tequila. Da amarelo-escura. É o tipo que eu gosto mais. (Apontou para a televisão) O senhor perguntou por que tiro o som. A única hora em que ponho o som é no boletim do tempo. O resto, só fico olhando, e imaginando o que as pessoas podem estar dizendo. Se eu começar a escutar, adormeço na mesma hora. Mas imaginar me mantém acordada. E preciso ficar acordada — pelo menos até meia-noite. De outro modo, acabo sem pregar o olho. Onde o senhor mora?

TC: Em Nova York, quase sempre.

JUANITA QUINN: Nós costumávamos ir a Nova York a cada um ou dois anos. O Rainbow Room: que vista! Mas hoje já não teria a mesma graça. Nada tem. Meu marido me disse que o senhor é um velho amigo de Jake Pepper.

TC: Conheço Jake há dez anos.

JUANITA QUINN: E por que ele acha que meu marido tem alguma ligação com essa coisa?

TC: Coisa?

JUANITA QUINN (espantada): O senhor deve ter ouvido falar dessa história. E então? Por que Jake Pepper acha que meu marido está envolvido?

TC: Mas será que Jake Pepper acha *mesmo* que seu marido está envolvido?

JUANITA QUINN: É o que muita gente anda dizendo. Minha irmã me contou...

TC: Mas e a senhora? O que acha?

JUANITA QUINN (erguendo o chihuahua e apertando o cãozinho contra o peito): Sinto pena de Jake. Ele deve ser muito solitário. E está enganado; não há nada aqui. Essa história toda deveria ser esquecida. E ele deveria voltar para casa. (Olhos fechados, esgotada de cansaço) Bem, quem sabe? Ou vá saber, não é? Eu não. Eu não, disse a Aranha para a Mosca.* Eu não.

Mais adiante, ocorria uma verdadeira comoção em torno da mesa de xadrez. Quinn, comemorando uma vitória sobre Jake, congratulava-se em tom vociferante: "Desgraçado! Achou que eu estava preso numa armadilha. Mas na hora em que você andou com a rainha... só cerveja quente e mijo de cavalo para o Grande Pepper!". Sua voz rouca de barítono ressoava pela cúpula do salão com o brio de uma estrela da ópera. "Agora é sua vez, meu jovem", ele gritou em minha direção. "Preciso de um adversário. De um desafio digno desse nome. O velho Pepper aqui não está à altura nem de lamber minhas botas." Comecei a me desculpar, pois a perspectiva de uma partida de xadrez com Quinn me intimidava e me parecia ao mesmo tempo exaustiva;

* "Eu não, disse a Aranha para a Mosca": citação do clássico infantil americano "The Spider and the Fly", fábula em versos de Mary Howit (1799-1888). (N. T.)

pode ser que meus sentimentos fossem outros se eu achasse que poderia vencê-lo e invadir triunfante aquela cidadela de vaidade. Uma vez eu ganhara um campeonato de xadrez na escola, mas milênios antes; meu conhecimento do jogo estava havia muito tempo empilhado de qualquer jeito em algum sótão mental. Ainda assim, quando Jake fez um gesto com a cabeça em minha direção, levantou e me ofereceu sua cadeira, eu concordei e, deixando Juanita Quinn diante das cintilações silenciosas de sua tela de televisão, instalei-me à frente do seu marido; Jake se postou de pé, por trás de minha cadeira, uma presença encorajadora. Mas Quinn, avaliando meus modos hesitantes, a indecisão dos meus primeiros movimentos, logo concluiu que eu era um adversário fácil demais, e retomou a conversa que vinha conduzindo com Jake, aparentemente acerca de câmeras e fotografia.

QUINN: As alemãs são boas. Sempre usei câmeras dos boches. Leica. Rolleiflex. Mas os japas estão acabando com eles. Comprei um artigo novo japonês, menor que um baralho, que tira quinhentas fotos com um rolo só de filme.

TC: Conheço essa câmera. Trabalhei com muitos fotógrafos e vi alguns deles usando. Richard Avedon tem uma. Mas diz que não presta.

QUINN: Para dizer a verdade, ainda não experimentei a minha. Espero que o seu amigo esteja errado. Eu poderia ter comprado um touro premiado pelo preço que custou essa geringonça.

(De repente senti os dedos de Jake apertando com urgência meu ombro, o que interpretei como um sinal de que ele queria que eu insistisse no assunto.)

TC: É esse o seu hobby? A fotografia?

QUINN: De tempos em tempos. Às vezes sim, às vezes não. Eu comecei porque fiquei cansado de contratar os ditos profissionais para tirar fotos do meu gado premiado. Preciso enviar retratos para criadores e compradores. Mas achei que eu poderia tirar fotos tão boas quanto as deles, e ainda por cima economizar alguma coisa.

(Os dedos de Jake me impeliram de novo.)

TC: E o senhor faz muitos retratos?

QUINN: Retratos?

TC: De pessoas.

QUINN (fazendo pouco): Eu não diria que são *retratos*. Flagrantes, talvez. Além de gado, costumo tirar fotos da natureza. Paisagens. Tempestades. Das diferentes estações aqui no rancho. O trigo quando está verde e depois quando fica dourado. Meu rio — tirei lindas fotos do meu rio na cheia.

(O rio. Fiquei tenso ao ouvir Jake limpar a garganta, como se estivesse a ponto de falar; em vez disso, seus dedos apertaram ainda mais o meu ombro. Fiquei brincando com um peão, ganhando tempo.)

TC: Então o senhor deve tirar muitas fotos coloridas.

QUINN (assentindo com a cabeça): É por isso que eu mesmo revelo minhas fotos. Quando você manda suas coisas para esses laboratórios, nunca sabe que diabo eles vão lhe mandar de volta.

TC: Ah, o senhor tem um laboratório?

QUINN: Se o senhor prefere chamar assim... Nada de muito moderno.

(Mais uma vez a garganta de Jake roncou, dessa vez com intenção mais firme.)

JAKE: Bob? Lembra das fotografias de que lhe falei? As fotos dos caixões? Foram tiradas com uma câmera de ação rápida.

QUINN: (Silêncio)

JAKE: Uma Leica.

QUINN: Bem, com a minha é que não foi. Perdi minha velha Leica no coração da África. Um daqueles negros deve ter roubado. (Olhando fixo para o tabuleiro, o rosto tomado por uma expressão de desânimo divertido) Ora bolas, seu patife! Desgraçado! Olhe só, Jake. Seu amigo quase conseguiu me dar um xeque-mate. *Quase*...

E era verdade; com um talento subconsciente ressurrecto, eu vinha conduzindo meu exército de ébano com uma competência considerável, embora inconsciente, e de fato conseguira empurrar o rei de Quinn para uma posição arriscada. Em certo sentido eu deplorava meu sucesso, porque Quinn decidiu usá-lo para evitar as perguntas de Jake e mudar de assunto, deixando o tema repentinamente delicado da fotografia e voltando para o xadrez; por outro lado, fiquei eufórico — se continuasse a jogar de maneira impecável, agora eu bem que poderia vencer. Quinn coçou o queixo, os olhos cinzentos dedicados à missão sagrada de resgatar seu rei. Mas para mim o tabuleiro ficara borrado; minha mente se vira presa num laço temporal, atordoada por memórias que tinham passado quase meio século adormecidas.

Era verão, e eu tinha cinco anos, morava com parentes numa cidadezinha do Alabama. Havia um rio ligado a essa cidade também; um rio vagaroso e barrento, que eu achava repelente, porque estava cheio de cobras-d'água e de bagres de bigodes longos. No entanto, embora eu não gostasse de seus focinhos bicudos, eu bem que gostava dos bagres capturados, fritos e banhados em ketchup; tínhamos uma cozinheira que os preparava sempre. O nome dela era Lucy Joy, embora poucas vezes eu tenha conhecido ser humano menos alegre e mais em desacordo com *joy*, alegria. Era uma preta jeitosa, reservada, muito séria; parecia viver só à espera dos domingos, quando cantava no coro de alguma igrejinha obscura. Mas um dia Lucy Joy sofreu uma transformação incrível. Eu estava sozinho com ela na cozinha, e ela começou a me falar de um certo reverendo Bobby Joe Snow, descrevendo o tal pastor com um entusiasmo que conseguiu incendiar minha própria imaginação: o homem operava milagres, era um evangelista famoso e logo iria visitar nossa cidade; o reverendo Snow era esperado para a semana seguinte, quando iria pregar, batizar e salvar almas! Implorei a Lucy que me levasse para vê-lo, ela sorriu e prometeu que sim. Na verdade, era necessário que eu fosse com ela. Porque o reverendo Snow era branco, suas platéias eram segregadas, e Lucy tinha calculado que a única maneira de ser admitida era servindo de acompanhante a um menino branco disposto a ser batizado. Evidentemente, Lucy não me revelou o que me esperava. Na semana seguinte, quando partimos para o encontro campal do reverendo, eu só desejava assistir ao drama de um santo homem enviado do céu para ajudar os cegos a ver e os aleijados a andar. Mas comecei a me sentir desconfortável quando percebi que nos conduziam na direção do rio; quando chegamos lá e vi centenas de pessoas reunidas ao longo da margem, gente do campo, brancos paupérrimos do interior batendo os pés e berrando, hesitei. Lucy ficou furiosa — e me puxou para dentro da multidão ondulante. Sinos tilintavam, corpos se moviam; eu ouvia uma voz acima de todas as outras, uma voz retumbante de barítono. Lucy também cantava; gemia, sacudia-se. Magicamente, um desconhecido me ergueu e me pôs em seus ombros, o que me permitiu ver bem o homem que emitia aquela voz dominante. Estava plantado dentro do rio com água pela cintura, usando um camisolão branco; seus cabelos eram grisalhos e brancos, uma massa encharcada e emaranhada, e suas mãos compridas, estendidas para o céu, suplicavam ao sol úmido do meio-dia. Tentei ver seu rosto, porque sabia que só poderia ser o reverendo Bobby Joe Snow; entretanto, antes que eu conseguisse distingui-lo, meu benfeitor me devolveu à repelente confusão de pés em êxtase, braços ondulantes, pandeiros frementes. Implorei para voltar para casa; mas Lucy, ébria de glória, não me largava. O sol queimava; senti o gosto de vômito na garganta. Mas não cheguei a vomitar; em vez disso, comecei a berrar e a desferir socos e pontapés: Lucy me puxava na direção do rio, e a multidão se abriu em duas para nos dar passagem. Eu me debati até chegarmos à margem do rio; e então parei, silenciado pela cena diante dos meus olhos. O homem de camisolão branco, de pé no meio do rio, amparava uma menina reclinada; recitou um trecho das escrituras antes de imergi-la rapidamente na água e depois trazê-la de volta; gritando e chorando, ela voltou para a margem aos tropeços. E então os braços simiescos do reverendo se estenderam para mim. Mordi a mão de Lucy, consegui me livrar de suas garras. Mas um rapaz caipira me agarrou e me arrastou para dentro da água. Fechei os olhos com força; senti o cheiro daquela cabeleira de Jesus, senti os braços do reverendo me puxando para baixo, me afogando na escuridão, e horas mais tarde me trazendo de volta para a luz do sol. Meus olhos, ao se abrirem, fixaram-se naqueles olhos cinzentos e maníacos. Seu rosto, largo mas magro, aproximou-se mais, e ele me beijou nos lábios. Ouvi uma gargalhada alta, uma erupção que lembrava um disparo de arma de fogo: "Xeque-mate!".

QUINN: Xeque-mate!

JAKE: Caramba, Bob. Ele só estava sendo gentil. Deixou você ganhar.

(O beijo se dissolveu; o rosto do reverendo recuou, substituído por um rosto praticamente idêntico. Com que então tinha sido no Alabama, uns cinqüenta anos antes, que eu vira pela primeira vez o sr. Quinn. Ou pelo menos sua contrapartida: o evangelista Bobby Joe Snow.)

QUINN: E então, Jake? Pronto para perder mais um dólar?

JAKE: Hoje, não. Vamos de carro para Denver amanhã de manhã. Meu amigo aqui precisa pegar o avião.

QUINN (para mim): Droga. Esta visita não valeu. Volte logo. Venha no verão, e o levo para pescar trutas. Não que a pescaria ainda seja o que já foi. Antigamente eu podia ter certeza de pegar uma truta arco-íris de dois quilos e meio com a primeira isca. Antes de estragarem meu rio.

(Fomos embora sem nos despedirmos de Juanita Quinn: ela estava ferrada no sono e roncava. Quinn nos acompanhou até o carro. "Cuidado!", ele recomendou, enquanto acenava e esperava nossas luzes traseiras desaparecerem.)

JAKE: Bem, uma coisa eu fiquei sabendo, graças a você. Agora *sei* que foi ele próprio quem revelou aquelas fotos.

TC: E então, por que você não quis deixar que Addie descrevesse o sujeito?

JAKE: Poderia ter influenciado sua primeira impressão. Queria que você o visse sem uma idéia preconcebida e me dissesse o que viu.

TC: Vi um homem que já tinha visto.

JAKE: *Quinn*?

TC: Não, não Quinn. Mas alguém muito parecido com ele. Um gêmeo.

JAKE: Fale claro.

(Descrevi aquele dia de verão, meu batismo — para mim eram muito claras as semelhanças entre Quinn e o reverendo Snow, as fibras que os uniam; mas falei com emoção excessiva, num viés metafísico demais, para transmitir o que sentia, e pude perceber a decepção de Jake: ele esperava de mim uma série de percepções sensatas, intuições puras e pragmáticas que o ajudassem a clarificar os conceitos que ele próprio vinha elaborando sobre o caráter de Quinn, as motivações do homem.

Calei-me, desgostoso por não ter correspondido às expectativas de Jake. Mas, quando chegamos à estrada e nos aproximamos da cidade, Jake me fez saber que, por mais confusa e entrecortada que minha lembrança pudesse parecer, ele tinha conseguido decifrar em parte o que eu tentara manifestar de maneira tão precária.)

Bem, Bob Quinn acha *mesmo* que é Deus Todo-poderoso.

TC: Não é que ele ache. Ele *sabe*.

JAKE: Alguma dúvida?

TC: Não, dúvida nenhuma. Quinn é o homem que entalha os caixões.

JAKE: E um dia desses vai entalhar o dele próprio. Ou não me chamo Jake Pepper.

Nos meses seguintes, eu ligava para Jake pelo menos uma vez por semana, geralmente aos domingos, quando ele ia almoçar na casa de Addie, o que me dava a oportunidade de falar com os dois. Jake costumava iniciar nossas conversas dizendo: "Nada ainda, parceiro. Nada de novo para contar". Mas um domingo Jake me contou que ele e Addie tinham marcado a data do casamento: "Tomara que você possa vir". Prometi que iria, sim, embora a data conflitasse com uma viagem de três semanas à Europa que eu estava planejando; bom, eu poderia fazer algumas mudanças no calendário. No final das contas, porém, foram os noivos que precisaram alterar a agenda, porque o agente do bureau designado para substituir Jake durante a lua-de-mel ("Vamos para Honolulu!") pegou hepatite, e o casamento acabou adiado para o dia 1º de setembro. "Que chatice", eu disse a Addie. "Mas já vou ter voltado; e estarei lá."

Assim, no início de agosto, peguei um avião da Swissair para a Suíça e aproveitei várias semanas de férias numa aldeia alpina, tomando banhos de sol em meio às neves eternas. Dormi, comi, reli todo o Proust, o que é mais ou menos o mesmo que mergulhar num maremoto sem saber onde vai parar. Mas toda hora meus pensamentos insistiam em girar em torno do sr. Quinn; volta e meia, durante meu sono, ele batia na porta e invadia meus sonhos, às vezes como ele próprio, com os olhos cinzentos brilhando por trás dos óculos de aro de metal, mas às vezes ataviado com o camisolão branco do reverendo Snow.

Uma breve temporada respirando os ares alpinos faz um bem enorme, mas férias longas nas montanhas podem se tornar claustrofóbicas e provocar depressões inexplicáveis. De todo modo, num dia em que me vi tomado por uma dessas disposições sombrias, aluguei um carro e atravessei o passo de São Bernardo rumo à Itália, depois segui para Veneza. Em Veneza estamos sempre disfarçados e mascarados; ou seja, nunca somos nós mesmos, nem nos responsabilizamos por nosso comportamento. Assim, na verdade não fui eu mesmo quem chegou a Veneza às cinco da tarde e antes da meia-noite já tinha embarcado num trem rumo a Istambul. Tudo começou no Harry's Bar, como tantas outras aventuras venezianas. Eu tinha acabado de pedir um martíni quando quem me atravessa as portas de vaivém senão Gianni Paoli, um agitado jornalista que eu conhecera em Moscou, onde ele era correspondente de um jornal italiano: juntos, ajudados pela vodca, tínhamos animado a vida de muitos tristonhos restaurantes russos. Gianni estava em Veneza a caminho de Istambul; ia tomar o Expresso Oriente à meia-noite. Seis martínis mais tarde ele já me convencera a ir com ele. Era uma viagem de dois dias e duas noites; o trem avançava em meandros através da Iugoslávia e da Bulgária, mas nossas impressões desses dois países ficaram limitadas ao pouco que vislumbramos da janela de nossa cabine com dois leitos, que só deixamos em raros momentos para renovar o suprimento de vinho e vodca.

O quarto girava. Parava. Tornava a girar. Desci da cama. Meu cérebro, cacos de vidro partido, tilintava dolorosamente dentro do crânio. Mas eu era capaz de me pôr de pé; era capaz de andar; lembrava-me até de onde estava: no Hotel Hilton de Istambul. Com passos hesitantes, cheguei a uma varanda que se abria para o Bósforo. Gianni Paoli já estava lá, estendido ao sol, tomando o café-da-manhã e lendo o *Herald Tribune* de Paris. Piscando muito, olhei para a data do jornal. Primeiro de setembro. Mas o que estaria me causando aquelas sensações desagradáveis? Náusea; culpa; remorso. Caramba, perdi o casamento! Gianni não conseguia entender por que eu ficara tão nervoso (os italianos estão sempre nervosos; mas nunca entendem por que uma outra pessoa também fica assim); verteu uma dose de vodca em seu suco de laranja, ofereceu-me o copo e disse beba, encha a cara: "Mas antes mande a eles um telegrama". Segui seu conselho, na íntegra. O telegrama dizia: *Retido sem apelação lhes desejo toda felicidade neste dia maravilhoso*. Mais tarde, quando o descanso e a abstinência já tinham firmado minha mão, escrevi-lhes uma carta breve; não menti, simplesmente deixei de explicar por que tinha ficado "retido sem apelação"; disse que iria tomar o avião para Nova York dali a poucos dias, e que telefonaria para eles assim que voltassem da lua-de-mel. Enderecei a carta ao sr. e sra. Jake Pepper, e, quando a entreguei no balcão no hotel para ser posta no correio, senti um grande alívio e a certeza do dever cumprido; imaginei Addie com uma flor nos cabelos, Addie e Jake caminhando ao entardecer ao longo da praia de Waikiki, junto ao mar, sob as estrelas; perguntei-me se Addie estaria velha demais para ter filhos.

Mas não voltei logo para casa; outras coisas aconteceram. Encontrei um velho amigo em Istambul, um arqueólogo que estava trabalhando numa escavação na costa da Anatólia, no sul da Turquia; ele me convidou para ir até lá com ele, disse que eu iria gostar, e tinha razão, gostei mesmo. Tomava banho de mar todo dia, aprendi danças folclóricas turcas, bebia uzo e dançava ao ar livre a noite inteira toda noite no bistrô local; fiquei duas semanas. Depois tomei um navio para Atenas, e de lá um avião para Londres, onde mandei fazer um terno. Era outubro, quase outono, quando virei a chave que abria a porta do meu apartamento em Nova York.

Um amigo, que se encarregara de molhar as plantas do meu apartamento, tinha arrumado minha correspondência em pilhas bem ordenadas na mesa da biblioteca. Havia uma série de telegramas, que percorri antes mesmo de tirar o casaco. Abri um deles; era um convite para uma festa de Halloween. Abri outro; trazia a assinatura de Jake. *Ligue para mim urgente.* Trazia a data de 29 de agosto, seis semanas antes. Às pressas, sem me permitir acreditar no que me passava pela cabeça, encontrei o número do telefone de Addie e disquei; ninguém atendeu. Então fiz uma ligação pessoa a pessoa para o Prairie Motel: Não, o sr. Pepper não estava registrado lá no momento; sim, a telefonista supunha que ele poderia ser encontrado através do Bureau Estadual de Investigação. Liguei para lá; um homem — um filho-da-mãe da pior espécie — me informou que o detetive Pepper estava de licença e que não, não poderia dizer onde ele se encontrava ("Nossas regras não permitem"); e, quando lhe dei meu nome e disse que estava ligando de Nova York, ele respondeu claro, e quando eu disse por favor, escute, é muito importante, o filho-da-puta simplesmente desligou.

Eu precisava fazer xixi; mas essa vontade, que vinha insistindo desde que eu saíra do aeroporto Kennedy, atenuou-se e desapareceu enquanto eu fitava a pilha de cartas acumuladas na mesa da biblioteca. A intuição me atraía para elas. Folheei as pilhas com a velocidade profissional de um separador de correspondência, procurando a letra de Jake. E encontrei. O envelope trazia no carimbo a data de 10 de setembro; tinha o timbre do Bureau de Investigação, e fora remetido da capital do estado. Era uma carta breve, mas o estilo firme e masculino da caligrafia encobria a angústia do autor:

Sua carta de Istambul chegou hoje. Quando a li, estava sóbrio. Agora não estou mais tão sóbrio. Em agosto, no dia em que Addie morreu, eu lhe mandei um telegrama pedindo que me ligasse. Mas acho que você ainda estava fora do país. Mas era isso que eu tinha a lhe dizer — Addie se foi. Ainda não acredito, e nunca vou acreditar, não até descobrir o que aconteceu de verdade. Dois dias antes do nosso casamento, ela e Marylee foram nadar no Blue River. Addie se afogou; mas Marylee não a viu se afogar. Não consigo escrever a respeito. Preciso ir embora. Não confio em mim mesmo. Onde quer que eu esteja, Marylee Connor saberá como me localizar. Afetuosamente...

MARYLEE CONNOR: Ora, alô! Claro, claro que reconheci sua voz desde o primeiro momento.

TC: Estou ligando a cada meia hora desde o começo da tarde.

MARYLEE: Onde está?

TC: Nova York.

MARYLEE: E como está o tempo?

TC: Chovendo.

MARYLEE: Chove aqui também. Mas em boa hora. O verão foi tão seco. Vivemos com os cabelos cheios de poeira. Você disse que tentou me ligar?

TC: A tarde inteira.

MARYLEE: Bem, e eu estava em casa. Mas acho que não ando escutando muito bem. Estava no porão, depois no sótão. Arrumando as malas. Agora que fiquei sozinha, esta casa passou a ser grande demais para mim. Uma prima nossa — também viúva — comprou uma propriedade na Flórida, um apartamento num condomínio, e vou morar com ela. Como você está? Conversou com Jake ultimamente?

(Expliquei que tinha acabado de chegar da Europa, e que não tinha conseguido entrar em contato com Jake; ela contou que ele estava na casa de um dos filhos, no Oregon, e me deu o telefone de lá.)

Coitado. Foi tão difícil para ele. Às vezes parece que ele acha que a culpa foi dele. Oh? Oh, você ainda não sabia?

TC: Jake me escreveu, mas só li a carta hoje. Não sei lhe dizer o quanto eu...

MARYLEE (em tom estranho): Você não sabia de Addie?

TC: Só soube hoje...

MARYLEE (desconfiada): O que Jake lhe contou?

TC: Disse que ela se afogou.

MARYLEE (na defensiva, como se estivéssemos discutindo): Pois foi isso mesmo. E pouco se me dá o que Jake acha. Bob Quinn nem estava por perto. Não *pode* ter tido nada a ver com o que aconteceu.

(Ouvi Marylee respirar fundo e depois fazer uma longa pausa — como se, num esforço para se controlar, contasse lentamente até dez.)

Se a culpa foi de alguém, foi minha. Fui eu que tive a idéia de ir até a praia de areia conhecida como Sandy Cove, para um mergulho. E a praia nem fica nas terras de Quinn. Fica no rancho dos Miller. Addie e eu sempre íamos até lá; tem bastante sombra, e dá para se proteger do sol. É a parte mais segura do Blue River; o rio forma uma piscina natural, e foi lá que aprendemos a nadar quando éramos pequenas. Naquele dia, estávamos só nós duas em Sandy Cove; mergulhamos juntas, e Addie lembrou que àquela mesma hora, dali a uma semana, estaria nadando no oceano Pacífico. Addie era boa nadadora, mas eu me canso com facilidade. Então, depois de me refrescar, estendi uma toalha debaixo de uma árvore e comecei a ler as revistas que tinha levado. Addie ficou na água; eu a ouvi dizer: "Vou nadar até depois da curva e ficar debaixo da cachoeira". Logo depois de Sandy Cove, o rio faz uma curva; depois dela, uma laje de pedra se atravessa no rio, formando uma cascatinha — uma queda pequena, de pouco mais de meio metro. Quando éramos crianças, adorávamos ficar sentadas naquela pedra, sentindo a água correr entre as pernas. Fiquei lendo, sem me dar conta do tempo, até sentir um arrepio e ver que o sol já estava caindo atrás das montanhas; não fiquei preocupada — imaginei que Addie ainda estivesse debaixo da cachoeira. Mas dali a pouco fui até a beira do rio e gritei Addie! Addie! E pensei: Ela deve estar querendo brincar comigo. Então subi pela margem até o alto de Sandy Cove; de lá dá para ver a cachoeira e o rio se estendendo para o norte. Ninguém; nada de Addie. E então, pouco abaixo da cachoeira, vi a flor de uma planta boiando na água, solta. E depois percebi que não era uma flor; era uma das mãos de Addie — com o brilho de um diamante; o anel de noivado de Addie, com o pequeno diamante que Jake lhe dera. Escorreguei pela margem abaixo, entrei no rio e me arrastei pela beira da laje de pedra. A água estava muito clara e não muito funda; dava para ver o rosto de Addie abaixo da superfície e os cabelos dela emaranhados nos ramos de um galho de árvore, um tronco afundado. Não havia nada a fazer — agarrei sua mão, puxei com toda a força, mas não consegui soltá-la. De algum modo, nunca vou saber como, ela caiu da beira da laje e prendeu os cabelos naquela árvore, que a puxou para baixo. *Morte acidental por afogamento.* Foi assim que o legista concluiu seu parecer. Alô?

TC: Sim, ainda estou aqui.

MARYLEE: Minha avó Mason nunca usava a palavra *morte*. Quando alguém morria, especialmente alguém de que ela gostasse, ela sempre dizia que tinha sido "chamado de volta". Queria dizer que a pessoa não estava enterrada e esquecida para sempre; mas que, na verdade, tinha sido "chamada de volta" para algum lugar feliz da infância, um mundo cheio de coisas vivas. E é isso que acho que aconteceu com minha irmã. Addie foi chamada de volta para viver no meio das coisas que ela adora. Crianças. Crianças e flores. Passarinhos. As plantas que ela encontrava nas montanhas.

TC: Eu sinto tanto, senhora Connor. Eu...

MARYLEE: Está tudo bem, querido.

TC: Eu gostaria...

MARYLEE: Bem, foi bom ouvir notícias suas. E, quando falar com Jake, lembre de mandar lembranças minhas, muito carinhosas.

Tomei um banho, instalei uma garrafa de conhaque ao lado da cama, entrei debaixo das cobertas, peguei o telefone na mesinha-de-cabeceira, acomodei o aparelho em cima da minha barriga e disquei o número do Oregon que Marylee me dera. O filho de Jake atendeu; disse que o pai tinha saído, não sabia aonde tinha ido nem a que horas voltaria. Deixei um recado pedindo que Jake me ligasse assim que chegasse em casa, a qualquer hora. Enchi a boca com todo o conhaque que consegui segurar, e bochechei como se fosse um desinfetante bucal, um remédio para fazer meus dentes pararem de se entrechocar. Deixei o conhaque descer num filete pela minha garganta. O sono, na forma curva de um rio murmurante, atravessou minha cabeça; no fim das contas, era sempre o rio; tudo levava de volta às suas águas. Quinn poderia ter arranjado as cascavéis, o fogo, a nicotina, o arame de aço, mas o inspirador desses gestos tinha sido o rio, e agora ele próprio levara Addie. Addie: seus cabelos, emaranhados em ramos subaquáticos, no meu sonho flutuavam como um véu de noiva em torno de seu rosto cambiável de afogada.

Uma erupção, um terremoto; era o telefone, sacudindo-se em cima de minha barriga, onde ainda estava apoiado quando adormeci. Sabia que era Jake. E deixei tocar enquanto me servia de uma dose que haveria de me despertar.

TC: Jake?

JAKE: Quer dizer que você finalmente conseguiu voltar para os Estados Unidos?

TC: Hoje de manhã.

JAKE: Pelo menos não perdeu o casamento, no fim das contas.

TC: Recebi sua carta, Jake...

JAKE: Não. Não precisa fazer um discurso.

TC: Liguei para a senhora Connor. Marylee. Tivemos uma longa conversa...

JAKE (alerta): É mesmo?

TC: Ela me contou tudo que aconteceu...

JAKE: Ah, não, não contou! Duvido que ela tenha contado!

TC (assustado com a veemência da resposta): Mas, Jake, ela me disse...

JAKE: *Sei*. O que foi que ela disse?

TC: Ela me disse que foi um acidente.

JAKE: E você acreditou?

(O tom da voz, triste e zombeteiro, sugeria claramente a expressão de Jake: o olhar duro, a torção de seus lábios finos e trêmulos.)

TC: Pelo que ela me contou, parece a única explicação possível.

JAKE: Ela não sabe o que aconteceu. Não estava lá. Estava com a bunda pregada no chão, lendo revistas.

TC: Bom, se foi Quinn...

JAKE: Estou ouvindo.

TC: Ele só pode ser mágico.

JAKE: Não necessariamente. Mas agora não posso conversar sobre isso. Daqui a pouco, talvez. Aconteceu uma coisinha que pode precipitar os acontecimentos. Papai Noel veio cedo este ano.

TC: Você está falando de Jaeger?

JAKE: Sim, senhor, o agente postal recebeu seu presente.

TC: Quando?

JAKE: Ontem. (Riu, não de prazer mas de excitação, de energia extravasada) Más notícias para Jaeger, mas boas notícias para mim. Meu plano era ficar por lá até depois do Dia de Ação de Graças. Mas, rapaz, eu estava ficando louco. Só ouvia portas batendo na minha cara. E só pensava numa coisa: E se ele não for atrás de Jaeger? E se ele não me der esta última chance? Bom, você pode me ligar amanhã à noite no Prairie Motel? Porque é lá que vou estar.

TC: Jake, espere um pouco. Só pode ter sido um acidente. Quero dizer, Addie.

JAKE (untuosamente paciente, como se desse instruções detalhadas a um aborígene retardado): Por enquanto só vou lhe dizer uma coisinha, para você guardar debaixo do seu travesseiro.

O lugar onde o "acidente" ocorreu, Sandy Cove, é propriedade de um homem chamado A. J. Miller. Só existem duas maneiras de chegar lá. O caminho mais curto é uma estradinha que corta a propriedade de Quinn e leva direto ao rancho de Miller. Foi esse o caminho que as duas tomaram. *Adios*, amigo.

Evidentemente, a coisinha que ele me disse para guardar debaixo do travesseiro me deixou insone até o raiar do dia. Imagens se formavam e desapareciam; era como se eu editasse mentalmente um filme.

Addie e a irmã estão no carro, seguindo pela estrada. Entram numa vicinal de terra que corta o Rancho B. Q. Quinn está de pé na varanda de sua casa; ou talvez olhando de uma janela: onde quer que ele esteja, porém, em algum momento ele vê o carro invasor, reconhece suas ocupantes e adivinha que estão indo dar um mergulho em Sandy Cove. Decide segui-las. De carro? a cavalo? a pé? Qualquer que seja a maneira escolhida, ele se aproxima, por um caminho diferente, do local onde as duas mulheres foram tomar banho. Lá chegando, esconde-se em meio às árvores acima da praia. Marylee, deitada numa toalha, lê revistas. Addie está na água. Ele ouve Addie dizer à irmã: "Vou nadar até depois da curva e ficar debaixo da cachoeira". Ideal; agora Addie estará desprotegida, sozinha, fora das vistas da irmã. Quinn fica esperando até ter certeza de que ela está totalmente distraída pela cachoeira. Nesse momento, desce o barranco escorregando (o mesmo barranco que Marylee desceria mais tarde em sua busca). Addie não escuta nada; o rumor da queda-d'água encobre o som dos movimentos dele. Mas como ele pode evitar os olhos dela? Porque sem dúvida, no momento em que ela o vê, percebe o perigo que está correndo, protesta, grita. Não, ele lhe aponta uma arma e a obriga ao silêncio. Addie escuta alguma coisa, ergue os olhos, vê Quinn descendo a margem com o revólver apontado para ela — e ele a derruba da cachoeira, mergulha atrás dela, afunda seu corpo, mantém Addie submersa na água: um batismo final.

Seria possível.

Mas o amanhecer e os primeiros sons do tráfego de Nova York acabaram diminuindo meu entusiasmo por fantasias febris, atirando-me bruscamente de volta no fundo desse abismo desanimador — a realidade. Jake não tinha escolha: assim como Quinn, impusera-se essa missão apaixonada, e sua obrigação, seu dever como ser humano, consistia em provar que Quinn era responsável por dez mortes inaceitáveis, especialmente a morte da mulher carinhosa e adorável com quem ele tinha decidido casar. No entanto, a menos que Jake conseguisse desenvolver uma teoria mais convincente do que a minha própria imaginação conseguira formular, eu preferia deixar aquilo de lado; satisfazia-me de adormecer rememorando a conclusão do parecer ajuizado do legista: *Morte acidental por afogamento.*

Uma hora depois eu estava totalmente desperto, vítima da defasagem de fuso horário. Desperto mas cansado, irritável; e com fome, muita fome. Claro que, devido à minha ausência prolongada, a geladeira não continha nada comestível. Leite azedo, pão mofado, bananas negras, ovos estragados, laranjas murchas, maçãs fenecidas, tomates podres, um bolo de chocolate com cobertura de mofo. Fiz uma xícara de café, a que acrescentei um pouco de conhaque; fortalecido pela bebida, examinei minha correspondência acumulada. Meu aniversário tinha sido em 30 de setembro, e algumas pessoas tinham me enviado cartões de parabéns. Uma delas tinha sido meu amigo Fred Wilson, o detetive aposentado que me apresentara a Jake Pepper. Sabia que ele estava a par do caso de Jake, que Jake o consultava com freqüência, mas, por algum motivo, nunca tínhamos conversado sobre Jake, omissão que decidi corrigir com um telefonema.

TC: Alô? Posso falar com o senhor Wilson, por favor?

FRED WILSON: É ele mesmo.

TC: Fred? Pela sua voz, você deve estar com um resfriado medonho.

FRED: Pode acreditar. Um dos bons.

TC: Obrigado pelo cartão de aniversário.

FRED: Ora. Você não precisava gastar seu dinheiro só para me dizer isso.

TC: Bem, também queria conversar com você sobre Jake Pepper.

FRED: Olhe, deve haver algum fundamento em toda essa história de telepatia. Eu estava pensando em Jake quando o telefone tocou. Sabe, o bureau lhe deu uma licença. Estão tentando forçá-lo a abandonar aquele caso.

TC: Pois ele acaba de voltar ao trabalho.

(Depois que contei a conversa que tivera com Jake na noite anterior, Fred me fez várias perguntas, a maioria sobre a morte de Addie e sobre a opinião de Jake a esse respeito.)

FRED: Fico muito surpreso de ver o bureau deixá-lo voltar para lá. Jake é o sujeito mais justo que conheço. Em meu ramo, não existe ninguém que eu respeite mais do que Pepper. Mas ele abandonou totalmente o bom senso. Anda batendo com a cabeça na parede há tanto tempo que conseguiu nocautear qualquer sensatez que ainda tivesse. Claro, o que aconteceu com a namorada dele foi uma coisa terrível. Mas foi um acidente. Ela se afogou. Só que Jake se recusa a aceitar, subiu no telhado e fica gritando lá de cima que foi assassinato. Acusando esse sujeito, Quinn.

TC (em tom ressentido): Mas Jake pode ter razão. É possível.

FRED: E também é possível que o tal Quinn seja cem por cento inocente. E, na verdade, parece que a opinião geral é essa. Conversei com muita gente lá mesmo do bureau de Jake, e todos dizem que os indícios colhidos contra Quinn não dariam nem para matar uma mosca. Dizem que chega a ser constrangedor. E o próprio chefe de Jake me disse que, até onde ele sabe, Quinn nunca matou ninguém.

TC: Pelo menos dois ladrões de gado ele matou.

FRED (risada, seguida de um acesso de tosse): Bem... Isso a gente não chama exatamente de assassinato. Não por estas bandas.

TC: Só que os dois não eram ladrões de gado. Eram dois jogadores de Denver a quem Quinn devia dinheiro. E mais: não acho que a morte de Addie tenha sido um acidente.

(Em tom de desafio, com uma surpreendente autoridade, relatei as circunstâncias do "assassinato" como eu o imaginara; e as hipóteses que eu tinha descartado ao amanhecer agora me pareciam não só plausíveis como claramente convincentes. Quinn *tinha* seguido as duas irmãs até Sandy Cove, tinha se escondido em meio às árvores, deslizado pelo barranco à margem do rio, ameaçado Addie com uma arma, encurralado e afogado a mulher.)

FRED: Essa é a história de Jake.

TC: Não.

FRED: Foi você sozinho quem imaginou tudo isso?

TC: Mais ou menos.

FRED: Ainda assim, é a história de Jake. Um minutinho, preciso assoar o nariz.

TC: O que é que você quer dizer com "é a história de Jake"?

FRED: Como eu disse, deve haver algum fundo de verdade nessa coisa de telepatia. Com a diferença de um ou outro detalhe, é essa mesma a história que Jake conta. Ele escreveu um relatório, e me mandou uma cópia. E, no relatório, é assim que ele reconstitui os fatos: Quinn viu o carro, seguiu as duas...

(Fred prosseguiu. Uma onda quente de vergonha me atingiu; tive a sensação de um colegial surpreendido ao colar numa prova. Irracionalmente, em vez de me sentir culpado, resolvi pôr a culpa em Jake; fiquei irritado com ele por não ter obtido uma solução mais sólida, aborrecido por ele não conseguir tecer conjecturas melhores do que as minhas. Eu confiava no profissionalismo de Jake e fiquei muito infeliz ao ter essa confiança abalada. Mas toda aquela criação era bastante despropositada — Quinn, Addie e a cachoeira. Mas ainda assim, a despeito dos comentários demolidores de Fred Wilson, eu sabia que a fé básica que eu depositava em Jake era justificada.)

O bureau ficou numa posição desconfortável. Precisam tirar Jake do caso. Ele perdeu qualquer condição de continuar investigando. Ele vai reagir, eu sei! Mas é pelo bem da própria reputação dele. E por segurança também. Uma noite, logo depois que perdeu a namorada, ele me telefonou lá pelas quatro da manhã. Mais bêbado que cem índios dançando num milharal. E o que ele me disse, em essência, foi que tinha decidido desafiar Quinn para um duelo. Liguei para ele no dia seguinte. E o desgraçado nem se lembrava de ter ligado para mim.

* * *

A ansiedade, como qualquer psiquiatra caríssimo pode nos dizer, é causada pela depressão; mas a depressão, conforme o mesmo psiquiatra haverá de informar numa segunda consulta mediante pagamento adicional, é causada pela ansiedade. Fiquei oscilando de um lado para o outro nesse impasse durante a tarde inteira. Ao cair da noite, os dois demônios tinham decidido se combinar; e, enquanto a ansiedade copulava com a depressão, eu permanecia sentado com os olhos fixos no polêmico invento do sr. Bell, temendo a hora em que precisaria ligar para o Prairie Motel e ouvir Jake me contar que o bureau decidira retirá-lo do caso. É claro que uma boa refeição teria deixado as coisas com melhor aspecto, mas eu já tinha abolido minha fome ao devorar todo o bolo de chocolate com cobertura de mofo. Ou eu ainda poderia ter ido ao cinema, fumado um baseado. Mas, quando você se vê nesse tipo de situação, o único remédio duradouro é seguir em frente: aceitar a ansiedade, permitir-se ficar deprimido, relaxar, e deixar a correnteza levá-lo para onde for.

TELEFONISTA: Boa noite. Prairie Motel. O senhor Pepper? Ei, Ralph, você viu Jake Pepper? No bar? Alô? Senhor, ele está no bar. Estou transferindo.

TC: Obrigado.

(Eu me lembrava do bar do Prairie; ao contrário do motel, tinha certo encanto de tira de história em quadrinhos. Freqüentadores de roupa de caubói, paredes forradas de couro cru e decoradas com fotos de mulheres e sombreiros mexicanos, um banheiro para TOUROS, outro para BELDADES, e um jukebox integralmente dedicado aos arpejos fanhosos da música country. O som alto do jukebox indicava que o homem que servia o bar tinha atendido.)

BARMAN: Jake Pepper! Telefone para você. Alô? Ele quer saber quem é.

TC: Um amigo de Nova York.

VOZ DE JAKE (distante; aumentando de volume à medida que se aproximava do telefone): Claro que tenho amigos em Nova York. E em Tóquio. Em Bombaim. Alô, amigo de Nova York!

TC: Você está animado.

JAKE: Mais animado que macaquinho de mendigo.

TC: Você pode conversar? Ou quer que eu ligue mais tarde?

JAKE: Não, tudo bem. O barulho aqui é tanto que ninguém vai escutar nada mesmo.

TC (hesitante; com cuidado para não abrir feridas): E então? Como é que está indo?

JAKE: Nada de muito espetacular.

TC: Foi o bureau?

JAKE (intrigado): O bureau?

TC: Bem, achei que eles poderiam ter resolvido criar algum problema.

JAKE: Não, eles não estão *me* criando problema nenhum. Eu sim. Bando de idiotas. Não, o problema é esse bestalhão, o senhor Jaeger, nosso estimado chefe da agência de Correios. É um covarde. Quer bater em retirada. E não sei como impedir. Mas estou tentando.

TC: Por quê?

JAKE: "O tubarão precisa de isca."

TC: Você já conversou com Jaeger?

JAKE: Horas a fio. Ele está aqui comigo. Sentado ali no canto, feito um coelhinho branco pronto a se enfiar na primeira toca.

TC: Acho muito compreensível.

JAKE: Mas não posso permitir. Preciso segurar esse maricas por aqui. Mas como? Ele tem sessenta e quatro anos; um monte de dinheiro e a aposentadoria a caminho. É solteirão; e o parente vivo mais próximo que ele tem é Bob Quinn! Pelo amor de Deus. E mais uma: ainda não acredita que foi Quinn quem matou os outros. Fala é verdade, pode ser que exista alguém querendo me fazer mal, mas não pode ser Bob Quinn, é sangue do meu sangue. Só existe uma coisa que faz esse sujeito parar para pensar.

TC: E tem a ver com o pacote?

JAKE: Pois é.

TC: A letra? Não, isso não pode ser. Só pode ser a foto.

JAKE: Bom palpite. A foto é diferente. Não é igual às outras. Primeiro, deve ter uns vinte anos. Foi tirada numa feira estadual; Jaeger aparece participando de um desfile do Kiwanis — com um chapéu da organização. *E foi Quinn quem tirou a foto.* Jaeger diz que viu Quinn tirando; e que se lembra porque pediu a Quinn que lhe fizesse uma cópia, mas Quinn nunca fez.

TC: E isso já bastaria para fazer nosso agente postal pensar melhor. Mas duvido que servisse de argumento para um júri.

JAKE: Na verdade, não serve muito de argumento nem com nosso agente postal.

TC: Mas ele ficou com medo suficiente para querer deixar a cidade?

JAKE: Está assustado, certo. Mas, mesmo que não estivesse, não tem mais nada que o segure aqui. Diz que sempre planejou passar os últimos anos da vida correndo o mundo. Tudo que eu quero é só adiar a partida. Indefinidamente. Escute, não posso deixar meu coelhinho a sós por muito tempo. Então me deseje boa sorte. E fique sempre em contato.

Desejei-lhe boa sorte, mas ela não veio; dali a uma semana, o agente postal e o detetive seguiriam caminhos divergentes: o primeiro porque embarcaria para uma longa viagem internacional, o segundo porque o bureau o afastara do caso.

As anotações que seguem foram tiradas de meus diários pessoais, entre 1975 e 1979.

20 de outubro de 1975: Falei com Jake. Muito amargo, cuspindo veneno para todo lado. Disse que "por dois alfinetes e um dólar confederado" ele largaria tudo, entregaria seu pedido de demissão e iria para o Oregon trabalhar na propriedade do filho. "Mas, enquanto eu ficar aqui no bureau, ainda tenho chance de fazer alguma coisa." Além disso, se largasse tudo agora, ainda poderia perder sua aposentadoria, um *beau geste* que certamente ele não poderia se dar ao luxo de fazer.

6 de novembro de 1975: Falei com Jake. Contou-me que havia uma epidemia de roubo de gado na parte nordeste do estado. Os ladrões roubam o gado à noite, embarcam os animais em carretas e os levam para Dakota do Norte ou do Sul. Disse que ele e outros agentes tinham passado as últimas noites em pastos, escondidos no meio do gado, esperando por ladrões que nunca apareciam: "Cara, faz muito frio aqui! Estou velho demais para essas atividades de valentão". E mencionou que Marylee Connor tinha se mudado para Sarasota.

25 de novembro de 1975: Dia de Ação de Graças. Acordei hoje de manhã, pensei em Jake e me lembrei de que se passou apenas um ano desde que ele fez sua "grande descoberta": desde que almoçou na casa dela, e ela lhe contou a história de

Quinn e do Blue River. Resolvi que não iria ligar para ele; meu telefonema poderia agravar, em vez de atenuar, as dolorosas ironias ligadas a essa data em especial. Mas liguei para Fred Wilson e a mulher dele, Alice, para lhes desejar "*bon appétit*". Fred perguntou por Jake; respondi que a última notícia que eu tivera era de sua caça aos ladrões de gado. Fred disse: "Pois é, estão fazendo Jake trabalhar duro. Para impedir que ele fique pensando naquela outra história, que o pessoal do bureau chama de 'O caso das cascavéis'. Mandaram um jovem chamado Nelson cuidar da questão, mas só para manter as aparências. Legalmente, o caso está aberto; mas, do ponto de vista prático, o bureau já riscou a investigação do caderno".

5 de dezembro de 1975: Falei com Jake. A primeira coisa que ele disse foi: "Você vai gostar de saber que nosso agente postal chegou são e salvo a Honolulu. Tem mandado cartões-postais para todo mundo, e tenho certeza de que também mandou um para Quinn. Bem, ele pelo menos chegou a Honolulu, e eu não. Sim, senhor, a vida é muito estranha". Contou que ainda estava "atrás dos ladrões de gado. E de saco cheio. Eu deveria virar ladrão de gado também. Eles ganham cem vezes mais do que eu".

20 de dezembro de 1975: Recebi um cartão de Natal de Marylee Connor. Ela escreveu: "Sarasota é uma beleza! É o primeiro inverno que passo num clima quente, e posso dizer com toda a honestidade que não sinto a menor saudade de casa. Sabia que Sarasota é famosa como quartel-general de inverno do circo Ringling Bros.? Minha prima e eu vamos muito lá ver os artistas se exercitando. É um ótimo programa! Ficamos amigas de uma russa que treina os acrobatas. Que Deus o guie no Ano-Novo, e por favor aceite o pequeno presente que lhe mando". O presente era um flagrante amador de Addie quando menina, com uns dezesseis anos, de pé num jardim florido, de vestido

branco de verão e fita no cabelo combinando, segurando nos braços, como se fosse tão frágil quanto as folhas à sua volta, um gatinho branco; o gatinho está bocejando. Atrás da foto, Marylee escreveu: *Adelaide Minerva Mason. Nascida em 14 de junho de 1939. Chamada de volta em 29 de agosto de 1975.*

1º de janeiro de 1976: Jake ligou — "Feliz Ano-Novo!" A voz parecia a de um coveiro encarregado de cavar a própria sepultura. Contou que tinha passado a noite de Ano-Novo lendo *David Copperfield*. "O bureau organizou uma grande festa. Mas não fui. Sabia que se eu fosse iria ficar bêbado e perder a cabeça com algumas pessoas. Talvez com muitas. Bêbado ou sóbrio, sempre que chego perto do chefe preciso fazer muito esforço para não dar um soco naquela pança mole." Contei a ele que tinha recebido um cartão de Marylee no Natal e descrevi a foto de Addie que ela me mandara também, e ele contou que Marylee tinha lhe enviado uma foto parecida: "Mas o que quer dizer? O que ela escreveu — 'chamada de volta'?". Quando tentei dar minha interpretação da frase, ele me interrompeu com um grunhido: era complicado demais para ele, que comentou: "Adoro Marylee. Sempre disse que ela é uma mulher generosa. Mas um pouco boba. Um pouco boba além da conta".

5 de fevereiro de 1976: Semana passada comprei um porta-retratos para a foto de Addie. E a pus numa mesa do meu quarto. Ontem a guardei numa gaveta. Era perturbadora, viva demais — especialmente o bocejo do gatinho.

14 de fevereiro de 1976: Três cartões do Dia dos Namorados — um de uma antiga professora, a srta. Wood; outro de minha contadora; e um terceiro com a assinatura Carinho, Bob Quinn. Uma piada, claro. Essa é a idéia que Jake tem de humor negro?

15 de fevereiro de 1976: Liguei para Jake, e ele confessou que tinha sido o autor do cartão. Eu disse bem, então você estava muito bêbado. E ele: "Estava, sim".

20 de abril de 1976: Uma carta rápida de Jake, escrita em papel timbrado do Prairie Motel: "Faz dois dias que estou aqui ouvindo os mexericos, quase sempre no Okay Café. O agente postal ainda está em Honolulu. Juanita Quinn teve um derrame bastante sério. Gosto dela, fiquei com pena ao saber da notícia. Mas o marido está em grande forma. O que é ótimo, do meu ponto de vista. Não quero que nada aconteça a Quinn até eu poder cuidar direito dele. O bureau pode ter esquecido o assunto, mas eu não. Não vou desistir nunca. Afetuosamente...".

10 de julho de 1976: Liguei para Jake ontem à noite, depois de passar mais de dois meses sem notícias dele. O homem com quem falei era um novo Jake Pepper, vigoroso, otimista — era como se ele tivesse finalmente despertado de um sono alcoólico, com os músculos descansados e pronto para outra. Logo me contou o que o deixava tão animado: "Peguei um demônio pelo rabo. É dos grandes". O tal demônio grande, embora contivesse um elemento intrigante, acabou se revelando um homicídio bastante comum; pelo menos foi o que me pareceu. Um jovem de vinte e dois anos vivia sozinho numa propriedade modesta com um avô bem idoso. No início da primavera, o neto matou o avô a fim de herdar a propriedade e roubar o dinheiro que a vítima tinha acumulado debaixo de um colchão. Alguns vizinhos perceberam o desaparecimento do velho e viram que o jovem estava dirigindo um carro novo muito vistoso. Avisaram a polícia, e logo se descobriu que o neto, que não apresentava explicação para a ausência súbita e completa do parente, tinha comprado o carro novo com notas antigas. O suspeito não admitiu nem negou que houvesse assassinado o avô, embora as autoridades tivessem certeza de que sim. A dificuldade: nada de corpo. Sem um corpo, não podiam prender o jovem. Por mais que procurassem, porém, a vítima continuava invisível. As forças da lei locais pediram a ajuda do Bureau Estadual de Investigação, e Jake fora

indicado para o caso. "É fascinante. O rapaz é esperto feito o diabo. O que quer que ele tenha feito com o velho, foi diabólico. E, se não conseguirmos encontrar o corpo, ele sai dessa. Tenho certeza de que deve estar em algum lugar da propriedade. Meu instinto me diz que ele picou o velho em pedacinhos e escondeu as partes em lugares diferentes. A cabeça já me basta. E vou acabar encontrando, nem que precise revolver a área toda metro a metro. Centímetro a centímetro." Depois que desligamos, senti um acesso de raiva; e ciúme: não só uma pontada, mas um murro, como se tivesse acabado de saber de uma traição amorosa. Na verdade, não quero que Jake se interesse por nenhum outro caso além do que interessa a mim.

20 de julho de 1976: Um telegrama de Jake. *Achei cabeça uma mão dois pés pt Fui pescar Jake*. Por que será que ele me mandou um telegrama em vez de telefonar? Será que imagina que posso ficar aborrecido com seu sucesso? Mas gostei, porque sei que seu orgulho foi ao menos parcialmente restaurado. Só espero que o lugar onde ele tenha "ido pescar" fique nas proximidades do Blue River.

22 de julho de 1976: Escrevi uma carta de parabéns a Jake, e contei a ele que estava indo passar três meses no estrangeiro.

20 de dezembro de 1976: Um cartão de Natal, de Sarasota: "Se algum dia estiver aqui por perto, por favor venha me ver. Deus o abençoe. Marylee Connor".

22 de fevereiro de 1977: Um bilhete de Marylee: "Ainda sou assinante do jornal de nossa cidade, e achei que o recorte que lhe envio pudesse interessá-lo. Escrevi para o marido dela. Ele me mandou uma carta adorável por ocasião do acidente de Addie". O recorte era o obituário de Juanita Quinn; ela morrera dormindo. Surpreendentemente, não haveria serviço religioso nem sepultamento, pois a falecida tinha pedido que fosse cremada e que espalhassem suas cinzas sobre o Blue River.

23 de fevereiro de 1977: Liguei para Jake. Ele me disse, em tom um tanto sonolento: "Olá, parceiro! Você anda muito distante". Na verdade, eu lhe enviara uma carta da Suíça, que ele não tinha respondido; e, embora não tivesse conseguido falar com ele, tinha lhe telefonado duas vezes durante as festas de fim de ano. "Pois é, eu estava no Oregon." Então entrei no assunto: o obituário de Juanita Quinn. Previsivelmente, ele disse: "Isso me deixa desconfiado"; e, quando lhe perguntei por quê, respondeu: "Quando cremam o corpo, isso sempre me deixa desconfiado". Conversamos mais uns quinze minutos, mas foi uma conversa contida, forçada de sua parte. Talvez eu lembre a ele coisas que, apesar de toda a sua força moral, está começando a querer esquecer.

10 de julho de 1977: Jake ligou. Sem preâmbulo, anunciou: "Como eu lhe disse, cremação do corpo é uma coisa que sempre me deixa desconfiado. Bob Quinn vai se casar! Bem, todo mundo sabia que ele tinha uma segunda família, mulher e prole de quatro herdeiros do respeitável senhor Quinn. Ele mantinha todos escondidos em Appleton, um lugar uns cento e cinqüenta quilômetros a sudoeste daqui. Semana passada ele casou com a mulher. E a trouxe, com a filharada, para o rancho, vaidoso como um galo. Juanita teria dado cambalhotas na cova. Se é que ela *teve* uma sepultura". Estupidificado, aturdido pela velocidade da narrativa de Jake, perguntei: "Qual é a idade das crianças?". E ele respondeu: "A mais nova tem dez, e a mais velha dezessete. Todas mulheres, e vou lhe dizer: a cidade está em polvorosa. Claro, não se incomodam com um assassinato, um homicídio de vez em quando não lhes abala a calma, mas ver seu cavaleiro da armadura reluzente, seu herói de guerra, de braço com a amásia e quatro filhas ilegítimas é demais para essas mentes presbiterianas". E eu disse: "Fico com pena das meninas. E da mulher também". E Jake: "Só sinto pena de Juani-

ta. Se houvesse um corpo para exumar, aposto que o legista iria encontrar uma boa dose de nicotina dentro dele". E eu disse: "Duvido. Ele jamais atacaria Juanita. Ela era alcoólatra. Ele foi o salvador dela, e a amava". Baixinho, Jake disse: "E na mesma linha, você acha que ele não teve nada a ver com o acidente de Addie?". E eu: "Ele tinha a intenção de matá-la. E teria acabado matando. Mas então ela se afogou". Jake disse: "E assim ele não precisou se dar ao trabalho! Está bem. Mas então me explique Clem Anderson, os Baxter". E eu disse: "Claro, foi tudo obra de Quinn. Uma coisa que ele não podia deixar de fazer. Ele é um messias, tem uma missão". Jake disse: "E então por que ele deixou o agente postal escapar de seus dedos?". E eu: "Será que deixou mesmo? Meu palpite é que o velho senhor Jaeger tem um encontro em Samarra. Quinn ainda vai atravessar o caminho dele. Não pode descansar enquanto isso não acontecer. Ele não é bom da cabeça, você sabe". Jake desligou, mas não antes de perguntar, em tom azedo: "E você? É?".

15 de dezembro de 1977: Vi uma carteira de crocodilo preta na vitrine de uma casa de penhores. Estava em boa condição e trazia as iniciais J. P. Comprei-a. Como nossa última conversa tinha terminado em tom raivoso (ele ficou enraivecido, e não eu), mandei-a para Jake como presente de Natal e como oferenda de paz.

22 de dezembro de 1977: Cartão de Natal da fidedigna sra. Connor: "Estou trabalhando para o circo! Não, não virei acrobata. Sou bilheteira. Coisa bem melhor do que jogar *shuffleboard*! Tudo de bom no Ano-Novo".

17 de janeiro de 1978: Um bilhete de quatro linhas de Jake agradecendo a carteira — seco e inadequado. Sou sensível a sinais. Não escrevo mais nem telefono para ele.

20 de dezembro de 1978: Um cartão de Natal de Marylee Connor, só com a assinatura dela. Nada de Jake.

12 de setembro de 1979: Fred Wilson e a mulher estiveram em Nova York semana passada, a caminho da Europa (a primeira viagem deles), felizes como um casal em lua-de-mel. Levei-os para jantar; a conversa se limitou à excitação de sua viagem iminente, até Fred dizer, enquanto escolhia a sobremesa: "Percebi que você não falou de Jake". Fingi surpresa, e em tom casual observei que não tinha notícias de Jake já havia mais de um ano. Habilidosamente, Fred perguntou: "Vocês brigaram?". Dei de ombros: "Nada tão claro assim. Mas nem sempre estivemos de acordo". E então Fred disse: "Jake tem tido problemas sérios de saúde. Enfisema. Está se aposentando no fim do mês. Não tenho nada a ver com isso, mas acho que seria um belo gesto seu ligar para ele. Ele bem que está precisando de um afago".

14 de setembro de 1979: Serei sempre grato a Fred Wilson; ele tornou fácil para mim engolir meu orgulho e ligar para Jake. Falei com ele hoje de manhã: era como se tivéssemos conversado ontem e anteontem. Nenhum sinal de que tivesse havido qualquer interrupção em nossa amizade. Ele confirmou a notícia da aposentadoria: "Só faltam dezesseis dias!" — e disse que estava planejando morar com o filho no Oregon. "Mas, antes disso, vou passar um ou dois dias no Prairie Motel. Tenho umas coisas ainda por fazer naquela cidade. Quero roubar alguns registros do tribunal para os meus arquivos. Ei, escute! Por que não vamos juntos? Para um reencontro de verdade. Eu poderia pegar você em Denver e levá-lo até lá de carro." Jake nem precisou insistir; se não tivesse feito o convite, eu próprio teria sugerido o mesmo: tinha sonhado muitas vezes, dormindo ou acordado, com uma volta àquela triste cidadezinha, pois queria tornar a ver Quinn — vê-lo e conversar com ele, nós dois, a sós.

Era dia 2 de outubro.

Jake, declinando o convite para me acompanhar, me emprestou o carro. Depois do almoço, deixei o Prairie Motel para comparecer a um encontro marcado no Rancho B. Q. Lembrei da última vez que eu tinha percorrido aquele território: a lua cheia, os campos nevados, o frio cortante, o gado em aglomerados, reunido em grupos, o hálito quente dos animais formando nuvens no ar ártico. Nessa época, em outubro, a paisagem era gloriosamente diversa: o macadame parecia um delgado mar negro dividindo um continente dourado; dos dois lados, os talos esturricados pelo sol do trigo colhido pareciam em chamas, riscados de tons amarelos e sombras negras debaixo de um céu sem nuvens. Touros percorriam alegres esses pastos; e as vacas, entre elas muitas mães com filhotes, mascavam e cochilavam.

Na entrada do rancho, havia uma menina encostada no letreiro, aquele que trazia os *tomahawks* cruzados. Ela sorriu, e fez sinal para eu parar.

MENINA: Tarde! Sou Nancy Quinn. O pai me mandou vir esperar na porteira.

TC: Ora, obrigado.

NANCY QUINN (abrindo a porta do carro e entrando): Meu pai está pescando. Vou lhe mostrar onde ele está.

(Era uma garota com modos de rapazinho, de uns doze anos e dentes salientes. Usava os cabelos castanho-claros bem curtos, e era coberta de sardas da cabeça aos pés. Vestia apenas um maiô velho. Um dos seus joelhos estava coberto por um curativo sujo.)

TC (referindo-se ao curativo): Você se machucou?

NANCY QUINN: Nada. Na verdade, fui derrubada.

TC: Derrubada?

NANCY QUINN: Bad Boy me derrubou. É um cavalo bem malvado. Foi por isso que pus nele o nome de Bad Boy. Ele já derrubou todas as crianças do rancho. E quase todos os adultos também. Eu disse que achava que conseguiria ficar montada nele. E fiquei. Por uns quatro segundos.

Você já esteve aqui?

TC: Uma vez, anos atrás. Mas era de noite. Eu me lembro de uma ponte de madeira...

NANCY QUINN: É ela, ali na frente!

(Atravessamos a ponte: finalmente vi o Blue River; mas foi uma visão tão rápida e indistinta quanto o vôo de um beija-flor, porque as árvores que o cercavam, totalmente desfolhadas da última vez que as vira, agora ostentavam uma flamejante folhagem de outono que barrava a visão das águas.)

Você já esteve em Appleton?

TC: Não.

NANCY QUINN: *Nunca*? Engraçado. Nunca conheci alguém que nunca foi a Appleton.

TC: Perdi muita coisa?

NANCY QUINN: Ah, lá é bom. Era onde a gente morava antes. Mas gosto mais daqui. É mais fácil para passear sozinha e fazer o tipo de coisa que eu gosto. Pescar. Caçar coiotes. Meu pai disse que pagava um dólar por coiote que eu matasse; mas, depois de ser obrigado a me dar mais de duzentos dólares, diminuiu o preço para dez *cents*. De qualquer maneira, não preciso de dinheiro. Não sou igual às minhas irmãs. Sempre com a cara enfiada num espelho.

Tenho três irmãs, e posso lhe dizer que elas não estão muito felizes aqui. Não gostam de cavalo; detestam quase tudo. Rapazes. Só pensam nisso. Quando a gente morava em Appleton, meu pai quase nunca aparecia. Só uma vez por semana, mais ou menos. Então elas usavam perfume, batom, e tinham muitos namorados. Minha mãe não via problema. De algum modo, ela é muito parecida com elas. Gosta de se arrumar e ficar bonita. Mas meu pai é muito durão. Não deixa minhas irmãs terem namorado. Nem usarem batom. Uma vez alguns dos antigos namorados delas, de Appleton, viajaram de carro até aqui, mas meu pai estava esperando por eles na porta, com a espingarda; e disse que, da próxima vez que aparecessem na propriedade, ele estourava a cabeça deles. Caramba, saíram correndo! As meninas choraram até ficar doentes. E eu acho graça da coisa toda.

Está vendo aquela forquilha no caminho? Pode parar aqui. (Parei o carro; saímos os dois. Ela apontou para uma abertura em meio às árvores: um caminho escuro, meio encoberto pelas folhas, em declive.)

É só seguir por ali.

TC (com medo súbito de ficar sozinho): Você não vem comigo?

NANCY QUINN: Meu pai não gosta de ninguém por perto quando ele trata de negócios.

TC: Bom, obrigado de novo.

NANCY QUINN: Não há de quê!

Ela se afastou assobiando.

Partes do caminho estavam tão obstruídas pelo mato que eu precisava dobrar os galhos e proteger o rosto das folhas que roçavam nele. Espinhos e carrapichos estranhos se prendiam às minhas calças; do alto das árvores, os corvos crocitavam e gritavam. Vi uma coruja; é estranho ver uma coruja em pleno dia; ela piscou os olhos, mas não se mexeu. Depois, quase esbarrei numa colmeia de abelhas — um velho toco de árvore oco, em que fervilhavam ferozes abelhas-pretas. E o tempo todo eu ouvia o som do rio, um ronco lento e suave de moinho; então, a uma curva da picada, vi suas águas; também vi Quinn.

Vestido com uma roupa de borracha, ele segurava, como se fosse a batuta de um maestro, uma vara de pesca muito flexível. Estava de pé com água pela cintura, a cabeça descoberta de perfil; seus cabelos não estavam mais salpicados de grisalho — tinham ficado brancos como a espuma da água em torno de seus quadris. Tive vontade de me virar e sair correndo, pois a cena lembrava demais aquele dia, aquele momento distante em que vi o sósia de Quinn, o reverendo Billy Joe Snow, de pé à minha espera com água pela cintura. De repente ouvi meu nome; Quinn me chamava e balançava a cabeça enquanto andava na direção da margem.

Pensei nos touros jovens que eu vira se exibindo nos pastos dourados; Quinn, em sua roupa de borracha reluzente, lembrava aqueles animais — vital, poderoso, perigoso; exceto por seus cabelos mais brancos, não tinha envelhecido nada; na verdade, parecia até alguns anos mais jovem, um homem de cinqüenta e poucos anos em perfeita saúde.

Sorrindo, ele se agachou sobre uma pedra e gesticulou para que eu me aproximasse. Mostrava as trutas que tinha capturado. "Um pouco pequenas. Mas o gosto vai ser bom."

Falei de Nancy. Ele sorriu e disse: "Nancy. Ah, sim. Ela é uma boa menina". E ficou por isso. Não se referiu à morte da mulher nem ao fato de ter se casado novamente; supunha que eu soubesse de sua história recente.

Ele disse: "Fiquei surpreso quando você me ligou".

"É?"

"Não sei. Só surpreso. Onde você está hospedado?"

"No Prairie Motel. Onde mais?"

Depois de um silêncio, e quase timidamente, ele perguntou: "Jake Pepper está com você?".

Assenti com a cabeça.

"Disseram que ele estava deixando o bureau."

"Está. Vai morar no Oregon."

"Bem, acho que nunca mais volto a ver o desgraçado. Pena. Poderíamos ter ficado amigos de verdade. Se ele não tivesse todas aquelas suspeitas. Maldito seja, ele chegou a pensar que eu tivesse afogado Addie Mason!" Riu; depois assumiu um ar de desprezo. "Pois minha opinião é a seguinte: foi a mão de Deus." Levantou a própria mão, e o rio, visto através de seus dedos espalhados, parecia se enlaçar neles como uma fita escura. "Foi obra de Deus. A vontade d'Ele."

III. RETRATOS POR CONVERSAÇÃO

1. Um dia de trabalho

Cenário: Manhã chuvosa de abril de 1979. Caminho pela Segunda Avenida em Nova York, carregando uma velha sacola de linóleo repleta de artigos de limpeza, pertencente a Mary Sanchez, que anda ao meu lado tentando manter um guarda-chuva acima de nós dois, o que não é muito difícil, visto que ela é muito mais alta do que eu, tem mais de um metro e oitenta.

Mary Sanchez é faxineira profissional e trabalha por hora, a cinco dólares a hora, seis dias por semana. Trabalha cerca de nove horas por dia, e visita em média vinte e quatro diferentes domicílios entre segunda-feira e sábado: em geral, seus fregueses contratam seus serviços para uma vez por semana.

Mary tem cinqüenta e sete anos de idade e nasceu numa pequena cidade da Carolina do Sul. Vive "no Norte" há quarenta anos. Seu marido, um porto-riquenho, morreu no verão passado. Ela tem uma filha casada, que mora em San Diego, e mais três filhos; um deles é dentista, outro está cumprindo uma sentença de dez anos por roubo à mão armada, e o terceiro "simplesmente desapareceu, sabe Deus para onde. Ele me ligou no

Natal, e parecia que falava de muito longe. Perguntei onde ele estava, mas Pete não quis dizer, então contei que o pai dele tinha morrido, e ele respondeu bom, é o melhor presente que você poderia me dar, daí desliguei o telefone, *pam*, e espero que ele nunca mais me ligue. Cuspir desse jeito no túmulo do pai! É bem verdade que Pedro nunca foi muito bom para os garotos. Nem para mim. Vivia bebendo e jogando dados. Se metia com mulheres horríveis. Foi encontrado morto num banco no Central Park. Tinha uma garrafa quase vazia de Jack Daniel's dentro de um saco de papel, presa entre as pernas; só bebia do bom e do melhor, aquele homem. Mas mesmo assim Pete foi longe demais, quando disse que achava *bom* o pai dele ter morrido. Deve a vida a ele, não é? E eu também devo uma coisa a Pedro. Não fosse por ele, até hoje eu seria uma batista ignorante, perdida para o Senhor. Quando me casei, casei na Igreja Católica, e a Igreja Católica trouxe um *brilho* para minha vida que nunca se apagou nem nunca vai se apagar, nem mesmo quando eu morrer. Criei meus filhos na Fé; dois deles se saíram bem, e acho que foi mais por causa da Igreja do que por mim".

Mary Sanchez é robusta, tem o rosto redondo, liso e agradável, com um narizinho arrebitado e um sinal no alto da face esquerda. Ela não gosta do termo *preto*, quando aplicado à raça. "Não sou preta, sou marrom. Uma mulher de cor, marrom-clara. E vou lhe dizer outra coisa. Não conheço muitas pessoas de cor que gostem de ser chamadas de pretas. Talvez só alguns dos jovens. E os radicais. Mas não gente da minha idade, ou mesmo com a metade da minha idade. Nem mesmo as pessoas que são pretas mesmo gostam disso. Por que não dizer logo negro? Sou negra, católica, e me orgulho muito disso."

Conheço Mary Sanchez desde 1968, e ela tem trabalhado para mim semanalmente ao longo de todos esses anos. É conscienciosa e tem um interesse bem mais que ocasional por seus clientes, muitos dos quais ela quase nunca vê ou mesmo nunca viu, porque muitos são pessoas divorciadas que trabalham o dia inteiro e nunca estão em casa quando ela chega para arrumar o apartamento; comunica-se com eles, e eles com ela, através de bilhetes: “Mary, por favor molhe os gerânios e dê comida ao gato. Espero que você esteja bem. Gloria Scotto”.

Uma vez sugeri a ela que me deixasse acompanhá-la durante um dos seus dias de trabalho, ela respondeu que não via nada de errado e que, na verdade, iria até gostar de ter companhia: “Às vezes me sinto muito sozinha no serviço”.

E é por isso que estamos andando lado a lado nesta manhã chuvosa de abril. Estamos a caminho de seu primeiro trabalho do dia: a casa de um certo sr. Andrew Trask, que mora na rua 73, lado leste.

TC: Que diabo você guarda nesta sacola?

MARY: Aqui, pode me dar. Não quero ouvir blasfêmias.

TC: Certo, desculpe. Mas é pesado.

MARY: Talvez seja o ferro.

TC: Você passa a roupa deles? Mas nunca passa as minhas!

MARY: Algumas dessas pessoas não têm o equipamento. É por isso que preciso carregar tanta coisa. Deixo meus bilhetes: compre isso, compre aquilo. Mas elas esquecem. Parece que todas elas vivem enroladas com seus problemas. Por exemplo, esse senhor Trask, aonde estamos indo. Trabalho para ele há sete, oito meses, e até hoje nunca o vi. Mas ele bebe demais, a mulher dele foi embora por causa disso, ele está devendo a todo mundo, e, quando atendo o telefone da casa dele, é sempre alguém cobrando alguma coisa. Só que agora também desligaram o telefone.

(Chegamos ao endereço, e ela puxa de uma bolsa a tiracolo um enorme anel de metal onde chacoalham dúzias de chaves. O prédio é um *brownstone* de quatro andares, com um elevador em miniatura.)

TC (depois de entrar e examinar a residência Trask — um aposento de dimensões razoáveis, com paredes esverdeadas cor de arsênico, uma quitinete e um banheiro com uma privada enguiçada onde a água não pára de correr): Hummm. Estou entendendo. O sujeito está com problemas.

MARY (abrindo um armário abarrotado e úmido de tanta roupa suja cheirando a suor azedo): Nem um lençol limpo na casa! E olhe para esta cama! Maionese! Chocolate! Migalhas, migalhas, chicletes, pontas de cigarro. Batom! Que tipo de mulher se sujeita a uma cama dessas? Faz semanas que não consigo trocar a roupa da cama dele. Meses!

(Ela acende vários abajures com as cúpulas tortas; e, enquanto se esforça por organizar a desordem generalizada, faço um exame mais minucioso da residência. Na verdade, a impressão é de que um arrombador andou trabalhando por aqui, deixando algumas gavetas da cômoda abertas e outras fechadas. Em cima da cômoda, num porta-retratos de couro, há uma foto com um sujeito do tipo machão forte e moreno ao lado de uma loura vaidosa, tipo freqüentadora de Liga de Senhoras, e mais três garotos bronzeados e dentuços sorrindo, com os cabelos arrepiados, o mais velho parece ter uns catorze anos. Há outra foto, sem moldura, presa a um espelho manchado: outra loura, mas dessa vez nada a ver com nenhuma Liga de Senhoras — talvez freqüente algum bar de muito movimento; imagino que seja dela o batom nos lençóis. Um exemplar do número de dezembro da revista *True Detective* está caído no chão; e no banheiro, disposta ao lado do gorgolejar incessante da privada, há uma pilha de literatura edificante para moças — *Penthouse*, *Hustler*, *Oui*; afora isso, ausência aparentemente total de artigos culturais. Mas há centenas de garrafas vazias de vodca por toda parte — miniaturas servidas pelas companhias aéreas.)

TC: Por que, na sua opinião, ele só bebe miniaturas?

MARY: Talvez não tenha dinheiro para comprar nada maior, e só compre o que pode pagar. Ele tem um bom emprego, tomara que consiga manter, mas acho que a família acaba com ele.

TC: E o que ele faz?

MARY: Aviões.

TC: Está explicado. Ele recebe as garrafinhas de graça.

MARY: É mesmo? Como? Ele não é comissário. É piloto.

TC: Ah, meu Deus.

(O telefone toca, um ruído abafado, porque o aparelho está submerso sob o peso de um cobertor amarrotado. Com uma expressão de desprezo e as mãos cobertas de espuma de sabão da louça suja, Mary desencava o fone com a delicadeza de um arqueólogo.)

MARY: Ele deve ter conseguido religar. Alô? (Silêncio) Alô?

VOZ DE MULHER: Quem é?

MARY: Residência do senhor Trask.

VOZ DE MULHER: Residência? (Risos; depois, em tom arrogante) Estou falando com quem?

MARY: Aqui é a empregada do senhor Trask.

VOZ DE MULHER: Ah, quer dizer que o senhor Trask tem uma empregada? Bem, pois é uma coisa que a *senhora* Trask não tem. Será que a empregada do senhor Trask pode lhe comunicar que a senhora Trask quer falar com ele?

MARY: Ele não está.

SRA. TRASK: Não me venha com essa. Quero falar com ele.

MARY: Desculpe, senhora Trask. Acho que ele está voando.

SRA. TRASK (humor amargo): Voando? Ele está sempre voando, querida. Sempre.

MARY: Quero dizer, ele está trabalhando.

SRA. TRASK: Peça a ele que ligue para a casa da minha irmã em Nova Jersey. Assim que ele chegar em casa, se tiver juízo.

MARY: Sim, senhora. Vou deixar o recado. (Desliga) Mulher malvada. Não admira que ele esteja nessas condições. E agora ele perdeu o emprego. Espero que tenha me deixado algum dinheiro. Ah, bom. Aqui. Em cima da geladeira. (Espantosamente, mais ou menos uma hora mais tarde, de algum modo ela conseguiu camuflar aquele caos, e o quarto, se não está exatamente imaculado, adquiriu uma respeitabilidade bastante razoável. Com um lápis, ela escreve um bilhete, que apóia no espelho da cômoda: "Querido sr. Trask, sua molher pediu pra ligar pra ela na casa da ermã atensiosamente Mary Sanchez". Em seguida ela suspira, senta-se na beira da cama e, de sua bolsa a tiracolo, puxa uma latinha com uma variedade de pontas de baseado; depois de escolher com cuidado, ela encaixa a bagana numa espécie de piteira e a acende, tragando com força, prendendo a fumaça nos pulmões e fechando os olhos. Ela me oferece um tapa.)

TC: Obrigado. É cedo demais.

MARY: Nunca é cedo demais. De qualquer maneira, o senhor deveria experimentar desta. *Mucho cojones*. Quem me arranja é uma cliente, uma ótima senhora católica; ela é casada com um peruano. É a família dele quem manda para os dois. E manda direto pelo correio. Eu nunca fumo para ficar de barato. Só para diminuir um pouco a feiúra. Tirar o peso. (Traga a fumaça da ponta até quase queimar os lábios) Andrew Trask. Pobre-diabo, cheio de medo. Podia acabar igual ao Pedro. Morto num banco do parque, e ninguém dando a mínima. Não que eu não ligasse para aquele sujeito. Ultimamente, volta e meia me pego recordando os bons momentos com Pedro, e deve ser o que acontece com a maioria das pessoas que gostam de alguém mas perdem a pessoa; o que é ruim desaparece, e você só fica com as coisas boas, as coisas que fizeram você gostar dela no começo. Pedro, o rapaz por quem me apaixonei, dançava maravilhosamente, ah, ele sabia dançar tango, sabia dançar rumba, ele me ensinou a dançar e me fazia perder a cabeça de tanto que eu dançava com ele. Íamos sempre ao velho salão Savoy. Era um moço muito limpo e arrumado — mesmo quando a bebida começou a acabar com ele, vivia com as unhas sempre bem cortadas e polidas. E cozinhava como ninguém. Era este o trabalho dele, cozinheiro de lanchonete. Eu disse que ele nunca fez nada pelas crianças; na verdade, era ele que arrumava as lancheiras que os garotos levavam para a escola. Sanduíches de todo tipo embrulhadinhos em papel-manteiga. Presunto, manteiga de amendoim com geléia, salada de ovo, atum, além de frutas — maçãs, bananas, peras — e uma garrafa térmica cheia de leite morno misturado com mel. Hoje me dá uma dor quando penso nele ali no parque e me lembro que nem chorei quando a polícia chegou para me dar a notícia! Nunca chorei. Deveria ter chorado. Era o mínimo que ele merecia. Além de um belo murro nas fuças.

Vou deixar as luzes acesas para o senhor Trask. Ele não merece chegar da rua e encontrar um quarto todo escuro.

(Quando emergimos do prédio, a chuva tinha parado, mas o céu estava sujo e começara um vento que empurrava lixo pelas sarjetas e fazia que os passantes agarrassem com força o chapéu. Nosso destino ficava a quatro quarteirões dali, um prédio modesto porém moderno e com porteiro uniformizado, residência da srta. Edith Shaw, uma jovem de menos de trinta anos que trabalha no editorial de uma revista. "É uma dessas revistas de notícias. Ela deve ter uns mil livros em casa. Mas não parece nem um pouco o tipo que vive enfurnado nos livros. É uma moça de ar muito saudável, e namora muito. Até demais — não consegue passar muito tempo sem alguém. Nós ficamos mais amigas porque... bem, um dia, quando cheguei, ela estava passando muito mal. Tinha acabado de mandar assassinar um bebê. É uma coisa que normalmente não aceito, porque vai contra a minha fé. E perguntei por que você não casou com o pai? E a verdade é que ela nem sabia com quem seria o caso de casar; não sabia quem era o pai. De qualquer maneira, a última coisa que ela queria era um marido ou um bebê.")

MARY (passando a cena em revista assim que abre a porta da frente do apartamento de duas peças da srta. Shaw): Muito pouco a fazer por aqui. Só passar o aspirador. Ela se trata muito bem. Olhe só para esses livros todos. Do chão ao teto, tudo biblioteca.

(Com a exceção das prateleiras superlotadas, o apartamento exibia uma austeridade atraente, de uma brancura escandinava e cintilante. Tinha uma única antigüidade: uma escrivaninha de tampa de correr com uma máquina de escrever em cima; havia uma folha de papel enfiada na máquina; e espiei o que estava escrito nela:

Zsa Zsa Gabor tem
305 anos de idade
Sei
Porque contei
Seus anéis

E mais abaixo, depois de um espaço triplo:

Sylvia Plath, detesto você
E seu maldito papai.
Ainda bem, está me ouvindo,
Ainda bem *que você enfiou a cabeça*
Num forno quente a gás!

TC: A senhorita Shaw escreve poesia?

MARY: Ela está sempre escrevendo alguma coisa, não sei o que é. As coisas que vejo, às vezes até acho que ela escreve no barato. Venha cá, quero lhe mostrar um treco.

(Ela me leva até o banheiro, que é surpreendentemente amplo e claro. Abre a porta de um armarinho e me aponta um objeto numa prateleira: um vibrador de plástico cor-de-rosa, na forma de um pênis de tamanho médio.)

Sabe o que é isso?

TC: E você, não?

MARY: Perguntei primeiro.

TC: É um consolo vibrador.

MARY: Eu sei bem o que é um vibrador. Mas nunca tinha visto um desses. Está escrito "Made in Japan".

TC: Ah, bom. O espírito oriental.

MARY: Gente pagã. Mas ela tem ótimos perfumes. Para quem gosta de perfume. Eu só uso um pouco de essência de baunilha atrás das orelhas.

(E Mary já começou a trabalhar, passando o esfregão no piso encerado sem tapetes, tirando o pó das prateleiras com um espanador de plumas; enquanto ela trabalha, mantém a caixa de baganas aberta e aquela espécie de piteira sempre abastecida. Não sei o tamanho do "peso" que ela precisa tirar, mas só o aroma acumulado já basta para me fazer levitar.)

MARY: Tem certeza que não quer uns tapinhas? Está perdendo.

TC: Bom, você me obrigou.

(Desde rapaz e já adulto, experimentei maconha bastante forte, nunca em quantidade suficiente para se tornar hábito, mas o bastante para ser capaz de avaliar a qualidade da erva e perceber a diferença entre a mexicana mais ordinária e os produtos de um contrabando mais luxuoso, como os *Thai-sticks* e o supremo *Maui-Wowee*. No entanto, depois de fumar uma das baganas de Mary até o fim, e ao chegar à metade da seguinte, já me sentia possuído por um demônio delicioso, presa de uma louca e maravilhosa hilaridade: o demônio fazia cócegas nos dedos dos meus pés, coçava toda a minha cabeça, dava-me beijos ardentes com seus lábios rubros e açucarados, enfiava sua língua em brasa no fundo da minha boca. Tudo resplandecia; meus olhos se comportavam como teleobjetivas com zoom; eu conseguia ler os títulos dos livros das prateleiras mais altas: *A personalidade neurótica de nosso tempo*, de Karen Horney; *Eimi*, de e. e. cummings; *Quatro quartetos*; *Poemas reunidos*, de Robert Frost.)

TC: Tenho o maior desprezo por Robert Frost. Era um sujeito mesquinho, um egoísta filho-da-puta.

MARY: Se você vai começar a falar palavrão...

TC: Ele, com aquela auréola de cabelos desgrenhados. Um sádico, traiçoeiro e egocêntrico. Acabou com a vida da família inteira. De boa parte dela. Mary, você alguma vez já falou sobre isso com seu confessor?

MARY: Com o padre McHale? Sobre o quê?

TC: Sobre este néctar precioso que estamos sorvendo tão divinamente, minha pombinha adorável. Você já informou o padre McHale dessa deleitável atividade?

MARY: Se ele não souber, não vai ficar magoado. Tome aqui um dropes. De hortelã. O gosto de tudo fica ainda melhor.

(Estranhamente, ela não me parecia alterada, nem um pouco. Eu tinha acabado de ultrapassar Vênus, e Júpiter, esse planeta velho e jovial, girava logo adiante no espaço interplanetário lilás salpicado. de milhões de estrelas. Mary caminhou até o telefone e discou um número; deixou tocar bastante tempo antes de desligar.)

MARY: Ninguém em casa. Devemos agradecer por isso. O senhor e a senhora Berkowitz. Se eles estivessem em casa, eu não poderia levar você lá. Porque são muito cheios de história, um casal de judeus. E você sabe como *eles* são cheios de história.

TC: Os judeus? Pois é. Tão cheios de história que deveriam estar num museu. Todos eles.

MARY: Ando pensando em dar o aviso prévio à senhora Berkowitz. O problema é que o senhor Berkowitz tinha uma confecção, agora se aposentou, e os dois estão sempre em casa. E mal. Só saem para ir até Greenwich, onde são donos de alguma coisa. Provavelmente é para lá que foram hoje. E há outro motivo para eu não querer mais trabalhar para eles. Eles têm um papagaio velho — que faz a maior sujeira pela casa toda. E é muito burro! Aquele papagaio imbecil só sabe dizer duas coisas: "Minha nossa!" e "*Oy vey!*". Toda vez que alguém entra na casa, ele começa a gritar "*Oy vey*!". Me dá nos nervos, é uma coisa horrível. Já imaginou? Vamos acender outra bagana e dar logo cabo disso.

(A chuva tinha recomeçado e o vento aumentara, uma combinação que dava ao ambiente a aparência de um espelho espatifado. O casal Berkowitz morava na Park Avenue, quase na altura da rua 90, e sugeri que tomássemos um táxi, mas Mary disse que não, que eu era muito maricas, que dava para caminhar até lá, e foi assim que percebi que, apesar das aparências em contrário, ela também estava percorrendo suas trilhas interestelares. Caminhávamos devagar, como se o dia estivesse quente e tranqüilo com céu azul-turquesa e as ruas ásperas e escorregadias fossem nacaradas praias caribenhas. A Park Avenue não é meu bulevar favorito; esbanja falta de encanto; ainda que a sra. Lasker entupisse seus canteiros de tulipas, desde a Grand Central Station até o Harlem, não adiantaria nada. Ainda assim, alguns de seus prédios me despertam recordações. Passamos pelo edifício onde Willa Cather, a escritora americana que eu mais admirava, morou muitos anos com sua acompanhante, Edith Lewis; eu costumava sentar diante da lareira delas, tomar Bristol Cream e observar a luz do fogo inflamar os claros e serenos olhos de gênio da srta. Cather, de um azul de pradaria. Perto da rua 84, reconheci um edifício onde certa vez compareci a um pequeno jantar em black-tie oferecido pelo senador John F. Kennedy e senhora, na época tão jovens e *insouciants*. Apesar dos esforços de nossos anfitriões, porém, a noite não foi tão encantadora quanto eu imaginava que seria, porque, depois que as senhoras foram dispensadas e que os homens deixaram a sala de jantar para saborear seus estimulantes charutos de Havana, um dos convidados, um costureiro quase sem queixo chamado Oleg Cassini, monopolizou a conversa com uma descrição minuciosa de uma viagem a Las Vegas e das miríades de coristas que ele recebera recentemente: as medidas de cada uma, suas especialidades eróticas, suas exigências financeiras — um recital que deixou seus ouvintes hipnotizados; nenhum deles, porém, prestou mais atenção que o futuro presidente dos Estados Unidos.

Ao chegarmos à rua 87, aponto uma janela no quarto andar do número 1060 da Park Avenue, e informo a Mary: "Minha mãe morava ali. O quarto dela era aquele. Ela era linda e muito inteligente, mas não queria viver. Tinha muitos motivos para isso — ou pelo menos achava que tinha. Mas no fundo era só o marido dela, meu padrasto. Era um self-made man, um homem bastante bem-sucedido — ela tinha adoração por ele, que na verdade era um bom sujeito, mas jogava, meteu-se em problemas e deu um grande desfalque, daí perdeu os negócios e acabou em Sing Sing". Mary sacode a cabeça: "Igualzinho ao meu garoto. Do mesmo jeito que ele".

Estamos os dois parados olhando para a janela, deixando a chuva nos encharcar. "Então uma noite ela se arrumou toda e deu um jantar; todo mundo disse que ela estava linda. Mas depois da festa, antes de ir dormir, tomou trinta comprimidos de Seconal e nunca mais acordou."

Mary se enche de raiva; sai caminhando depressa debaixo da chuva: "Ela não tinha o direito. Isso eu não aceito. Vai contra a minha fé".)

PAPAGAIO BERRANDO: Minha nossa!

MARY: Ouviu só? Eu não disse?

PAPAGAIO: *Oy vey*! *Oy vey*!

(O papagaio, uma colagem surrealista de penas verdes, amarelas e cor de laranja, está instalado num poleiro de mogno na sala de estar impiedosamente formal do casal Berkowitz, um aposento que parece inteiramente feito de mogno; o parquê do assoalho, os lambris da parede e a mobília, toda composta de reproduções caras de móveis de época imponentes — embora só Deus saiba de qual período, talvez dos primeiros anos do estilo Grand Concourse*.

* Grand Concourse: avenida que cortava o Bronx, aberta no início do século XX. Lá se concentraram imóveis imitando *art déco*, destinados à classe média. (N. T.)

Cadeiras de espaldar alto; sofás capazes de pôr à prova a resistência de um professor de postura. Cortinas de veludo arroxeado amortalham as janelas, incoerentemente cobertas por venezianas de cor mostarda. Acima da prateleira de mogno entalhado que encima a lareira, um retrato de um sr. Berkowitz de amplas bochechas e pele amarelada; em sua moldura de mogno, a foto apresenta o retratado como um aristocrata rural devidamente ataviado para a caça à raposa: paletó escarlate, plastrom de seda, trompa acomodada debaixo de um dos braços, chicotinho debaixo do outro. Não sei como é o resto dessa vasta residência, pois não fui além da cozinha.)

MARY: Qual é a graça? Do que está rindo?

TC: Nada. É só este tabaco peruano, meu anjo. Devo entender que o senhor Berkowitz pertence à ordem eqüestre?

PAPAGAIO: *Oy vey*! *Oy vey*!

MARY: Cale a boca! Ou torço seu maldito pescoço!

TC: Olhe, se é para começar a blasfemar... (Mary murmura alguma coisa, faz o sinal-da-cruz) E essa criatura tem nome?

MARY: Tem. Adivinhe.

TC: Polly.

MARY (realmente surpresa): Como é que você adivinhou?

TC: Quer dizer então que é fêmea?

MARY: Bom, o nome é de mulher, então deve ser fêmea. Seja como for, é uma chata. Olhe quanta merda ela espalha pelo chão à sua volta. Só para eu limpar.

TC: Olhe o palavrão.

POLLY: Minha nossa!

MARY: Meus nervos. Acho que estamos precisando de um reforço. (E ressurgem a latinha, as baganas, a piteira, a caixa de fósforos) Vamos ver o que a gente encontra na cozinha. Estou começando a ficar com um pouco de fome.

(O interior da geladeira dos Berkowitz é a fantasia de um glutão, uma cornucópia de delícias engordativas. Não admira que as bochechas do dono da casa sejam daquele tamanho. "Pois é", Mary confirma, "os dois são imensos. A barriga dela. Parece que está a ponto de ter os quíntuplos Dionne. E todos os ternos dele feitos sob medida: nada comprado em loja caberia nesse homem. Humm, estou ficando com fome mesmo. Esses bolinhos de coco me parecem muito apetitosos. E aquele bolo de café, bem que eu gostaria de provar um belo pedaço. E acompanhado de sorvete." Mary encontra dois pratos de sopa, que enche de bolinhos, bolo de café e bolas de sorvete de pistache do tamanho de punhos fechados. Voltamos para a sala de visitas com nosso banquete, e caímos em cima da comida com a fome de órfãos abandonados. Nada como maconha para abrir o apetite. Depois de limparmos o prato, e enquanto nos reabastecemos de baganas, Mary enche novamente as tigelas com porções ainda mais generosas.)

MARY: Tudo bem?

TC: Tudo.

MARY: Bem mesmo?

TC: De verdade.

MARY: Conte para mim exatamente como se sente.

TC: Estou na Austrália.

MARY: E já esteve na Áustria?

TC: Áustria, não. Austrália. Nunca. Mas é lá que estou agora. E todo mundo diz que é um lugar chato. Eles não entendem nada! São as melhores ondas do mundo. Estou dentro d'água, em cima de uma prancha de surfe, pegando uma onda alta, muito alta, tão alta...

MARY: Tão alta quanto você neste momento. Ha, ha.

TC: Feita de esmeraldas derretidas. A onda. O sol queima minhas costas, a espuma joga sal no meu rosto, estou cercado de tubarões famintos. *Morte branca em água azul.* Você não adorou esse filme? Canibais brancos esfomeados a toda a volta, mas eles não me dão medo — para dizer a verdade, estou cagando...

MARY (olhos arregalados de medo): Cuidado com esses tubarões! Os dentes deles são muito afiados. Você pode ficar aleijado pelo resto da vida. E aí vai precisar mendigar nas esquinas.

TC: Música!

MARY: Música! Falou e disse.

(Ela avança oscilante como um lutador grogue na direção de um objeto em forma de gárgula que até então escapara à minha atenção: um console de mogno em que se combinam televisão, vitrola e rádio. Ela mexe no rádio até encontrar uma estação que transmite música berrante num ritmo latino.

Seus quadris começam a ondular, seus dedos estalam, ela faz gestos elegantes em suave abandono, como se recordasse uma noite sensual da juventude, dançando com um parceiro invisível alguma coreografia que rememora. E é mágico ver como seu corpo, agora sem idade, responde à bateria e às guitarras, acompanhando cada contorno das mudanças de ritmo mais sutis: ela está num transe, o estado de graça que se supõe que os santos atinjam quando têm suas visões. E eu também escuto essa música; ela me percorre como uma dose de anfetamina — cada nota ressoa com a clareza isolada dos dobres dos sinos de uma catedral num domingo silencioso de inverno. Avanço para perto dela, e para os seus braços, e acompanhamos um ao outro passo a passo, rindo, requebrando, e, mesmo quando a música é interrompida por um locutor que fala espanhol com a velocidade do toque nervoso de um par de castanholas, continuamos a dançar, porque agora as guitarras estão presas em nossas cabeças, assim como estamos presos ao nosso riso, ao nosso abraço: rindo cada vez mais alto, tão alto que não escutamos o estalido de uma chave, o barulho da porta que abre e fecha. Mas o papagaio ouve.)

POLLY: Minha nossa!

VOZ DE MULHER: O que é isto? O que está havendo aqui?

POLLY: *Oy vey*! *Oy vey*!

MARY: Ah, como vai, senhora Berkowitz? Senhor Berkowitz. Como vão?

(E lá estão os dois, pairando à nossa frente como os imensos balões na forma de Mickey e Minnie do desfile da Macy's no Dia de Ação de Graças. Não que algo nesse casal lembre um camundongo. Seus olhos enfurecidos, os dela soltando chispas por trás dos óculos de arlequim com lantejoulas na armação, percorrem a cena: nossos descuidados bigodes de sorvete, a pungente fumaça dos baseados poluindo o ambiente. O sr. Berkowitz dá um passo à frente e desliga o rádio.)

SRA. BERKOWITZ: Quem é esse homem?

MARY: Achei que vocês não estivessem em casa.

SRA. BERKOWITZ: Isso é óbvio. Mas lhe perguntei: Quem é esse homem?

MARY: Só um amigo meu. Que está me dando uma ajuda. Tenho tanto serviço hoje.

SR. BERKOWITZ: Você está bêbada, mulher.

MARY (enganosamente suave): Como foi que disse?

SRA. BERKOWITZ: Ele disse que você está bêbada. E eu estou chocada. De verdade.

MARY: Pois já que estamos falando a verdade, o que tenho a lhes dizer é o seguinte: hoje é meu último dia de escrava aqui — peço demissão.

SRA. BERKOWITZ: Você está *pedindo* demissão?

SR. BERKOWITZ: Fora daqui! Ou chamamos a polícia.

(Sem perda de tempo, começamos a recolher nossas coisas. Mary dá adeus ao papagaio: "Até logo, Polly. Você até que é legal. É boazinha. Eu só estava brincando". E, quando chega à porta da frente, onde seus ex-patrões estão postados com uma expressão severa, ela declara: "Só para o seu governo, nunca tomei uma gota de álcool na minha vida". Lá embaixo, a chuva continua. Avançamos a custo pela Park Avenue, depois seguimos na direção da Lexington.)

MARY: Não falei que eles eram cheios de história?

TC: Deveriam estar num museu.

(Mas a maior parte de nossa leveza se dissipou; o poder das folhas peruanas cede, uma depressão se instala, minha prancha de surfe está naufragando, e qualquer tubarão que surgisse agora me deixaria borrado de medo.)

MARY: E ainda preciso arrumar a casa da senhora Kronkite. Mas ela é legal; acho que vai me desculpar se eu só for amanhã. Acho que vou para casa.

TC: Vou chamar um táxi para você.

MARY: Detesto ter de pagar a essa gente. Esses choferes de táxi não gostam de gente de cor. Mesmo quando eles próprios são de cor. Não, posso pegar o metrô aqui mesmo, na Lex com a 86.

(Mary mora num apartamento de aluguel tabelado pelo governo, perto do Yankee Stadium; diz que era muito apertado quando morava com a família inteira, mas que, agora que está sozinha, o lugar lhe parece imenso e perigoso: "Tenho três trancas em cada porta, e todas as janelas são fechadas com pregos. Eu teria um cachorro policial se não fosse precisar deixá-lo sozinho o dia inteiro. Sei como é ruim ficar só, não desejo isso nem para um cachorro".)

TC: Mary, deixe eu lhe pagar o táxi.

MARY: O metrô é bem mais rápido. Mas antes quero passar por um outro lugar. Fica logo aqui.

(O lugar é uma igreja estreita, espremida entre dois edifícios largos de uma rua transversal. Do lado de dentro só existem duas pequenas fileiras de bancos, e um pequeno altar abaixo de uma imagem suspensa do Cristo crucificado em gesso. Um aroma de incenso e velas de cera domina a penumbra. Ao lado do altar, uma mulher acende uma vela, cuja chama tremula como o sono de um espírito volúvel; além dela, somos os únicos suplicantes do recinto. Ajoelhamo-nos lado a lado no último banco, e de sua bolsa Mary extrai dois rosários — "sempre carrego alguns a mais" — um para ela, outro para mim, embora eu não saiba muito bem como manejá-lo, pois nunca segurei um terço antes. Os lábios de Mary se movem num sussurro.)

MARY: Meu Deus, em Sua misericórdia. Por favor, meu Deus, ajude o senhor Trask a parar de beber tanto e a recuperar o emprego dele. Por favor, Senhor Deus, não deixe a senhorita Shaw o dia inteiro mergulhada nos livros mas solteirona; ela precisa criar filhos para o Senhor neste mundo. E Deus, peço que Se lembre dos meus filhos e dos meus netos, de cada um deles. E por favor não deixe a família do senhor Smith mandá-lo para aquele asilo; ele não quer ir, passa o tempo todo chorando...

(Sua lista de nomes é mais numerosa que as contas de seu rosário, e seus pedidos em nome deles têm o mesmo calor sincero da chama da vela do altar. Ela faz uma pausa e olha para mim.)

MARY: Está rezando?

TC: Estou.

MARY: Não estou ouvindo.

TC: Estou rezando por você, Mary. Quero que você viva para sempre.

MARY: Não reze por mim. Já estou salva. (Ela pega minha mão e a segura) Reze pela sua mãe. Reze por todas essas almas aí fora, perdidas no escuro. Pedro. Pedro.

2. Olá, estranho

Data: Dezembro de 1977.

Local: Um restaurante de Nova York, The Four Seasons.

O homem que me convidou para almoçar, George Claxton, sugeriu que nos encontrássemos ao meio-dia, e não deu justificativa para propor um encontro tão cedo. Porém logo descobri o motivo: no ano em que o tinha visto pela última vez, ou um pouco depois, George Claxton, até então um homem moderadamente abstêmio, transformara-se num bebedor inveterado. Assim que nos sentamos ele pediu um Wild Turkey duplo ("Puro, por favor; sem gelo"), e quinze minutos depois já tinha pedido bis.

Fiquei surpreso, e não apenas com a urgência de sua sede. Ele engordara quase quinze quilos; os botões de seu paletó de risca de giz pareciam a ponto de saltar, e seu rosto, geralmente corado graças ao tênis ou à corrida, mostrava uma palidez estranha, como se ele tivesse acabado de sair de uma penitenciária. Também usava óculos escuros, e eu pensei: Que coisa mais teatral! Imaginem o bom e previsível George Claxton, um cavalheiro solidamente entrincheirado em Wall Street, morador de Greenwich, Westport ou algum lugar desse tipo, casado com uma mulher chamada Gertrude, Alice ou algo assim e pai de três, quatro ou cinco filhos, imaginem esse sujeito virando doses duplas de Wild Turkey e usando óculos escuros!

Fiz um esforço enorme para não perguntar sem rodeios: Ora, mas que diabo houve com você? Em vez disso, falei: "Como tem passado, George?".

GEORGE: Bem. Bem. O Natal. Meu Deus. É uma coisa que eu não agüento. Não vou lhe mandar cartão este ano. Nem a você nem a mais ninguém.

TC: É mesmo? Mas seus cartões já são uma tradição! Bem familiares, com fotos de cachorro. Como vai a família?

GEORGE: Crescendo. Minha filha mais velha acaba de ter seu segundo filho. Uma garota.

TC: Parabéns.

GEORGE: Bem, preferíamos um menino. Se tivesse sido um menino, ela teria posto o meu nome.

TC (pensando: Por que estou aqui? Por que estou almoçando com esse babaca? Acho George um chato, sempre achei): E Alice? Como vai Alice?

GEORGE: Alice?

TC: Quer dizer, Gertrude.

GEORGE (de rosto franzido, contrariado): Está pintando. Nossa casa, você sabe, fica bem à beira do estreito de Long Island, o Sound. Com uma prainha só para nós. Pois ela passa o dia inteiro trancada no quarto, pintando o que vê da janela. Barcos.

TC: Boa idéia.

GEORGE: Não tenho tanta certeza. Ela estudou em Smith; formou-se em artes. Já pintava um pouco antes de nos casarmos. Mas depois largou completamente. Pelo menos é o que parecia. Agora ela pinta o tempo todo. O *tempo todo*. Trancada no quarto. Garçom, pode pedir para o maître trazer o menu? E me traga mais um desses. Sem gelo.

TC: Bastante britânico, não é? Uísque puro sem gelo.

GEORGE: Estou fazendo um tratamento de canal. Qualquer coisa fria faz meu dente doer. Sabe quem me mandou um cartão de Natal? Mickey Manolo. Aquele sujeito rico de Caracas. Foi da nossa turma.

(Claro que não me lembrava de Mickey Manolo, mas assenti com a cabeça e fiz de conta que sim, sim. E nem me lembraria de George Claxton se ele não tivesse se obstinado em não perder meu rastro por mais de quarenta anos, desde que fomos colegas de turma numa escola secundária especialmente abissal. Ele era um rapaz atlético e certinho, de uma família de classe média alta da Pensilvânia; não tínhamos nada em comum, mas acabamos nos tornando aliados meio contra a vontade porque, em troca de eu escrever todos os seus relatórios de leitura e todas as suas redações, ele fazia meus deveres de álgebra e me passava as respostas durante as provas. Conseqüentemente, eu me vi condenado àquelas quatro décadas de uma "amizade" que demandava um almoço obrigatório a cada um ou dois anos.)

TC: É raro a gente ver mulheres neste restaurante.

GEORGE: E é disso que eu gosto. Nada de mulheres tagarelando. E tem uma decoração assim, mais masculina. Sabe, acho que não vou comer nada. Meus dentes. Doem demais para eu mastigar.

TC: Quer ovos pochés?

GEORGE: Quero lhe contar uma coisa. Talvez você possa me aconselhar.

TC: As pessoas que me pedem conselhos costumam se arrepender. Mesmo assim...

GEORGE: Começou junho passado. Logo depois da formatura de Jeffrey, meu filho mais novo. Era sábado. Jeff e eu estávamos em nossa prainha pintando um barco. Jeff subiu até a casa para buscar uma cerveja e uns sanduíches. Quando ele foi embora, tirei a roupa e entrei no mar. A água ainda estava fria demais. Não dá muito para nadar no Sound antes de julho. Mas tinha me dado vontade.

Nadei para fora do estreito, me afastando bastante da praia e fiquei lá, boiando de costas e olhando para minha casa. Que é mesmo uma bela casa — garagem para seis carros, piscina, quadra de tênis; pena que eu nunca tenha conseguido convencer você a ir até lá. De qualquer maneira, estava lá boiando e me sentindo de bem com a vida, quando reparei numa garrafinha flutuando na água.

Era uma garrafa de vidro transparente, de algum refrigerante. Alguém tinha tampado a garrafa com uma rolha e fechado bem o gargalo com fita adesiva. Dava para ver que havia um pedaço de papel dentro dela, uma mensagem. Tive vontade de rir; era uma coisa que eu costumava fazer quando era criança — enfiar mensagens em garrafas e jogá-las na água: *Socorro! Estou Perdido no Mar!*.

Peguei a garrafa e nadei de volta até a praia. Estava curioso para ler a mensagem. Pois bem, era um bilhete datado de trinta dias antes, e tinha sido escrito por uma garota que morava em Larchmont. Dizia: *Olá, estranho. Meu nome é Linda Reilly e tenho doze anos. Se você encontrar esta garrafa, por favor escreva e me diga onde e quando a encontrou. Assim que eu receber a carta, mando-lhe uma caixa de* fudge *feito em casa.*

E o caso é que, quando Jeff voltou com nossos sanduíches, não lhe contei da garrafa. Não sei por quê, mas não falei nada. Agora bem que eu gostaria de ter falado. Talvez nada disso tivesse acontecido. Mas resolvi guardar segredo. Só uma história engraçada.

TC: Tem certeza de que não está com fome? Só vou comer uma omelete.

GEORGE: Está bem. Uma omelete. Bem mole.

TC: E então você escreveu para essa garota, a senhorita Reilly?

GEORGE (hesitante): Escrevi. Sim, escrevi.

TC: E disse o quê?

GEORGE: Na segunda-feira, de volta ao escritório, fui conferir o conteúdo da minha pasta e encontrei o bilhete. Digo "encontrei" porque não me lembrava de tê-lo guardado na pasta. Passou vagamente pela minha cabeça a idéia de mandar um postal para a garota — só um gesto simpático, sabe? Mas naquele dia fui almoçar com um cliente que gosta muito de martínis. E acontece que eu não tinha o costume de beber no almoço — nem costumava beber muito em hora nenhuma, aliás. Mas tomei dois martínis, e voltei para o escritório com a cabeça rodando um pouco. Então escrevi para essa menina uma carta bem longa; não ditei, escrevi eu mesmo, à mão, e contei a ela onde eu morava e como tinha encontrado a garrafa, desejei-lhe boa sorte e disse alguma bobagem do tipo: apesar de ser um estranho, enviava a ela votos afetuosos de amigo.

TC: Uma missiva de dois martínis. Mas qual é o problema?

GEORGE: Balas de Prata. É um dos apelidos dos martínis. Balas de Prata.

TC: E essa sua omelete? Não vai tocar nela?

GEORGE: Deus do céu! Meus dentes estão *doendo*.

TC: Pois está muito boa. Para uma omelete de restaurante.

GEORGE: Mais ou menos uma semana depois, recebi pelo correio uma caixa enorme de *fudge*. No endereço do escritório. *Fudge* de chocolate com nozes-pecã. Ofereci a todo mundo no escritório e disse que minha filha é que tinha feito. Um dos colegas disse: "Claro! Aposto que o velho George arranjou uma namorada secreta".

TC: E ela mandou alguma carta junto com o *fudge*?

GEORGE: Não. Mas escrevi um bilhete de agradecimento. Muito breve. Tem um cigarro?

TC: Parei de fumar anos atrás.

GEORGE: Pois acabei de começar. Mas ainda não compro cigarros. Só filo dos conhecidos de vez em quando. Garçom, pode me trazer um maço de cigarros? De qualquer marca, contanto que não seja mentolado. E outro Wild Turkey, por favor.

TC: E eu queria um café.

GEORGE: Mas recebi uma resposta ao meu bilhete de agradecimento. Uma longa carta. Que realmente me derrubou. E vinha com uma foto dela. Uma Polaroid colorida. De maiô e de pé numa praia. Pode ser que ela tivesse doze anos, mas parecia dezesseis. Uma menina linda, com cabelos pretos curtos e cacheados e olhos bem azuis.

TC: Vislumbres de Humbert Humbert.

GEORGE: Quem?

TC: Nada. É o personagem de um romance.

GEORGE: Nunca leio romances. Detesto ler.

TC: Eu sei. Afinal, era eu quem escrevia os seus relatórios de leitura. E o que a senhorita Linda Reilly tinha a lhe dizer?

GEORGE (ao final de uma pausa de pelo menos cinco segundos): Era tudo muito triste. Contou que não fazia muito tempo que vivia em Larchmont, que não tinha amigos e que, embora tivesse jogado dúzias de garrafas na água, eu era a única pessoa que tinha encontrado uma delas e respondido. Contou que era de Wisconsin, mas que o pai dela tinha morrido, a mãe casara com um homem que tinha três filhas de outro casamento, e ninguém gostava dela. Uma carta de dez páginas, sem um erro sequer de ortografia. Dizia várias coisas inteligentes. Mas me pareceu realmente muito infeliz. Disse que esperava que eu tornasse a escrever, e que eu talvez pudesse ir de carro até Larchmont para nos encontrarmos em algum lugar. Você se incomoda de ouvir esta história? Se estiver achando...

TC: Por favor. Continue.

GEORGE: Guardei a foto. Na verdade, pus na carteira. Com as fotos dos meus outros filhos. Sabe como é, por causa da carta, comecei a imaginar que ela era mais uma filha minha. Não conseguia tirar a carta da minha cabeça. E naquela noite, quando tomei o trem de volta para casa, fiz algo que só tinha feito pouquíssimas vezes na vida. Fui até o vagão em que fica o bar, pedi algumas doses de bebida pura e li e reli aquela carta várias vezes. Até praticamente decorar. Então, quando cheguei em casa, disse à minha mulher que tinha trazido trabalho do escritório. Fechei a porta do meu gabinete e comecei a escrever para Linda. E fiquei escrevendo até a meia-noite.

TC: Bebendo o tempo todo?

GEORGE (surpreso): Por quê?

TC: Isso pode ter tido alguma influência sobre o que você escreveu.

GEORGE: Sim, eu estava bebendo, e acho que a carta ficou muito emotiva. Mas essa menina me deixava tão tocado! Eu queria ajudá-la de verdade. Contei a ela alguns dos problemas dos meus filhos. Falei da acne de Harriet, e contei que ela nunca tinha arranjado um namorado. Pelo menos antes de fazer o primeiro peeling. Contei para ela os problemas que eu tivera na juventude.

TC: É mesmo? Para mim você levava a vida ideal de um jovem americano ideal.

GEORGE: Eu só deixava que as pessoas vissem o que elas queriam ver. Por dentro era outra coisa.

TC: Pois a mim você enganou.

GEORGE: Por volta da meia-noite minha mulher bateu na porta. Queria saber se eu estava com algum problema, e eu disse que voltasse para a cama, que eu precisava acabar de escrever uma carta urgente, que assim que eu terminasse iria de carro até o correio. Ela perguntou por que eu não poderia esperar até a manhã seguinte; já passava da meia-noite. Perdi a cabeça. Trinta anos de casado, e posso contar nos dedos o número de vezes que perdi a cabeça com ela. Gertrude é uma mulher maravilhosa, maravilhosa. Que eu amo do fundo do coração. Amo de verdade, poxa! Mas assim mesmo gritei com ela: Não, não pode esperar. Precisa ir hoje à noite. É muito importante.

(Um garçom lhe entregou um maço de cigarros já aberto. George enfiou um na boca, e o garçom o acendeu para ele, ainda bem, porque seus dedos estavam agitados demais para segurar um fósforo aceso sem se expor a riscos sérios.)

E, meu Deus, era importante *mesmo*. Porque eu sentia que, se não pusesse a carta no correio naquela noite, nunca mais iria pôr. Sóbrio, eu talvez achasse que a carta estava pessoal demais ou coisa assim. E lá estava aquela menina solitária e infeliz, que escrevera para mim de coração aberto: como é que ela iria ficar se eu nunca mais escrevesse para ela? Não. Entrei no carro, fui até a agência do correio e, assim que postei a carta, assim que enfiei o envelope na fenda, me senti cansado demais para voltar para casa. E adormeci no carro. Já estava amanhecendo quando acordei. Minha mulher estava dormindo e não reparou no horário que cheguei em casa.

Só tive tempo de me barbear e mudar de roupa antes de sair correndo para pegar o trem. Enquanto me barbeava, Gertrude entrou no banheiro. Estava sorrindo; não disse nada sobre meu ataque de nervos. Mas trazia minha carteira na mão e disse: "George, gostaria de mandar ampliar a foto da formatura de Jeff para sua mãe", então começou a remexer nas fotos da minha carteira. E não me ocorreu nada até ela de repente me perguntar: "E quem é esta garota?".

TC: A nossa jovem de Larchmont.

GEORGE: Eu deveria ter contado toda a história para ela ali mesmo. Mas eu... de qualquer maneira, disse que era a filha de um dos amigos que eu sempre encontrava no trem indo para o trabalho. Contei que certo dia ele estava mostrando a foto para outras pessoas no trem, mas tinha esquecido no balcão do bar. E que eu tinha guardado na carteira para devolver, da próxima vez que o encontrasse.

Garçon, un autre de Wild Turkey, s'il vous plaît.

TC (para o garçom): Desta vez, um simples.

GEORGE (num tom desagradavelmente agradável): Está querendo dizer que já bebi demais?

TC: Se você ainda precisa voltar para o escritório, bebeu, sim.

GEORGE: Mas não vou voltar para o escritório. Não passo lá desde o início de novembro. As pessoas acham que eu tive uma crise nervosa. Excesso de trabalho. Esgotamento nervoso. O negócio é ficar descansado em casa, quietinho, sob os cuidados carinhosos da minha mulher amantíssima. Que só fica trancada no quarto, pintando quadros de barcos. Um barco. O mesmo barco maldito, sempre o mesmo.

TC: George, preciso mijar.

GEORGE: Você não vai me largar aqui, não é? Não vá largar seu velho colega que lhe passava cola com todas as respostas de álgebra!

TC: E mesmo assim levei pau! Volto já.

(Eu não estava com a menor vontade de ir ao banheiro; precisava era organizar minhas idéias. Não tinha coragem de simplesmente ir embora dali e me esconder em algum cinema sossegado, mas tampouco queria voltar para aquela mesa. Lavei as mãos e penteei os cabelos. Dois homens entraram e se postaram diante dos mictórios. Um deles disse: "O cara está bem torto. Primeiro achei que fosse alguém que eu conhecia". E o amigo disse: "Bem, não é um completo desconhecido. É George Claxton". "Está brincando!" "Tenho certeza. Eu trabalhava para ele." "Mas, meu Deus! O que aconteceu com ele?" "As versões variam." E os dois homens se calaram, talvez por deferência à minha presença ali. Voltei para o salão.)

GEORGE: Então você *não* se mandou?

(Na verdade, ele parecia um pouco mais controlado, menos intoxicado. Conseguiu riscar um fósforo e acender outro cigarro com razoável competência.)

Está pronto para ouvir o resto da história?

TC: (Em silêncio, com um aceno de cabeça afirmativo.)

GEORGE: Minha mulher não disse nada, só enfiou a foto de volta na minha carteira. Continuei a me barbear, mas me cortei duas vezes. Fazia tanto tempo que eu não tinha uma ressaca de verdade que havia esquecido como era. O suor; minha barriga — parecia que eu estava a ponto de cagar lâminas de barbear. Enfiei uma garrafa de bourbon na pasta, e assim que embarquei no trem segui direto para o banheiro. A primeira coisa que fiz foi picar a foto em pedacinhos e jogar na privada. Depois me sentei na privada e abri a garrafa. No começo, engasguei. E fazia um calor desgraçado ali dentro. Quente feito o Hades. Mas logo comecei a me sentir melhor, e a pensar: Bem, por que fiquei tão perturbado? Não fiz nada de mau. Mas, quando me levantei, vi que a Polaroid picada ainda boiava na água da privada. Dei a descarga, e os pedaços da foto — o rosto dela, pernas e braços — começaram a rodopiar, e fiquei tonto: eu me sentia como um assassino que tivesse puxado uma faca e picado a moça em pedacinhos.

Quando chegamos à Grand Central Station, eu sabia que não estava em condições de enfrentar o escritório, então segui para o Yale Club e pedi um quarto. Liguei para minha secretária, disse que precisava ir a Washington e que só voltaria ao escritório no dia seguinte. Depois liguei para casa e disse à minha mulher que tinha acontecido um imprevisto, que tinha a ver com os negócios, e que eu iria passar a noite no clube. Então me deitei, pensando: Vou dormir o dia inteiro; vou tomar uma boa dose para relaxar, só para parar de tremer, e depois vou dormir. Mas não consegui — não antes de entornar a garrafa inteira. Rapaz, aí sim dormi! Até mais ou menos às dez da manhã seguinte.

TC: Umas vinte horas.

GEORGE: Mais ou menos. Mas estava me sentindo bastante bem quando me levantei. Tem um massagista ótimo no Yale Club, um alemão, com mãos fortes como as de um gorila. Ele realmente sabe dar jeito nas pessoas. Então fiz uma sauna, ele fez uma massagem incrível e passei quinze minutos debaixo de um chuveiro gelado. Continuei lá, e almocei no clube. Não bebi nada, mas, rapaz, como eu comi! Quatro costeletas de carneiro, duas batatas assadas, creme de espinafre, milho na espiga, um litro de leite, duas tortas de *blueberry*...

TC: Acho que você deveria comer alguma coisa agora.

GEORGE (um latido imediato, inesperadamente grosseiro): Cale a boca!

TC: (Silêncio)

GEORGE: Desculpe. Quer dizer, era como se eu estivesse falando sozinho. Como se eu tivesse esquecido de você. E sua voz...

TC: Entendi. De qualquer maneira, você almoçou lautamente e estava se sentindo muito bem.

GEORGE: Isso mesmo. Isso mesmo. O condenado devorou um lauto almoço. Quer um cigarro?

TC: Eu não fumo.

GEORGE: Pois é. Não fuma. Faz anos que parou de fumar.

TC: Espere, acendo para você.

GEORGE: Sou perfeitamente capaz de dar conta de um fósforo sem atear fogo no restaurante, muito obrigado.

E agora, onde eu estava? Ah, sim, o condenado estava a caminho do escritório, impecável e contido.

Era a quarta-feira da segunda semana de julho, um dia quentíssimo. Eu estava sozinho em minha sala quando a secretária me chamou e disse que a senhorita Reilly estava ao telefone. Não liguei os fatos na mesma hora, e perguntei: Quem? O que ela quer? E minha secretária respondeu que ela dissera que o assunto era particular. A ficha caiu. E eu disse: Ah, sim, pode passar a ligação.

E ouvi: "Senhor Claxton, aqui é Linda Reilly. Sua carta chegou. É a carta mais linda que já recebi na vida. Acho que o senhor é meu amigo de verdade, e foi por isso que decidi correr o risco de ligar para o senhor. Espero que possa me ajudar. Porque aconteceu uma coisa, e não sei o que vou fazer se o senhor não puder me ajudar". Ela tinha uma voz suave de menina, mas estava tão sem fôlego, tão nervosa, que precisei pedir que falasse mais devagar. "Não tenho muito tempo, senhor Claxton. Estou ligando do andar de cima, e minha mãe pode pegar a extensão lá embaixo a qualquer momento. O que acontece é que tenho um cachorro. Jimmy. Tem seis anos, mas é brincalhão à beça. Tenho esse cachorro desde que sou pequena, e ele é tudo que tenho. É muito bem-comportado, o cachorro mais lindo que o senhor já viu. Mas minha mãe vai mandar sacrificá-lo. E vou morrer! Vou morrer. Senhor Claxton, por favor, o senhor pode vir até Larchmont e encontrar-se comigo na frente do Safeway? Levo Jimmy comigo, e o senhor poderá levá-lo embora. E esconder Jimmy até arranjarmos um jeito para a situação. Não posso falar mais. Minha mãe está subindo a escada. Ligo na primeira chance que tiver amanhã, e marcamos um encontro..."

TC: E o que *você* disse?

GEORGE: Nada. Ela tinha desligado.

TC: Mas o que você *teria* dito?

GEORGE: Bem, assim que ela desligou, resolvi que, se ela ligasse novamente, eu diria que sim. Sim, iria ajudar a pobre menina a salvar seu cachorro. Isso não quer dizer que iria levá-lo para minha casa. Poderia deixá-lo num canil ou algo assim. E, se as coisas tivessem corrido de outra maneira, era o que eu teria feito.

TC: Sei. Mas ela não ligou mais.

GEORGE: Garçom, vou tomar outro copo dessa coisa escura. E um copo de Perrier, por favor. Sim, ela ligou. E o que ela tinha a dizer era muito breve. "Senhor Claxton, desculpe; corri escondida até a casa da vizinha para telefonar, e preciso falar depressa. Minha mãe encontrou suas cartas ontem à noite, as cartas que o senhor me escreveu. Ficou louca, e o marido dela ficou louco também. Estão imaginando coisas horríveis, e hoje de manhã cedinho ela levou Jimmy embora, mas não posso mais falar; vou tentar ligar mais tarde."

Mas nunca mais tive notícias dela — pelo menos não diretamente. Algum tempo depois, minha mulher telefonou; lá pelas três da tarde. E disse: "Querido, por favor venha para casa o mais rápido que puder", e a voz dela estava tão calma que eu soube que só poderia ter acontecido algo terrível; de certa forma até adivinhava o motivo, embora tenha fingido surpresa quando ela me disse: "Há dois policiais aqui em casa. Um de Larchmont e outro da nossa cidade. Querem conversar com você. E não me dizem qual é o assunto".

Nem pensei em tomar o trem. Tomei uma limusine. Uma dessas limusines que têm um bar no banco de trás. A distância não é muito grande, pouco mais de uma hora, mas consegui derrubar uma boa quantidade de Balas de Prata durante o caminho. Não ajudou muito; eu estava bastante assustado.

TC: Por quê, pelo amor de Deus? O que você tinha feito? Só tinha dado uma de bonzinho, de correspondente amistoso.

GEORGE: Se pelo menos fosse assim, uma coisa clara. De qualquer maneira, quando cheguei em casa os policiais estavam sentados na sala, vendo televisão. Minha mulher tinha servido café. Quando ela se ofereceu para sair da sala, eu disse não, quero que você fique e escute, seja lá o que for. Os dois policiais eram muito jovens e estavam constrangidos. Afinal, eu era um homem rico, um cidadão importante, freqüentador da igreja, pai de cinco filhos. Não estava com medo deles. Mas de Gertrude.

O policial de Larchmont relatou a situação em linhas gerais. O senhor e a senhora Henry Wilson tinham dado queixa dizendo que a filha deles, Linda Reilly, de doze anos, vinha recebendo cartas de "natureza suspeita" de um homem de cinqüenta e dois anos, a saber, eu, e estavam dispostos a me processar se eu não tivesse uma explicação satisfatória.

Caí na risada. Ah, tive um comportamento tão jovial quanto um Papai Noel. Contei-lhes a história inteira. Falei como eu tinha achado a garrafa. Contei que só tinha respondido porque era louco por *fudge* de chocolate. Depois disso os dois sorriram, pediram desculpas, trocaram o peso do corpo de uma perna para a outra, e finalmente disseram que, bem, sabe como hoje em dia os pais às vezes pensam essas maluquices. A única pessoa que não achou a menor graça foi Gertrude. Na verdade, sem que eu percebesse, ela tinha saído da sala antes mesmo que eu acabasse de falar.

Depois que os policiais foram embora, calculei onde ela provavelmente estava. Naquele quarto, o quarto onde fica pintando. Estava escuro, e ela se sentara numa cadeira de costas retas, olhando para a escuridão. Ela disse: "O retrato na sua carteira. Era a garota". Neguei, e ela disse: "Ora, George, por favor. Não precisa mentir. Você nunca mais vai precisar mentir".

E naquela noite ela dormiu nesse quarto, e desde então é lá que dorme toda noite. E fica lá trancada, pintando barcos. Um barco.

TC: Talvez seu comportamento tenha sido um tanto imprudente. Mas não entendo por que ela resolveu ser tão impiedosa.

GEORGE: Vou lhe dizer por quê. Porque não foi a primeira visita que recebemos da polícia.

Sete anos atrás, caiu de repente uma violenta tempestade de neve. Eu estava dirigindo, e, embora não estivesse longe de casa, me perdi várias vezes. Pedi ajuda a várias pessoas para achar o caminho. Uma delas era uma criança, uma menina. Poucos dias depois, a polícia foi até minha casa. Eu não estava, mas conversaram com Gertrude. Contaram a ela que, durante aquela tempestade, um homem correspondendo à minha descrição e dirigindo um Buick cuja placa era a minha tinha descido do carro e se exibido para uma garotinha. E dito coisas obscenas para ela. A menina contou que tinha anotado o número da placa debaixo de uma árvore na neve, e, quando a tempestade parou, ainda dava para ler. Não há como negar que era o número da placa do meu carro, mas a história não era verdadeira. Convenci Gertrude, e depois convenci a polícia, de que a menina estava mentindo ou tinha se enganado em relação ao número da placa.

Mas agora a polícia tinha vindo uma segunda vez. E para falar de outra menina.

E é por isso que minha mulher não sai do quarto. Fica pintando. Porque não acredita em mim. Acredita que a menina que anotou o número na neve disse a verdade. Sou inocente. Juro por Deus, pela vida dos meus filhos, que sou inocente. Mas minha mulher tranca a porta e fica olhando pela janela. Não acredita em mim. E você?

(George tirou os óculos escuros e os limpou com um guardanapo. Agora entendi por que ele os usava. Não era por causa do branco dos olhos, amarelado e marcado pelas veias vermelhas inchadas. Era porque seus olhos pareciam um par de prismas espatifados. Nunca vi dor nem sofrimento tão permanentemente implantados, como se o bisturi de um cirurgião tivesse escorregado, deixando-o desfigurado para sempre. Era uma visão intolerável, e, quando ele me fitou, precisei desviar os olhos.)

Você acredita em mim?

TC (estendendo a mão para o lado oposto da mesa e tomando a mão de George, apertando-a com bastante força): Claro, George. É claro que acredito em você.

3. Jardins ocultos

Local: A Jackson Square, cujo nome se deve a Andrew Jackson — um oásis de trezentos anos de idade cujo centro se situa, por complacência, no bairro antigo de Nova Orleans: uma praça de tamanho médio, dominada pelas torres cinzentas da Catedral de São Luís e pelos edifícios mais antigos — e de certo modo mais sombriamente elegantes — dos Estados Unidos, os Pontalba Buildings.

Data: 26 de março de 1979, um dia exuberante de primavera. Buganvílias descem, azaléias se esticam, vendedores ambulantes deambulam (amendoins, rosas, passeios de charrete, camarões fritos vendidos em cones de jornal), os apitos de navios à deriva urram no Mississippi próximo, e alegres balões, atados a crianças risonhas e saltitantes, erguem-se no ar azul prateado.

"Vou lhes contar uma coisa, a gente não pára um minuto" — como costumava se queixar meu tio Bud, que trabalhava de caixeiro-viajante sempre que conseguia se afastar do balanço da varanda e das doses seguidas de *gin fizz* por tempo suficiente para viajar. E é verdade mesmo, a gente não pára um minuto; só nos últimos meses estive em Denver, Cheyenne, Butte, Salt Lake City, Vancouver, Seattle, Portland, Los Angeles, Boston, Toronto, Washington e Miami. Mas, se alguém me perguntasse, é provável que minha resposta fosse a seguinte (e é o que penso mesmo): Ora, não fui a lugar nenhum, passei o inverno inteiro em Nova York.

De qualquer maneira, a gente realmente não pára um minuto. E agora estou de volta a Nova Orleans, minha terra natal, minha velha cidade. Tomando sol num banco da Jackson Square, sempre, desde os meus dias de colégio, um lugar onde eu adoro estender as pernas e ficar olhando e escutando, bocejando, me coçando, sonhando acordado e falando sozinho. Talvez você seja uma dessas pessoas que nunca falam sozinhas. Em voz alta, quero dizer. Talvez você ache que isso é coisa de maluco. Pessoalmente, considero saudável falar sozinho. Um modo de fazer companhia a si mesmo: sem ninguém para responder, à vontade para se queixar o quanto quiser, livrando-se de muitas toxinas.

Por exemplo, os tais prédios, os Pontalba, logo ali adiante. Belos edifícios adornados, com grades de ferro nas fachadas e janelas altas de postigos franceses. Os primeiros prédios de apartamentos construídos nos Estados Unidos; quem ainda mora neles são os descendentes dos ocupantes originais dessas residências extremamente aristocráticas. Durante muito tempo impliquei com os Pontalba. Eis a razão. Uma vez, quando tinha uns dezenove anos, morei num apartamento situado a alguns quarteirões dali, na Royal Street, um apartamento insignificante e decrépito, um paraíso das baratas, que irrompia em oscilações de terremoto cada vez que um bonde passava com estrépito pela rua estreita. Não havia calefação; no inverno, dava medo sair da cama, e, durante os verões pantanosos, eu tinha a impressão de estar mergulhado numa terrina de consomê morna. Constantemente eu fantasiava que, num dia memorável, deixaria aquele pardieiro e me mudaria para o endereço celestial dos Pontalba. Mas, mesmo que eu tivesse como pagar, isso jamais poderia ter ocorrido. A única maneira de conseguir lugar naqueles edifícios é um morador morrer e deixar o apartamento para você em testamento; e quando um desses apartamentos fica vago, é costume da cidade de Nova Orleans oferecê-lo a algum distinto habitante por um valor bastante nominal.

Muita gente diferente já caminhou por esta praça. Piratas. Lafitte em pessoa. Bonnie Parker e Clyde Barrow. Huey Long. Ou, caminhando pressurosa à sombra de uma sombrinha escarlate, a condessa Willie Piazza, proprietária de uma das mais luxuosas *maisons de plaisir* da zona do meretrício: sua casa era famosa por servir uma bebida exótica — cerejas frescas cozidas no creme, adoçadas com absinto e servidas no interior da vagina de uma beldade mestiça. Ou outra senhora, tão diversa da condessa Willie: Annie Christmas, uma mulher que pilotava uma barcaça, tinha mais de dois metros de altura e várias vezes foi vista carregando um barril de cinqüenta quilos de farinha debaixo de cada braço. E Jim Bowie. E o sr. Neddie Flanders, um elegante cavalheiro de mais de oitenta anos, talvez mais de noventa, que, até anos recentes, toda noite se apresentava na praça tocando gaita de boca e sapateando da meia-noite até o amanhecer com passos delicados, lembrando uma marionete. Tantos personagens. Eu poderia listar centenas deles.

Epa. Que barulho é este que vem do outro lado da praça? Problemas. Uma briga. Um homem e uma mulher, ambos negros: o homem é forte e pesado, tem um pescoço de touro, usa um chapéu elegante mas sua aparência geral é desleixada; ela é magra, de cor esverdeada, esganiçada, mas quase bonita.

ELA: Fiodaputa. Que história é essa de esconder dinheiro?! Não escondi dinheiro nenhum, fiodaputa.

ELE: Cala a boca, mulher. Eu tava vendo. E fiz as conta. Três cara. Dá sessenta paus. Mas tu só me trouxe trinta.

ELA: Negão desgraçado. Eu devia cortar a tua orelha fora com a navalha. Devia arrancar teu fígado e dar pros gatos comer. Devia fritar teus olhos em terebentina. Escuta aqui, negão. É bom tu parar de me chamar de mentirosa.

ELE (conciliador): Meu docinho...

ELA: *Docinho*... Deixa que eu te adoço.

ELE: Senhorita Myrtle, acontece que sei muito bem o que foi que eu vi.

ELA (lentamente: com voz serpenteada): Desgraçado. Negão de merda. O que acontece é que tu nunca teve mãe. Tu saiu foi do cu de um cachorro.

(Ela o esbofeteia. Com força. A mulher se vira e se afasta, com a cabeça erguida. Ele não a segue; fica parado, esfregando o rosto com a mão.)

Permaneço algum tempo observando as crianças com os balões, brincando como se fossem movidas à corda, e as vejo se reunirem ansiosas em torno do homem com o carrinho, que vende uma bebida conhecida como Boca Doce: copos de gelo raspado e aromatizado por uma série de xaropes de todas as cores do arco-íris. De repente percebo que também estou com fome, e sedento. Cogito caminhar até o Mercado Francês e me entupir dos sonhos fritos, os *beignets*, acompanhados do café amargo e delicioso típico de Nova Orleans, aromatizado com chicória. É melhor do que qualquer coisa servida no Antoine's — que, aliás, é um péssimo restaurante. Como a maioria dos estabelecimentos mais famosos da cidade. O Gallatoire's até que não é mau, mas está sempre lotado; não aceitam reservas, é preciso esperar em filas imensas, e não vale a pena, pelo menos na minha opinião. No momento em que decido andar até o mercado, ocorre um imprevisto.

Se existe algo que eu detesto, é gente que chega sorrateiramente por trás de você e diz...

VOZ (rouca de uísque, viril, mas feminina): Duas chances de adivinhar. (Silêncio) Ora, vamos lá, Jóquei. Você sabe que sou eu. (Silêncio; então, retirando as mãos que me vendavam os olhos, em tom um tanto petulante) Jóquei, vai me dizer que não sabia que era *eu*? Junebug?

TC: Macacos me mordam — Big Junebug Johnson! *Comment ça va*?

BIG JUNEBUG JOHNSON (rindo satisfeita): Ah, você não vai querer que eu *comece*! Levante daí, garoto. E dê um abraço na velha Junebug. Meu Deus, você está tão magro. Como da primeira vez que vi você. Quanto você pesa, Jóquei?

TC: Cinqüenta e cinco. Cinqüenta e seis.

(É difícil rodeá-la com os braços, porque ela pesa pelo menos o dobro disso; mais ainda. Faz quase quarenta anos que a conheço — desde que morava sozinho no triste endereço da Royal Street e freqüentava o barulhento bar à beira-rio que ela ainda tem. Se Junebug tivesse olhos cor-de-rosa, seria possível dizer que ela é albina, porque sua pele é branca como copos-de-leite; assim como seus cabelos encaracolados e escassos. [Certa vez ela me contou que seus cabelos tinham embranquecido de um dia para o outro, antes dos dezesseis anos, e quando lhe perguntei: "De um

dia para o outro?", ela respondeu: "Por causa de um passeio de montanha-russa e do pau de Ed Jenkins. As duas coisas, uma atrás da outra. Foi assim: uma noite fui andar de montanha-russa na beira do lago, e subimos no último carro. Pois ele se desengatou, nosso vagão ficou solto e quase caímos dos trilhos. No dia seguinte, meu cabelo estava todo sarapintado de grisalho. Mais ou menos uma semana mais tarde, tive essa experiência com Ed Jenkins, um garoto que eu conhecia. Uma das minhas amigas me contou que o irmão dela tinha dito que Ed Jenkins tinha o maior pau do mundo. Ele era até bonito, mas magrela, quase tão baixinho quanto você, e não acreditei. Então um dia, brincando com ele, eu disse: 'Ed Jenkins, ouvi dizer que você tem um pau imenso', e ele respondeu: 'É, eu lhe mostro", e mostrou. Dei um grito; ele disse: 'Agora vou meter ele em você', e eu: 'Ah, não, nada disso!' — era do tamanho do braço de uma criança, segurando uma maçã. Santo Deus! Mas ele veio. E meteu em mim. Depois de muita briga. E eu era virgem. Praticamente. Mais ou menos. Então, você pode imaginar. Pois foi pouco depois disso que meu cabelo ficou todo branco feito o de uma bruxa".]
B. J. J. se veste à moda dos estivadores: macacão, camisa azul de homem com as mangas arregaçadas até o cotovelo e nem um pouco de maquiagem para atenuar a palidez. Mas é feminina, uma figura digna, apesar de seus modos pé-no-chão. Usa perfumes caros, aromas parisienses comprados na Maison Blanche da Canal Street. E também exibe um glorioso sorriso de dentes de ouro; é como um raio quente de sol depois de uma chuva fria. Acho que você gostaria dela; a maioria das pessoas gosta. Os que não gostam são principalmente os proprietários de bares concorrentes à beira do porto, porque o bar de Big Junebug é

um ponto muito popular, embora pouco conhecido fora do cais e por quem não é morador da área. Compõe-se de três salas — o bar propriamente dito, com seu imenso balcão forrado de zinco, uma segunda sala com as três mesas de pool sempre ocupadas, e uma alcova dotada de um jukebox para dançar. Fica aberto vinte e quatro horas por dia, e costuma estar tão cheio de manhã cedo quanto ao cair da noite. Claro, é freqüentado por marinheiros e trabalhadores das docas, por agricultores de paróquias distantes que trazem seus produtos de caminhão para vender no Mercado Francês e por policiais, bombeiros, jogadores de olhos duros e marafonas de olhos mais duros ainda. No amanhecer, o lugar fica abarrotado com o pessoal que se apresenta nas arapucas para turistas da Bourbon Street. Dançarinas de topless, strippers, drag queens, moças contratadas pelos bares para beber com os clientes, garçons e barmen, além dos rouquíssimos locutores de porta, que se aplicam com tanta estridência em atrair os caipiras para os antros do *vieux carré* especializados em limpar otários.

Quanto a essa história de "Jóquei", ganhei esse apelido de Ginger Brennan. Quarenta anos atrás, mais ou menos, Ginger era o principal barman do velho bar que passava a noite inteira aberto no mercado, servindo *beignets* e café; o lugar já não existe mais, e faz muito tempo que Ginger foi morto por um raio quando pescava numa ponte sobre o lago Pontchartrain. De qualquer maneira, certa noite ouvi um freguês perguntar a Ginger quem era o "baixinho" no canto do balcão, e Ginger, um mentiroso patológico, que Deus o tenha, respondeu que eu era jóquei profissional: "Ele ganha muitas nas pistas de corrida". Era uma história plausível; eu era baixinho e peso-pluma, e bem poderia passar por jóquei; na verdade, era uma fantasia a que acabei apegado: agradava-me a idéia de que as pessoas podiam me tomar por um personagem famoso das pistas de corridas. Comecei a ler o jornal diário sobre corridas de cavalos, *The Racing Form*, e aprendi o jargão. A notícia se espalhou, e em dois tempos todos me chamavam de "Jóquei" e sempre me pediam uma dica de barbadas.)

BIG JUNEBUG JOHNSON: Andei perdendo peso também. Uns vinte quilos ou mais. Desde que me casei, tenho perdido peso. A maioria das mulheres, depois que enfia a aliança no dedo, começa a inchar. Mas eu, depois que agarrei Jim, fiquei tão satisfeita que parei de limpar a geladeira. É a tristeza que faz você engordar.

TC: Big Junebug Johnson casada? Ninguém me escreveu contando. Achava que você era uma solteirona convicta.

BIG JUNEBUG JOHNSON: Quer dizer que uma garota não pode mais mudar de idéia? Depois que superei o acontecido com Ed Jenkins, depois que consegui afastar aquela visão da minha cachola, tomei tanto gosto por homens quanto qualquer mulher. Claro, foram anos e anos.

TC: Jim? É o nome dele?

BIG JUNEBUG JOHNSON: Jim O'Reilly. Mas não é irlandês. Vem de Plaquemine, e a família dele é quase toda *cajun*. Não sei nem mesmo se O'Reilly é realmente o sobrenome dele. Não sei muita coisa sobre Jim. Ele não é de falar muito.

TC: Mas deve ser bom nisso. Para pegar você.

BIG JUNEBUG JOHNSON (olhos girando): Ah, meu bem, você não vai querer que eu *comece*.

TC (rindo): É uma das coisas de que mais me lembro sobre você. Qualquer coisa que as pessoas dissessem, sobre o tempo ou o que fosse, você sempre dizia: "Ah, meu bem, você não vai querer que eu *comece*".

BIG JUNEBUG JOHNSON: Pois é. Serve mais ou menos para qualquer coisa, você não acha?

(Uma coisa que eu deveria ter mencionado: ela tem sotaque do Brooklyn. Isso até pode parecer estranho, mas não é. Metade das pessoas de Nova Orleans não tem nenhum sotaque sulino; basta fechar os olhos para você se imaginar ouvindo um chofer de táxi de Bensonhurst; ao que parece, esse fenômeno se deve a maneiras idiossincráticas de falar de um setor da cidade conhecido como Canal Irlandês, em boa parte habitado por descendentes de imigrantes da ilha de Esmeralda.)

TC: E faz quanto tempo que você se tornou a senhora O'Reilly?

BIG JUNEBUG JOHNSON: Três anos, em julho. Na verdade, não tive muita escolha. Estava bastante confusa. Ele é muito mais novo do que eu, uns vinte anos talvez. E bonito, minha nossa. Irresistível para as mulheres. Mas ficou louco por mim, seguia cada passo meu, implorando o tempo todo para eu me amarrar com ele, dizendo que ia acabar pulando do cais se eu não topasse. E presente todo dia. Um dia, um par de brincos de pérola. Pérolas naturais: mordi, e elas não racharam. E uma ninhada inteira de gatinhos. Ele não sabia que tenho alergia a gatos, que me fazem espirrar; e ainda deixam meus olhos inchados. Todo mundo dizia que ele estava só atrás do meu dinheiro. Por que um bonitão como ele haveria de querer uma velha feia como eu? Mas não fazia sentido, porque ele tem um bom emprego na Streckfus Steamship Company. Então disseram que ele estava falido, que devia dinheiro a Red Tibeaux, Ambrose Butterfield e a todos esses jogadores. Perguntei e ele me disse que era mentira; mas poderia ser verdade, tem muita coisa sobre ele que eu não sabia e ainda não sei. Só sei que ele nunca me pediu um tostão. Fiquei tão confusa. Então fui ver Augustine Genet. Lembra de madame Genet? Que se comunicava com os espíritos? Ouvi dizer que ela estava no leito de morte, então corri para lá, e ela estava mesmo nas últimas. Devia estar com uns cem anos, cega feito uma toupeira; mas conseguia falar bem baixinho e me disse: Case com esse homem, ele é um homem bom e vai fazer você feliz — case com ele, jure para mim que vai casar. Então jurei. E depois não tinha escolha. Não podia ignorar aquele juramento feito a uma agonizante no leito de morte. E ainda bem que não ignorei. *Estou feliz.* Sou uma mulher feliz. Apesar dos gatos, que me fazem espirrar. E você, Jóquei? Está feliz com sua vida?

TC: Assim-assim.

BIG JUNEBUG JOHNSON: Qual foi a última vez que você foi à Terça-Feira Gorda?

TC (hesitando em responder, sem desejar evocar memórias da Terça-Feira Gorda; não era um evento que eu achasse divertido, vertigem de ruas abarrotadas com o vozerio de figuras ébrias e fantasiadas usando máscaras de pesadelo; sempre tive sonhos horríveis depois das excursões da infância ao tumulto da Terça-Feira Gorda): Quando ainda era criança. Eu sempre me perdia na multidão. Da última vez que me perdi, acabaram me levando para a delegacia. Passei a noite inteira lá, chorando antes de minha mãe me encontrar.

BIG JUNEBUG JOHNSON: A desgraçada da polícia! Sabe que não tivemos Terça-Feira Gorda este ano porque a polícia entrou em greve? Imagine, entrar em greve bem numa hora dessas. A cidade perdeu milhões de dólares. Chantagem, isso é que era. Tenho bons amigos na polícia, todos bons fregueses. Mas são todos uns bandidos, uma gangue. Nunca tive respeito pela polícia daqui, e, do jeito que trataram o senhor Shaw, aí mesmo é que a coisa acabou para mim. Aquele promotor *Jim* Garrison. Que figura triste. Espero que acabe girando bem devagarinho num espeto, no fundo dos infernos. E vai. Pena que o senhor Shaw não esteja mais aqui para ver. Lá do alto, do *céu*, onde sei que ele está, não vai dar para o senhor Shaw ver o velho Garrison apodrecer no inferno.

(B. J. J. se refere a Clay Shaw, um arquiteto sensível e culto, responsável por grande parte da restauração histórica mais meticulosa de Nova Orleans. A certa altura dos acontecimentos, Shaw foi acusado por James Garrison, o abrasivo procurador-geral de Nova Orleans, um homem louco por publicidade, de ter sido a figura-chave de um suposto complô para assassinar o presidente Kennedy. Shaw foi julgado duas vezes por essa acusação inventada, e, embora tenha sido plenamente absolvido nas duas ocasiões, ficou arrasado. Sua saúde piorou, e ele morreu há vários anos.)

TC: Depois do último julgamento, Clay me escreveu contando: "Sempre achei que eu era um pouco paranóico, mas, depois de ter sobrevivido a isso, sei que nunca fui nem vou ficar paranóico".

BIG JUNEBUG JOHNSON: O que quer dizer *paranóico*?

TC: Bem... Nada. A paranóia não é nada. Contanto que não seja levada a sério.

BIG JUNEBUG JOHNSON: Sinto muita falta do senhor Shaw. Durante todo o problema dele, havia um modo seguro de descobrir quem era ou não era um verdadeiro cavalheiro nesta cidade. Os cavalheiros, sempre que passavam pelo senhor Shaw na rua, encostavam a mão no chapéu; os filhos-da-puta passavam sem nem olhar para ele. (Rindo) O senhor Shaw era uma figura. Sempre que vinha ao meu bar, me fazia rir o tempo todo. Conhece a história de Jesse James que ele costumava contar? Parece que um dia Jesse James resolveu roubar um trem, no Velho Oeste. Ele e seu bando, de armas na mão, invadiram o vagão de passageiros, e

Jesse James gritou: “Mãos ao alto! Vamos roubar todas as mulheres e violar todos os homens”. E um sujeito pergunta: “Mas não é o contrário, meu senhor? Não quer dizer que vai roubar todos os homens e violar todas as mulheres?”. Então um veadinho, que estava sentado no trem, reclama com voz fina: “Vá cuidar da sua vida! O senhor James está cansado de saber como é que se rouba um trem”.

(Dois, três, quatro: os sinos da Catedral de São Luís batem as horas: ... cinco... seis... As pancadas do sino são graves, como um recitativo na voz metálica de um barítono ecoando episódios arcaicos, um som que percorre o parque com a mesma solenidade do anoitecer que se aproxima: a música se combina aos risos e à conversa; o adeus otimista das crianças que se despedem umas das outras, de boca açucarada e balão nas mãos, se mistura ao uivo triste e solitário de um apito distante de navio e aos guizos primaveris do carrinho do vendedor de gelo aromatizado. De maneira redundante, Big Junebug Johnson consulta o feio e imenso Rolex em seu pulso.)

BIG JUNEBUG JOHNSON: Valha-me Deus! Já deveria estar chegando em casa. Jim precisa do jantar na mesa todo dia às sete em ponto, e só aceita que seja preparado por mim. Não me pergunte por quê. Não cozinho nada, nunca aprendi. Só o que faço bem é tirar cerveja do barril. E... Ah, meu Deus, isso me lembra: trabalho hoje à noite no bar. Ultimamente, só trabalho de dia, e é Irma quem fica lá o resto do tempo. Mas um dos garotos da Irma adoeceu, e ela quer ficar em casa com ele. Esqueci de lhe contar, mas agora tenho uma sócia, uma viúva com bastante senso de humor, muito trabalhadeira. Irma foi casada com um criador de frangos, aí ele morreu deixando ela com cinco meninos, dois deles gêmeos, e ainda com menos de trinta anos. Então Irma começou a se virar naquela granja — criando galinhas, torcendo o pescoço dos frangos e trazendo os bichos de caminhão para o mercado daqui. Sozinha. Ela é miudinha, mas tem um belo corpo, e cabelo naturalmente ruivo alourado, cacheado como o meu. Ela poderia ir para Atlantic City e ganhar um concurso de beleza, se não fosse vesga: é tão vesga que não dá para dizer para quem ou para onde está olhando. E ela começou a freqüentar o bar com as outras mulheres que dirigem caminhão. Primeiro achei que fosse sapatão, como quase todas as caminhoneiras. Mas estava enganada. Ela gosta de homens, e eles ficam loucos por ela, mesmo zarolha. A verdade é que acho que o meu cara tem uma queda por ela; às vezes brinco com ele por causa disso, e ele fica muuuuito zangado. Mas, se você quer saber, também tenho a forte impressão de que Irma fica doidinha quando Jim está por perto. Nessas horas sei direitinho para onde ela está olhando. Bem, não vou viver para sempre, e, depois que eu for desta para melhor, se eles quiserem se juntar, por mim tudo bem. Vou ter vivido minha felicidade. E sei que Irma vai tomar conta de Jim direitinho. Ela é uma garota sensacional. Foi por isso que convenci Irma a virar minha sócia. Olhe, foi ótimo voltar a ver você, Jóquei. Passe por lá mais tarde. Temos muito que conversar. Mas agora preciso agitar meus velhos ossos.

Seis... seis... seis...: a voz do sino marcando as horas persiste no ar repleto de desejos, estremecendo enquanto submerge no sono da história.

Certas cidades, como as caixas embrulhadas dispostas debaixo das árvores de Natal, escondem presentes inesperados, delícias secretas. Certas cidades sempre serão caixas embrulhadas, contendo enigmas nunca decifrados, nem sequer avistados pelos visitantes em férias ou pelos mais inquisitivos e persistentes dos viajantes. Para conhecer essas cidades, para desembrulhá-las, por assim dizer, é preciso ter nascido nelas. Veneza é assim. Depois de outubro, quando os ventos do Adriático varrem o último dos americanos e até o último dos alemães, levando-os para fora da cidade e soprando sua bagagem atrás deles, outra Veneza se revela: uma *clique* de *élégants* venezianos — duques frágeis envergando coletes bordados, condessas magérrimas apoiadas nos braços de sobrinhos pálidos e longilíneos; criaturas jamesianas, românticos de D'Annunzio que jamais cogitariam deixar as sombras cor de malva de seus *palazzos* nos dias de verão com estrangeiros à solta — emerge para alimentar os pombos e caminhar sob as arcadas da Piazza San Marco, para tomar chá no saguão do Danieli (depois de o Gritti fechar até a primavera seguinte) e, o mais divertido de tudo, para sorver martínis e mascar sanduíches de queijo quente no acolhedor recinto do Harry's American Bar, até então pouso favorito e exclusivo de hordas ruidosas vindas do outro lado dos Alpes e do ultramar.

Fez é outra cidade enigmática que leva uma vida dupla, assim como Boston — qualquer um pode perceber que há ritos tribais fascinantes encenados por trás dos exteriores bem cuidados e das janelas tingidas de púrpura da Louisburg Square, mas, afora o que foi divulgado por alguns escritores bostonianos da elite, não sabemos, e jamais saberemos, como são esses rituais codificados. No entanto, de todas as cidades secretas, Nova Orleans, pelo menos ao que me parece, é a mais ciosa de seus segredos, a que mais difere, na realidade, daquilo que revela aos visitantes. A prevalência de muros altos, de folhagens encobrindo a visão, de altos portões de ferro espesso trancados, de janelas cobertas por persianas, de túneis escuros que levam a jardins mal aparados onde mimosas e camélias contrastam suas cores e lagartos indolentes, dardejando línguas bífidas, percorrem as frondes das palmeiras — nada disso é cenário acidental, e sim arquitetura deliberadamente concebida para camuflar, mascarar, como nos bailes da Terça-Feira Gorda, a vida dos que nasceram para morar em meio a essas edificações protetoras: dois primos, que entre si possuem mais cem primos espalhados pelas relações familiares emaranhadas e interligadas da cidade, sussurram um para o outro, sentados debaixo de uma figueira ao lado do jorro preguiçoso da fonte que refresca seu jardim oculto.

Toca-se piano. Não consigo decidir de onde vem: dedos fortes tocam um piano impetuoso, com vigor: "Eu quero, quero...". É um negro cantando; ele canta bem — "*I want, I want a mama, a big fat mama, I want a big fat mama with the meat shakin' on her, yeah!*".

Rumor de passos. Passos femininos de salto alto, que se aproximam e se detêm à minha frente. É a esganiçada magra e quase bonita cuja altercação com seu "agente" ouvi esta tarde. Ela sorri, depois pisca para mim, com um olho só, depois o outro, e sua voz não está mais enfurecida. O som de sua voz lembra o sabor de uma banana.

ELA: Como está?

TC: Só pegando leve.

ELA: E que tal uma horinha?

TC: Deixe eu ver. Acho que são seis horas, um pouco mais.

ELA (ri): Perguntei o que você acha de uma *horinha*. Tenho um lugar aqui perto, logo depois da esquina.

TC: Acho que não. Hoje não.

ELA: Você é bonitinho.

TC: Todo mundo tem direito à sua opinião.

ELA: Não estou enrolando. É verdade. Você é bonitinho.

TC: Bem, obrigado.

ELA: Mas parece que você não está numa boa. Venha, comigo você vai ficar numa boa.

TC: Acho que não.

ELA: Qual é o problema? Não gostou de mim?

TC: Não é isso. Gostei de você.

ELA: Então qual é o problema? Me dê um motivo.

TC: Tenho muitos motivos.

ELA: Está bem. Então me dê um motivo, um só.

TC: Ah, meu bem, você não vai querer que eu *comece*.

4. Audácia

Data: Novembro de 1970.

Local: Aeroporto Internacional de Los Angeles.

Estou sentado numa cabine telefônica. Passa um pouco das onze da manhã, e faz meia hora que estou sentado aqui, fingindo falar ao telefone. Da cabine tenho uma boa visão do portão trinta e oito, do qual deve partir o vôo do meio-dia da TWA para Nova York, sem escalas. Reservei um lugar nesse vôo, com uma passagem comprada sob nome falso, mas tenho todas as razões para duvidar que vá conseguir tomar o avião. Primeiro, há dois homens altos de pé junto ao portão, sujeitos com ar durão e chapéu de aba quebrada, e conheço ambos. São detetives do gabinete do xerife de San Diego, e portadores de um mandado de prisão contra mim. É por isso que estou escondido na cabine telefônica. O fato é que estou em apuros de verdade.

Esses meus apuros têm sua origem numa série de conversas que mantive há um ano com Robert M., um jovem esbelto, baixo e de aparência inofensiva, que na época estava no Corredor da Morte da prisão de San Quentin, onde aguardava a execução depois de ter sido condenado por três homicídios: o de sua mãe e uma irmã, as quais tinha surrado até a morte, e o de um outro prisioneiro, um homem a quem estrangulara enquanto aguardava julgamento pelos dois homicídios originais. Robert M. era um psicopata inteligente; cheguei a conhecê-lo bastante bem, e ele conversava abertamente comigo a respeito de sua vida e de seus crimes — mediante o acordo de que eu não escreveria, nem falaria com ninguém, sobre nada que ele me contasse. Eu estava fazendo pesquisas sobre assassinos múltiplos, e Robert M. se tornou mais um caso em meus arquivos. No que me dizia respeito, a coisa acabava aí.

Mas, dois meses antes do meu encarceramento naquela abafada cabine telefônica do aeroporto de Los Angeles, recebi uma ligação de um detetive do gabinete do xerife de San Diego. Ele telefonou para minha casa em Palm Springs. Foi muito cortês, tinha voz agradável; disse que sabia das muitas entrevistas que eu conduzira com homicidas condenados, e que gostaria de me fazer algumas perguntas. Convidei-o para vir a Palm Springs e almoçar comigo no dia seguinte.

Mas o cavalheiro não veio só, e sim acompanhado de três outros detetives de San Diego. E, embora Palm Springs fique no meio do deserto, sentia-se um forte cheiro de peixe podre no ar. No entanto, fingi não achar nada estranho em me ver de repente às voltas com quatro convidados em vez de um. Mas eles não estavam interessados em minha hospitalidade; na verdade, declinaram do almoço. Tudo que queriam era conversar sobre Robert M. Eu o conhecia realmente bem? Ele já tinha admitido algum de seus homicídios para mim? Eu tinha algum registro de nossas conversas? Deixei que fizessem suas perguntas, e evitei responder a elas até ter a oportunidade de interrogá-los por minha vez: Por que estavam tão interessados em meus contatos com Robert M.?

E o motivo era o seguinte: devido a alguma questão jurídica técnica, um tribunal federal anulara a condenação de Robert M. e determinara que o estado da Califórnia deveria submetê-lo a novo julgamento. A data para o começo do novo julgamento fora marcada para o final de novembro — em outras palavras, dali a mais ou menos dois meses. E então, depois de me comunicar esses fatos, um dos detetives me entregou um documento curto mas de aparência extremamente formal. Era uma intimação para comparecer ao julgamento de Robert M., presumivelmente como testemunha de acusação. Certo, tinham me enganado, e fiquei furioso, mas sorri e assenti com a cabeça. Eles também sorriram e disseram que eu era um bom sujeito, e que ficavam gratos porque meu testemunho iria ajudar a mandar Robert M. direto para a câmara de gás. Aquele louco homicida! Os homens riram e se despediram: "Nos vemos no tribunal".

Eu não tinha a menor intenção de atender àquela intimação, embora entendesse as conseqüências da minha recusa: eu seria preso por desacato ao tribunal, multado e posto na cadeia. Não tinha Robert M. em alta conta, nem o menor desejo de protegê-lo; sabia que ele era culpado dos três assassinatos de que fora acusado e que era um psicótico perigoso, que jamais deveria ser posto em liberdade. Mas também sabia que o Estado tinha indícios e provas mais que suficientes para tornar a condená-lo sem precisar do meu testemunho. E o ponto principal era que Robert M. só se abrira comigo depois que eu tinha jurado jamais usar ou repetir nada do que ele me contasse. Traí-lo nessas circunstâncias seria moralmente desprezível, e só serviria para provar a Robert M., e a muitos outros homens como ele que eu já entrevistara, que tinham depositado sua confiança num informante da polícia, num alcagüete puro e simples.

Consultei vários advogados. Todos me deram o mesmo conselho: obedecer à intimação ou esperar pelo pior. Todos se compadeceram das minhas provações, mas nenhum deles conseguia ver alguma solução para o problema — *a menos que eu deixasse a Califórnia*. O desacato ao tribunal não era ofensa passível de extradição, e, depois que eu fosse embora do estado, as autoridades não poderiam fazer nada para me punir. Sim, havia uma coisinha: eu *nunca mais* poderia voltar à Califórnia. O que não me pareceu um castigo muito severo, embora, devido a várias questões imobiliárias e compromissos profissionais, fosse difícil para mim partir num prazo muito curto.

Perdi a conta do tempo, e ainda estava em Palm Springs no dia em que começou o julgamento. Naquele dia de manhã, minha governanta, uma amiga dedicada chamada Myrtle Bennett, entrou correndo em casa berrando: "Depressa! Deu no rádio. Estão com um mandado de prisão para o senhor. Vão chegar aqui a qualquer instante".

Na verdade, ainda se passaram vinte minutos antes da chegada da polícia de Palm Springs com todos os seus homens e as algemas prontas para serem usadas (uma cena exagerada, mas, podem acreditar, as forças da lei californianas não são uma instituição com que se possa brincar). No entanto, embora tenham destruído o jardim e revistado a casa de uma ponta a outra, só encontraram meu carro na garagem e a leal sra. Bennett na sala de estar. Ela lhes disse que eu tinha partido para Nova York na véspera. Eles não acreditaram, mas a sra. Bennett era uma figura formidável em Palm Springs — mulher negra e membro notável e politicamente influente da comunidade havia quarenta anos —, de maneira que não a interrogaram mais. Limitaram-se a emitir um alerta geral pedindo minha prisão.

E onde é que eu estava, afinal? Bem, estava na estrada, ao volante do velho Chevrolet azul-claro da sra. Bennett, que nem no dia em que ela o comprara conseguia fazer oitenta por hora. Mas calculáramos que eu estaria mais seguro no carro dela do que no meu. Não que houvesse algum lugar onde eu fosse me sentir seguro; estava mais agitado que um bagre com o anzol enfiado na boca. Quando cheguei a Palm Desert, que fica a meia hora de Palm Springs, deixei a estrada principal e enveredei pela estradinha precária e cheia de curvas que leva para longe do deserto, na direção das montanhas de San Jacinto. Fazia calor, em torno de quarenta graus, mas à medida que eu subi aquelas montanhas do deserto o ar refrescou, depois ficou frio e mais frio ainda. O que em si não era um problema, se o aquecimento do velho Chevrolet não se recusasse a funcionar, e eu tivesse outras roupas além das que estavam no corpo quando a sra. Bennett entrara em pânico na casa: sandálias, calça de linho branco e uma camisa pólo leve de mangas compridas. Eu saíra de casa só com essas roupas mais a minha carteira, que continha cartões de crédito e uns trezentos dólares em dinheiro.

Ainda assim, eu tinha um destino em mente e um plano de ação. No alto das montanhas de San Jacinto, a meio caminho entre Palm Springs e San Diego, existe uma aldeota chamada Idylwyld. No verão, é procurada pelos habitantes do deserto dispostos a fugir do calor; no inverno, é uma estação de esqui, embora a qualidade tanto da neve quanto das pistas deixe muito a desejar. Mas agora, fora de estação, aquele aglomerado pobre de motéis medíocres e chalés de mentira seria um bom lugar para me esconder, pelo menos até recobrar o fôlego.

Nevava quando o velho carro galgou grunhindo o último aclive e chegou a Idywyld: uma dessas nevascas precoces, que tomam conta do ar mas se dissolvem assim que chegam ao chão. A cidadezinha estava deserta, e a maioria dos motéis fechada. O motel em que finalmente parei se chamava Eskimo Cabins. E Deus é testemunha de que as acomodações eram gélidas como iglus. Mas tinha uma vantagem: o proprietário, e aparentemente o único ser humano no estabelecimento, era um octogenário quase surdo, muito mais interessado na partida de paciência que jogava do que em mim.

Liguei para a sra. Bennett, que estava muito excitada: "Oh, querido, estão procurando você em toda parte! Saiu na TV!". Decidi que era melhor não deixá-la saber onde eu fora parar, mas garanti que estava bem e que tornaria a ligar no dia seguinte. E telefonei em seguida para um amigo íntimo em Los Angeles; ele também se mostrou excitado: "Sua foto saiu no *Examiner*!". Depois de acalmá-lo, dei-lhe instruções específicas: comprar uma passagem para "George Thomas" num vôo sem escalas para Nova York, e estar à minha espera em sua casa às dez da manhã seguinte.

O frio e a fome eram excessivos para me deixar dormir; parti ao amanhecer e cheguei a Los Angeles em torno das nove. Meu amigo estava à minha espera. Deixamos o Chevrolet em sua casa, e, depois de devorar alguns sanduíches e tomar tanto conhaque quanto poderia absorver em segurança, saímos no carro dele rumo ao aeroporto, onde nos despedimos, e ele me entregou o bilhete para o vôo do meio-dia da TWA, em que comprara minha passagem.

E é por isso que agora me vejo encolhido nesta maldita cabine telefônica, sentado e contemplando minha difícil situação. Um relógio acima do portão de embarque mostra a hora: onze e trinta e cinco. A área dos passageiros está lotada; daqui a pouco o avião estará pronto para o embarque. E lá, dos dois lados da porta que preciso atravessar, estão dois dos cavalheiros que me visitaram em Palm Springs, dois detetives altos e atentos, de San Diego.

Pensei em ligar para o meu amigo, pedindo-lhe que voltasse ao aeroporto e me pegasse em algum ponto do estacionamento. Mas ele já fez muito, e, se formos capturados, ele ainda pode ser acusado de abrigar um fugitivo. O que se aplicaria igualmente a todos os amigos que porventura concordassem em me ajudar. Talvez o mais razoável seja me entregar de uma vez aos guardiães postados junto ao portão. Caso contrário, o que fazer? Só um milagre, para cunhar uma expressão, poderia me salvar. E nós não acreditamos em milagres, não é?

De repente um milagre acontece.

Ali, desfilando bem perto da minha prisão de portas de vidro, surge uma linda e altaneira amazona negra portando diamantes, ouro e arminho no valor de um zilhão de dólares, uma estrela cercada por uma corte agitada e muito falante de dançarinos vestidos com os trajes mais alegres que se pode imaginar. E quem é a tal aparição estonteante, que, com sua plumagem e presença, cria tamanha comoção entre os demais passageiros? Uma amiga! Uma velha e boa amiga!

TC (abrindo a porta da cabine e berrando): *Pearl*! Pearl Bailey! (Um milagre! Ela me *ouve*. Todos ouvem, seu *entourage* inteiro) Pearl! Venha até aqui, por favor...

PEARL (fitando-me com os olhos apertados, depois irrompendo num sorriso radioso): Ora, meu bem! Por que você está escondido aqui?

TC (sinalizando para ela chegar mais perto; num sussurro): Pearl, escute. Estou numa situação terrível.

PEARL (imediatamente séria, porque, sendo uma mulher muito inteligente, percebeu na mesma hora que, fosse o que fosse, não tinha a menor graça): Conte.

TC: Você vai tomar o avião para Nova York?

PEARL: Vamos, todos nós.

TC: Preciso embarcar também, Pearl. E estou com a passagem. Mas tem dois sujeitos no portão que não vão me deixar partir.

PEARL: Quais sujeitos? (Apontei os homens para ela) E por que eles podem impedir você de partir?
TC: São detetives, Pearl, não dá tempo de explicar tudo...
PEARL: Não precisa explicar nada.

(Ela passou em revista sua companhia de belos dançarinos negros; estava acompanhada de meia dúzia deles — Pearl, eu me lembrava, gosta de viajar na companhia de muita gente. Ela fez um gesto chamando um deles; uma figura esguia com chapéu de caubói amarelo, camisa de malha com os dizeres É PARA CHUPAR, E NÃO PARA SOPRAR, casaco de couro branco com gola de arminho, calça larga amarela ao estilo da década de 40 e sandálias amarelas de salto plataforma.)

Este aqui é o Jimmy. Ele é um pouco maior do que você, mas acho que vai caber. Jimmy, leve meu amigo aqui para o banheiro e troque de roupa com ele. Jimmy, nem comece a abrir a matraquinha, só faça o que Pearlie-Mae está dizendo. Vamos ficar aqui mesmo esperando por vocês. Depressa! Daqui a dez minutos perdemos o avião.

(A distância entre a cabine telefônica e o banheiro dos homens era uma corrida de menos de dez metros. Nós nos trancamos num reservado pago e começamos nossa troca de guarda-roupa. Jimmy achou uma graça louca nisso: ria o tempo todo, como uma colegial que tivesse acabado de fumar seu primeiro baseado. Eu disse a ele: "Pearl! Um verdadeiro milagre. Nunca fiquei tão feliz de encontrar alguém. Nunca". E Jimmy disse: "Ah, a senhorita Bailey tem muito espírito. Ela tem um coração enorme, sabe como é? Ela é toda coração".

Houve um tempo em que eu teria discordado dele, um tempo em que eu teria descrito Pearl Bailey como uma vaca desalmada. Isso aconteceu quando ela representava o personagem de madame Fleur, o papel principal de *Uma casa de flores*. Eu tinha escrito o libreto desse musical, e Harold Arlen e eu éramos os autores das letras das canções. Havia muitos homens talentosos associados a esse empreendimento: o diretor era Peter Brook; o coreógrafo, George Balanchine; Oliver Messel desenhou cenários e figurinos lendariamente encantadores. Mas Pearl Bailey era tão forte, tão determinada a fazer tudo do seu modo, que dominou toda a produção, muito em detrimento de seu sucesso final. No entanto, vivendo e aprendendo, perdoando e esquecendo; quando a peça estava encerrando sua carreira na Broadway, Pearl e eu tínhamos voltado a ser amigos. Além de seu talento de estrela, eu tinha aprendido a respeitar seu caráter; ocasionalmente podia ser desagradável lidar com isso, mas não havia dúvida de que era algo que ela possuía: era uma mulher de muito caráter — todo mundo sabia quem ela era e o que pensava.

Enquanto Jimmy se espremia para entrar em minhas calças, embaraçosamente justas demais para ele, e eu me enfiava em sua jaqueta de couro branco com gola de arminho, ouvimos uma batida agitada na porta.)

VOZ DE HOMEM: Ei! O que está havendo aí dentro?

JIMMY: E quem é *você*, por gentileza?

VOZ DE HOMEM: Sou o encarregado. E não me venha com impertinência. O que está acontecendo aí dentro é contra a lei.

JIMMY: Que merda!

ENCARREGADO: Estou vendo quatro pés, e roupas sendo tiradas. Acha que sou burro e não entendi o que está acontecendo? É contra a lei. É contra a lei dois homens se trancarem na mesma cabine ao mesmo tempo.

JIMMY: Ora, vá tomar no cu.

ENCARREGADO: Vou chamar a polícia. E eles vão prender vocês dois por causa disso.

TC: Jesus, Maria e José...

ENCARREGADO: Abram essa porta!

TC: O senhor não está entendendo.

ENCARREGADO: Mas sei bem o que estou vendo. Quatro pés.

TC: Estamos trocando de roupa para a próxima cena.

ENCARREGADO: Próxima cena do quê?

TC: Do filme. Estamos nos arrumando para filmar a próxima cena.

ENCARREGADO (curioso e impressionado): Estão fazendo um filme aí fora?

JIMMY (embarcando na história): Com Pearl Bailey. Ela é a atriz principal. E com Marlon Brando também.

TC: Kirk Douglas.

JIMMY (mordendo os nós dos dedos para não rir): E Shirley Temple. É o recomeço da carreira dela.

ENCARREGADO (acreditando, mas ainda não muito): Sei, bem... e vocês dois? Quem são?

TC: Só figurantes. É por isso que não temos camarim.

ENCARREGADO: Não quero saber. Dois homens, quatro pés. É contra a lei.

JIMMY: Vá olhar lá fora. Vai ver Pearl Bailey em pessoa. Marlon Brando. Kirk Douglas. Shirley Temple. Mahatma Gandhi — ela também está no filme. Fazendo uma ponta.

ENCARREGADO: Quem?

JIMMY: Mamie Eisenhower.

TC (abrindo a porta, tendo terminado a troca de roupas; meus trajes até que não ficam mal em Jimmy, mas desconfio que o figurino dele, usado por mim, vai produzir um efeito galvânico, e a expressão no rosto do encarregado, um negro baixo e hirsuto, confirma minha impressão): Desculpe. Não sabíamos que estávamos agindo contra a lei.

JIMMY (passando com postura imperial pelo encarregado, que parece estupefato demais para se mover): Venha conosco, querido. Vamos apresentar você a todo mundo. Você pode até conseguir autógrafos.

(Finalmente voltamos ao corredor, e Pearl, sem um sorriso, me envolveu em seus braços macios de zibelina; seus companheiros nos cercaram de perto num círculo protetor. Nenhuma piada nem comentário. Meus nervos ferviam como os de um gato atingido por um raio, mas já Pearl, as qualidades dela que no passado me deixavam assustado — o poder, a força de vontade — emanavam dela como energia elétrica de uma cachoeira.)

PEARL: A partir de agora fique quieto. Diga eu o que disser, não abra a boca. Esconda mais a cara com a aba do chapéu. Encoste em mim como se estivesse fraco e se sentindo mal. Apóie a cabeça em meu ombro. Feche os olhos. Deixe que eu guio.

Muito bem. Estamos chegando ao balcão. Jimmy está com todas as passagens. Já anunciaram a última chamada para o embarque, e por isso não há muita gente por aqui. Os tiras não se deslocaram um centímetro, mas parecem cansados e meio enjoados. Agora estão olhando para nós. Os dois. Quando passarmos entre eles, os rapazes vão começar a tagarelar e a distrair os dois. Está vindo alguém. Chegue mais perto, solte um gemido — é um dos sujeitos do atendimento VIP da TWA. Agora preste atenção no número da mamãe aqui... (Mudando de voz, assumindo sua identidade teatral, ao mesmo tempo engraçada e excêntrica, falando com sotaque do Sul) Senhor Calloway? Como Cab? Bem, o senhor é um anjo de verdade por nos ajudar. E estamos mesmo precisando de ajuda. Temos de entrar nesse avião o mais depressa possível. Meu amigo aqui —

um dos meus músicos — está péssimo. Mal consegue andar. Tocamos em Vegas, e talvez ele tenha tomado sol demais. O sol faz mal à cabeça e ao estômago também. Ou talvez seja a dieta dele. Os músicos comem coisas estranhas. Especialmente os pianistas. Ele quase não come nada além de cachorros-quentes. Ontem à noite comeu dez. O que não é nada saudável. Não admira ele estar se sentindo intoxicado. Ficou surpreso, senhor Calloway? Bem, imagino que pouca coisa deve deixar o senhor surpreso, trabalhando numa companhia de aviação. Todos esses seqüestros! Criminosos por toda parte. Assim que chegarmos a Nova York, vou levar meu amigo direto ao médico. E vou pedir ao médico que diga a ele que pare de tomar sol e de comer salsichas. Ah, obrigada, senhor Calloway. Não, prefiro o corredor. Vou pôr meu amigo aqui do meu lado. Ele vai se sentir melhor perto da janela. O ar fresco.

Pronto, colega. Pode abrir os olhos.

TC: Acho que vou ficar com eles fechados mesmo. Fica mais parecido com um sonho.

PEARL (à vontade, rindo): De qualquer maneira, conseguimos. Seus amigos nem viram você. Quando a gente passava pelos dois, Jimmy pegou no pau de um deles, e Billy pisou no pé do outro.

TC: E onde está Jimmy?

PEARL: Os meninos todos viajam de econômica. A roupa de Jimmy até que lhe vai bem. Você fica mais interessante. Gostei especialmente das sandálias — *adorei*.

COMISSÁRIA DE BORDO: Bom dia, senhorita Bailey. Aceita uma taça de champanhe?

PEARL: Não, meu bem. Mas meu amigo aqui talvez queira tomar alguma coisa.

TC: Conhaque.

COMISSÁRIA DE BORDO: Desculpe, senhor, mas só servimos champanhe enquanto o avião não decola.

PEARL: Ele quer conhaque.

COMISSÁRIA DE BORDO: Desculpe, senhorita Bailey. Não é permitido.

PEARL (no tom suave mas metálico que eu conhecia dos ensaios de *Uma casa de flores*): Traga o conhaque dele. A garrafa toda. Agora.

(A comissária de bordo trouxe o conhaque, e me servi de uma dose generosa com a mão pouco firme: fome, cansaço, ansiedade, os acontecimentos vertiginosos das últimas vinte e quatro horas apresentavam sua conta. Eu me servi de mais uma dose e comecei a me sentir um pouco mais leve.)

TC: Acho que preciso lhe explicar o que foi tudo isso.

PEARL: Não necessariamente.

TC: Então não vou dizer nada. Assim você fica com a consciência em paz. Só vou lhe dizer que não fiz nada que uma pessoa razoável classificasse de crime.

PEARL (consultando um relógio de diamante): Já devíamos estar voando acima de Palm Springs a esta altura. Ouvi a porta se fechar há séculos. Comissária!

COMISSÁRIA DE BORDO: Pois não, senhorita Bailey.

PEARL: O que está havendo?

COMISSÁRIA DE BORDO: Ah, o comandante vai explicar...

VOZ DO COMANDANTE (pelos alto-falantes): Senhoras e senhores, lamentamos o atraso. Estaremos partindo dentro de instantes. Obrigado pela sua paciência.

TC: Jesus, Maria e José.

PEARL: Tome mais uma. Você está tremendo. Até parece uma primeira noite. Quer dizer, não pode ser *tão* grave assim.

TC: É pior. E não consigo parar de tremer — pelo menos até começarmos a voar. Talvez só pare quando pousarmos em Nova York.

PEARL: Você ainda mora em Nova York?

TC: Graças a Deus.

PEARL: Lembra de Louis? Meu marido?

TC: Louis Bellson. Claro. O maior baterista do mundo. Melhor do que Gene Krupa.

PEARL: Trabalhamos tanto em Vegas que resolvemos comprar uma casa lá. E virei uma pessoa muito caseira. Cozinho muito. Morar em Vegas é igual a morar em qualquer outro lugar, contanto que você evite os indesejáveis. Os *jogadores*. Os desempregados. Toda vez que um homem me diz que estaria trabalhando se conseguisse encontrar um emprego, sugiro que procure no catálogo, na letra G. G de gigolô. Lá ele encontra emprego. Pelo menos em Vegas. É uma cidade de mulheres desesperadas. Tive sorte; encontrei o homem certo e tive o bom senso de reconhecer.

TC: Você vai trabalhar em Nova York?

PEARL: No Persian Room.

VOZ DO COMANDANTE: Sinto muito, senhoras e senhores, mas vamos nos atrasar mais alguns minutos. Por favor, permaneçam em seus lugares. Quem quiser fumar, pode fumar.

PEARL (tensionando os nervos subitamente): Não estou gostando disso. Estão abrindo a porta.

TC: O quê?

PEARL: *Estão abrindo a porta.*

TC: Jesus, Maria...

PEARL: Não estou gostando nada disso.

TC: Jesus, Maria...

PEARL: Afunde na poltrona. Cubra o rosto com o chapéu.

TC: Estou com medo.

PEARL (agarrando minha mão e apertando com força): Ronque.

TC: Roncar?

PEARL: Ronque!

TC: Estou sufocando. Não *consigo* roncar.

PEARL: É melhor começar a tentar, porque seus amigos estão entrando por aquela porta. Parece que vão revistar esta joça toda. De ponta a ponta.

TC: Jesus, Maria...

PEARL: Ronque, seu bandido, ronque.

(Ronquei, e ela aumentou a pressão da mão na minha; Pearl começou a cantarolar bem baixinho uma doce canção de ninar, como se consolasse um filho manhoso. Ao mesmo tempo, outro tipo de murmúrio nos rodeava: vozes humanas preocupadas com o que estava ocorrendo no avião, com o que buscavam os dois homens misteriosos que caminhavam para cima e para baixo entre os assentos, parando de vez em quando para examinar melhor algum passageiro. Passaram-se minutos. Fiquei contando: seis, sete. Tiquetaquetiquetaquetiquetaque. Finalmente Pearl parou de entoar sua melodia maternal e retirou a mão da minha. Então ouvi a grande porta redonda do avião se fechando com estrépito.)

TC: Foram embora?

PEARL: Foram. Não sei quem estavam procurando, mas queriam muito encontrar.

E estavam mesmo. Embora o novo julgamento de Robert M. tenha acabado exatamente como eu previra, e o júri tenha chegado ao veredicto de culpado nas três acusações de homicídio em primeiro grau, os tribunais da Califórnia continuaram a encarar com severidade minha recusa em cooperar com eles. Eu não sabia o quanto; achei que no devido tempo a questão acabaria esquecida. De maneira que não hesitei em retornar à Califórnia quando, um ano mais tarde, foi exigida minha presença lá por pouco tempo. Pois mal eu tinha acabado de me registrar no Bel Air Hotel, senhores, fui preso, levado à presença de um juiz durão que me multou em cinco mil dólares e me condenou a uma sentença indefinida na cadeia do condado de Orange, o que significava que poderiam me manter trancafiado por semanas, meses ou anos. No entanto, fui solto logo depois porque minha ordem de prisão continha um erro menor mas significativo: nela eu figurava como residente da Califórnia, quando na verdade eu morava em Nova York, fato que invalidava a condenação e o confinamento.

Mas tudo isso ainda estava no futuro, nem imaginado nem sonhado no momento em que a nave prateada contendo Pearl e seu amigo fugitivo da lei ganharia as alturas num céu etéreo de novembro. Acompanhei a sombra do avião que ondulava na superfície do deserto e deslizou através do Grand Canyon. Conversamos, rimos, comemos e cantamos. Algumas estrelas e o lilás do crepúsculo enchiam o ar, e, envoltas em neve azul, as montanhas Rochosas se erguiam à nossa frente, com uma fatia cítrica de lua nova pairando acima delas.

TC: Olhe, Pearl. A lua nova. Vamos fazer um pedido.

PEARL: E qual é o seu desejo?

TC: Desejo poder estar sempre tão feliz quanto neste exato momento.

PEARL: Ah, meu bem, isso é igual a pedir um milagre. Deseje alguma coisa possível.

TC: Mas eu acredito em milagres.

PEARL: Então só posso lhe dizer uma coisa: nem pense em começar a jogar a dinheiro.

5. E então tudo veio abaixo

Local: Uma cela num bloco de segurança máxima na prisão de San Quentin, na Califórnia. A cela contém um único catre, e tanto seu ocupante permanente, Robert Beausoleil, quanto seu visitante são levados a se sentar ali numa posição bastante incômoda. A cela é limpa, despojada; há um violão bem encerado de pé, num canto. Mas é final de uma tarde de inverno, e no ar se sente uma friagem, até mesmo uma sugestão de nevoeiro, como se a neblina da baía de São Francisco se infiltrasse na prisão.

Apesar do frio, Beausoleil está sem camisa, vestindo apenas a calça de brim fornecida pela prisão, e é evidente que está satisfeito com sua aparência, especialmente com seu corpo, ágil e felino, em perfeita forma, considerando que já passou mais de uma década encarcerado. Seu peito e seus braços constituem um panorama de emblemas tatuados: dragões caprichosos, crisântemos entrelaçados, serpentes esticadas. Alguns o acham excepcionalmente bonito; e ele é, mas num estilo um tanto cafajeste de machão de mau gosto. Não surpreende descobrir que trabalhou como ator na infância e que figurou em vários filmes de Hollywood; mais tarde, ainda rapazinho, foi por algum tempo o *protégé* de Kenneth Anger, o cineasta (*Scorpio rising*) e escritor (*Hollywood Babylon*) experimental; Anger chegou a escalá-lo para o papel principal de *Lucifer rising*, um filme inacabado.

Robert Beausoleil, que tem hoje trinta e um anos, é a figura realmente misteriosa do culto de Charles Manson; para ser mais preciso — e este é um ponto que nunca foi devidamente esclarecido nos relatos sobre a tribo — é ele a chave do mistério dos surtos homicidas da chamada família Manson, especialmente os assassinatos de Sharon Tate e do casal Lo Bianco.

Tudo começou com o assassinato de Gary Hinman, um músico profissional de meia-idade que se tornara amigo de vários membros da família Manson e que, infelizmente para ele, morava sozinho numa casinha isolada em Topanga Canyon, no condado de Los Angeles. Hinman foi amarrado e torturado por vários dias (entre outras indignidades, deceparam uma de suas orelhas) antes de ter o pescoço piedosa e permanentemente cortado. Quando o corpo de Hinman, inchado e cercado pelo zumbido intenso das moscas de agosto, foi encontrado, a polícia também achou as pichações feitas com sangue nas paredes de sua casinha modesta ("Morte aos Porcos!") — com dizeres semelhantes aos que pouco depois seriam vistos na casa da senhorita Tate e na do casal Lo Bianco.

No entanto, poucos dias antes dos crimes Tate e Lo Bianco, Robert Beausoleil, surpreendido dirigindo um carro que pertencera à vítima, tinha sido detido e encarcerado, sob a acusação de ter assassinado o indefeso sr. Hinman. Foi então que Manson e seus amiguinhos, na esperança de conseguir libertar Beausoleil, tiveram a idéia de cometer uma série de homicídios semelhantes ao caso Hinman; se Beausoleil ainda estivesse preso por ocasião dessas mortes, como poderia ser culpado das atrocidades praticadas contra Hinman? Pelo menos foi assim que raciocinou o bando de Manson. Ou seja, foi devido à dedicação a "Bobby" Beausoleil que Tex Watson e as jovens degoladoras — Susan Atkins, Patricia Krenwinkel, Leslie van Hooten — entregaram-se às suas missões satânicas.

RB: Estranho. Beausoleil. É francês. Meu nome é francês. Quer dizer Belo Sol. Merda. Ninguém vê muito o sol aqui dentro. Escute só as sirenes de nevoeiro. Parecem apitos de trem. Um gemido. E ficam piores no verão. Talvez tenha mais nevoeiro no verão do que no inverno. O clima. Merda, não vou a lugar nenhum. Mas escute só. Um gemido. E então, o que você fez hoje?

TC: Andei por aí. Conversei um pouco com Sirhan.

RB (ri): Sirhan *B*. Sirhan.* Conheci o cara quando passei um tempo no Corredor. Ele é doente. O lugar dele não é aqui. Deveria estar no manicômio de Atascadero. Quer um chiclete? É, você parece conhecer bem os caminhos aqui de dentro. Eu estava observando você lá fora, no pátio. Fiquei espantado quando vi que o diretor deixa você caminhar sozinho pelo pátio. Pode ser espetado por alguém.

TC: Por quê?

RB: Só pelo gosto. Mas você vem muito aqui, não é? Os outros me disseram.

TC: Meia dúzia de vezes, para pesquisas diferentes.

RB: Aqui só tem uma coisa que eu nunca vi. Mas eu queria era ver a sala verde-maçã. Quando me despacharam para cá

* Sirhan Bishara Sirhan: em junho de 1968, esse palestino assassinou a tiros, num hotel de Los Angeles, o então candidato à presidência dos Estados Unidos, Robert Kennedy. (N. T.)

por causa daquela história do Hinman e fui condenado à morte, eles me fizeram passar um bom tempo no Corredor. Até o momento em que o tribunal aboliu a pena de morte. Por isso sempre quis saber como era a salinha verde.

TC: Na verdade, são três salas.

RB: Eu achava que havia uma saleta redonda com uma espécie de iglu fechado, de vidro, bem no meio. Um iglu com janelas, para as testemunhas do lado de fora poderem ver os sujeitos morrendo sufocados com aquele perfume de pêssego.

TC: É, a sala da câmara de gás é assim. Mas, quando o prisioneiro desce do Corredor da Morte, ele sai do elevador direto numa saleta de "passagem" ao lado da sala das testemunhas. Existem duas celas nessa sala de "passagem", para o caso de haver uma execução dupla. São celas comuns, iguais a esta aqui, e o prisioneiro passa numa delas a última noite — lendo, ouvindo rádio, jogando cartas com os guardas — antes da execução, de manhã. Mas descobri que o interessante é que existe uma *terceira* sala no conjunto. Fica por trás de uma porta fechada, bem ao lado da cela "de passagem". Abri a porta, entrei, e nenhum dos guardas que estavam comigo tentou me deter. E era a sala mais assustadora que já vi. Sabe o que fica nela? Tudo o que sobra, todos os artigos que os condenados trouxeram com eles para as celas "de passagem". Livros. Bíblias, livros de bolso com histórias de faroeste e de Erle Stanley Gardner, James Bond. Jornais velhos amarelados. Alguns já têm uns vinte anos. Palavras cruzadas inacabadas. Cartas inacabadas. Fotos de namoradas. Crianças meio apagadas em instantâneos Kodak. É patético.

RB: Você já viu alguém ser executado com gás?

TC: Uma vez. Mas ele se comportou como se não fosse nada de mais. Estava feliz de morrer, queria acabar logo com aquilo; sentou-se na cadeira como se tivesse ido ao dentista limpar os dentes. Mas, no Kansas, vi dois homens serem enforcados.

RB: Perry Smith? E... como é o nome dele? Dick Hickock?* Bem, quando você chega na ponta da corda, acho que não sente mais nada.

TC: É o que dizem. Mas, depois da queda, continuam vivendo — mais uns quinze, vinte minutos. Esperneando. Tentando respirar, com o corpo ainda lutando pela vida. Não consegui me controlar e vomitei.

RB: Talvez você não seja tão calmo assim, não é? Você parece tranqüilo. E então, Sirhan se queixou por continuar no regime de Segurança Especial?

TC: Mais ou menos. Ele se sente só. Quer se misturar aos outros presos, fazer parte da população dali.

RB: Ele não sabe que assim é melhor? Do lado de fora, acabam com ele na mesma hora.

TC: Por quê?

RB: Pelo mesmo motivo que ele acabou com Kennedy. Pela fama. Metade das pessoas que matam querem é isto: a fama. Querem ter uma foto no jornal.

TC: Mas não foi por isso que você matou Gary Hinman.

RB: (Silêncio)

TC: Foi porque você e Manson queriam que Hinman lhes desse dinheiro mais o carro dele, e quando ele se recusou... bem...

RB: (Silêncio)

TC: Andei pensando. Conheço Sirhan e conhecia Bobby Kennedy. Conheci Lee Harvey Oswald e conheci Jack Kennedy.

* Perry Smith e Dick Hickock: assassinos seriais, descritos por Truman Capote em *A sangue frio*. (N. T.)

A possibilidade disso — de um mesmo sujeito conhecer essas quatro pessoas — certamente é mínima.

RB: Oswald? Você conheceu Oswald? De verdade?

TC: Conheci Oswald em Moscou, pouco depois que ele foi para a Rússia. Uma noite, ia sair para jantar com um amigo, um jornalista italiano que era correspondente em Moscou, e, quando ele passou para me pegar, perguntou se antes eu me incomodaria de ir com ele conversar com um jovem desertor americano, um certo Lee Harvey Oswald. Oswald estava hospedado no Metropole, um antigo hotel do período czarista, perto da praça do Kremlin. O Metropole tinha um saguão imenso e escuro, cheio de sombras e palmeiras mortas. E lá estava ele, sentado no escuro, debaixo de uma palmeira morta. Magro e pálido, de lábios finos e expressão faminta. Usava calças de algodão, tênis e camisa de lenhador. E estava enraivecido — rilhava os dentes, e os olhos pulavam para todo lado. Estava furioso com tudo: com o embaixador americano; com os russos — estava louco com eles porque não queriam deixá-lo ficar em Moscou. Conversamos com Oswald por mais ou menos meia hora, e meu amigo italiano não achou que o sujeito valesse uma reportagem. Mais um paranóico histérico; os bosques de Moscou estavam repletos de gente assim. Nunca tornaria a pensar nele, a não ser muitos anos mais tarde. Só depois do assassinato, quando vi sua imagem de relance na televisão.

RB: Será que você é a única pessoa que conheceu os dois, Oswald e Kennedy?

TC: Não. Havia também uma garota americana, Priscilla Johnson. Ela trabalhava para a United Press em Moscou. Conhecia Kennedy e conheceu Oswald mais ou menos na mesma época que eu. Mas posso lhe contar uma outra coisa quase tão curiosa quanto essa. Sobre algumas dessas pessoas que seus amigos assassinaram.

RB: (Silêncio)

TC: Eu conhecia quase todas. Das cinco pessoas mortas na casa de Sharon Tate naquela noite, eu conhecia pelo menos quatro. Conheci Sharon Tate no Festival de Cinema de Cannes. Jay Sebring cortou meu cabelo algumas vezes. Uma vez almocei em São Francisco com Abigail Folder e o namorado dela, Frykowski. Noutras palavras, eu os conheci separadamente. E ainda assim, certa noite, lá estavam eles, todos reunidos na mesma casa esperando a chegada dos seus amigos. Uma coincidência e tanto.

RB (acende um cigarro; sorri): Sabe o que eu acho? Acho que conhecer você não dá muita sorte. Merda. Ouviu só? Choro e mais choro. Estou com frio. Está com frio?

TC: Por que você não veste uma camisa?

RB: (Silêncio)

TC: Tatuagem é um negócio engraçado. Já conversei com centenas de homens condenados por homicídio — por homicídios múltiplos, na maioria dos casos. O único denominador comum que consegui encontrar entre eles foram as tatuagens. Pelo menos oitenta por cento eram muito tatuados. Richard Speck. York e Latham. Smith e Hickock.

RB: Vou vestir um casaco.

TC: Se você não estivesse aqui, se pudesse estar em qualquer lugar, fazendo o que quisesse, onde é que você queria estar, e o que estaria fazendo?

RB: Viajando. Na minha Honda, pela estrada da Costa, curvas rápidas, ondas e mar, muito sol. Depois de sair de São Francisco, no caminho de Mendocino, atravessando os bosques de sequóias. Estaria fazendo amor. Na praia, ao lado de uma fogueira. Tocando, trepando, fumando da boa de Acapulco e olhando o pôr-do-sol. Jogando no fogo galhos secos trazidos pela maré. Uma boa foda, um bom fumo, só viajando.

TC: Aqui dá para conseguir fumo.

RB: E qualquer outra coisa. Qualquer tipo de droga — pelo preço certo. Tem gente aqui que passa o tempo todo usando de tudo, menos patins de rodas.

TC: E sua vida era assim antes de você ser preso? Só uma viagem? Você nunca trabalhou?

RB: De vez em quando eu tocava violão num ou noutro bar.

TC: Soube que você era um tremendo picão. Que tinha praticamente um harém. Quantos filhos você teve?

RB: (Silêncio — mas ombros encolhidos, sorrisos, baforadas)

TC: Fico surpreso de ver você com um violão. Algumas prisões não permitem violões, porque as cordas podem ser retiradas e usadas como armas. Um garrote. Faz quanto tempo que você toca?

RB: Ah, desde que eu era menino. Fui uma dessas crianças de Hollywood. Trabalhei em alguns filmes. Mas meus pais eram contra. São gente muito careta. De qualquer maneira, eu não gostava de representar. Só queria compor música, tocar e cantar.

TC: Mas e o filme que você fez com Kenneth Anger — *Lucifer rising*?

RB: Fiz mesmo.

TC: Como você se dava com Anger?

RB: Bem.

TC: Então por que Kenneth Anger anda com um medalhão numa corrente em volta do pescoço com uma foto sua? De um lado tem sua foto e do outro a imagem de um sapo com uma inscrição: "Bobby Beausoleil transformado em sapo por Kenneth Anger". Parece um amuleto vodu. Uma praga que ele rogou depois que você, segundo ele, roubou tudo que ele tinha. E foi embora no meio da noite levando o carro dele — e outras coisinhas.

RB (estreitando os olhos): Ele lhe disse isso?

TC: Não, nunca falei com ele. Mas foi o que várias outras pessoas me contaram.

RB (estende o braço para o violão, afina suas cordas, canta): "*This is my song, this is my song, this is my dark song, my dark song...*". Todo mundo sempre quer saber como é que eu me entendia com Manson. Era através da música. Ele também toca um pouco. Uma noite eu estava passeando de carro com algumas das minhas mulheres. Bem, chegamos a um bar velho na beira da estrada, um lugar que serve cerveja, e lá encontrei Charlie com algumas das mulheres dele. Conversamos, tocamos um pouco juntos; no dia seguinte, Charlie veio me ver na minha camionete, e nós todos, o pessoal dele e o meu, acabamos acampando juntos. Irmãos e irmãs. Uma família.

TC: Você via Manson como um líder? Você se sentiu influenciado por ele desde o início?

RB: Não. Ele tinha o pessoal dele, eu tinha o meu. Se alguém foi influenciado, foi ele. Por mim.

TC: Sim, ele se sentiu atraído por você. Interessado. Ou pelo menos é o que ele diz. Você parece ter causado esse efeito em muitas pessoas, tanto homens quanto mulheres.

RB: O que acontece, acontece. Tudo é bom.

TC: Você considera que matar pessoas inocentes é uma coisa boa?

RB: Quem disse que eram inocentes?

TC: Bem, depois voltamos a isso. Mas por enquanto: Qual é a sua idéia de moral? Como é que você diferencia o que é bom do que é mau?

RB: Bom e mau? É *tudo* bom. Se acontece, só pode ser bom. Se não fosse, não estaria acontecendo. É assim que a vida é. Que ela flui, que ela caminha. E caminho com ela. Não questiono a vida.

TC: Noutras palavras, você não questiona o ato de matar. Você considera que é "bom" porque é uma coisa que "acontece". Justificável.

RB: Tenho a minha justiça. Vivo pela minha lei, sabe? Não respeito as leis desta sociedade. Porque nem a sociedade respeita as próprias leis. Faço minhas leis e vivo de acordo com elas. Tenho minha própria idéia de justiça.

TC: E qual é a sua idéia de justiça?

RB: Acredito que tudo que vai acaba voltando. O que sobe acaba descendo. É assim que a vida flui, e que procuro fluir com ela.

TC: Não faz muito sentido — pelo menos para mim. E não acho que você seja burro. Vamos tentar de novo. Na sua opinião, é certo Manson ter mandado Tex Watson e as meninas entrarem naquela casa para matar gente que não conheciam, pessoas inocentes...

RB: Já falei: Quem disse que eram inocentes? Eles enganavam os outros em transações de droga. Sharon Tate e aquela turma. Pegavam meninas na rua, levavam para casa e chicoteavam. E filmavam tudo. Pode perguntar à polícia; eles encontraram os filmes. Não que eles pretendam lhe contar a verdade.

TC: A verdade é que o casal Lo Bianco, Sharon Tate e os amigos dela foram mortos para proteger você. As mortes deles estavam diretamente ligadas ao assassinato de Gary Hinman.

RB: Você já disse isso. E já entendi aonde quer chegar.

TC: Os ataques foram imitações do assassinato de Hinman — para provar que não poderia ter sido você quem matou Hinman. E assim tirar você da cadeia.

RB: Me tirar da cadeia. (Faz que sim com a cabeça, sorri, suspira — envaidecido) Nada disso apareceu em nenhum dos julgamentos. As meninas foram julgadas depois e tentaram contar a verdade do que tinha acontecido, mas ninguém mais queria escutar. As pessoas só conseguiam acreditar no que saía na mídia. A mídia foi programada para divulgar que tudo isso aconteceu porque tínhamos resolvido começar uma guerra racial. Que eram negros maus decididos a machucar todos os brancos bonzinhos. Só que... foi como você disse. A mídia disse que éramos uma "família". E foi a única verdade que saiu. Nós *éramos* uma família. Éramos mãe, pai, irmão, irmã, filha, filho. Se um membro de nossa família estivesse correndo perigo, não abandonávamos essa pessoa. E assim, foi por amor a um irmão, um irmão que estava na cadeia acusado de assassinato, que todas essas mortes aconteceram.

TC: E você não lamenta?

RB: Não. Se meus irmãos e irmãs fizeram isso, foi uma coisa boa. Tudo na vida é bom. Tudo corre, tudo flui. Tudo é bom. Tudo é música.

TC: Quando você estava trancado no Corredor da Morte, se você tivesse sido forçado a fluir até a câmara de gás e aspirar fundo o cheiro de pêssegos, você teria dado sua aprovação?

RB: Se tivesse acontecido assim. Tudo que acontece é bom.

TC: A guerra. Crianças famintas. A dor. A crueldade. A cegueira. As prisões. O desespero. A indiferença. Tudo isso é bom?

RB: Por que você está me olhando desse jeito?

TC: Por nada, estava só reparando em como seu rosto muda. Em certos momentos, com um pequeno deslocamento de ângulo, você tem um ar de menino, totalmente inocente, uma pessoa encantadora. Mas então... bem, você dá a impressão de uma espécie de Lúcifer da rua 42. Você já assistiu A *noite tudo encobre*? Um filme antigo com Robert Montgomery? Não? Bem, é sobre um jovem atrevido, belo e de ar inocente, que viaja pelo interior da Inglaterra seduzindo velhotas; depois de decapitá-las, ele leva as cabeças com ele em porta-chapéus de couro.

RB: E o que isso tem a ver comigo?

TC: Eu estava pensando — se algum dia fosse refilmado, se alguém adaptasse a história para os Estados Unidos e transformasse o personagem de Montgomery num jovem andarilho de olhos castanhos e voz enfumaçada, você seria perfeito para o papel.

RB: Está tentando me dizer que sou um psicopata? Não sou louco. Se preciso usar violência, eu uso, mas não acredito em matar.

TC: Então devo estar ficando surdo. Estou enganado ou você acabou de me dizer que as atrocidades que uma pessoa comete contra outra não importam, que foi bom, tudo bom?

RB: (Silêncio)

TC: Diga, Bobby, como é que você se vê?

RB: Como um presidiário.

TC: E além disso?

RB: Como um homem. Um homem *branco*. E tudo que os homens brancos representam.

TC: Sei, um dos guardas me disse que você era o chefe da Irmandade Ariana.

RB (hostil): E você sabe alguma coisa sobre a Irmandade?

TC: Sei que é composta de brancos durões. Que é uma fraternidade de mentalidade um tanto fascista. Que se formou na Califórnia e se espalhou por todo o sistema penitenciário americano, de norte a sul, de leste a oeste. Que as autoridades carcerárias consideram a Irmandade um culto perigoso, que pode criar muitos problemas.

RB: As pessoas precisam se defender. Estamos em minoria. Você não tem idéia de como é duro. Todo mundo aqui dentro tem mais medo uns dos outros que da polícia. Você precisa estar de olho aberto o tempo todo, se não quiser tomar uma estocada nas costas. Os pretos e os chicanos já formaram as turmas deles. Os índios também; ou será que eu deveria dizer os "americanos nativos"? É como os peles-vermelhas preferem ser chamados. Que piada! Sim, senhor: *é dureza*. Com todas as tensões raciais, a política, as drogas, a jogatina e o sexo. Os pretos gostam dos brancos jovens. Gostam de enfiar os cacetões pretos naquelas bundinhas brancas bem apertadas.

TC: Você já pensou no que faria da sua vida se fosse (ou quando for) solto?

RB: Isto aqui é um túnel sem fim. Eles nunca vão soltar Charlie.

TC: Espero que você tenha razão, e acho que tem. Mas é muito provável que um dia você consiga a condicional. Talvez mais cedo do que imagina. E então?

RB (dedilha o violão): Queria gravar algumas músicas que fiz. Para tocarem nas rádios.

TC: Esse era o sonho de Perry Smith. E de Charlie Manson também. Talvez existam mais coisas em comum entre vocês do que as tatuagens.

RB: Aqui entre nós, Charlie não tem muito talento. (Dedilhando acordes) "*This is my song, my dark song, my dark song*". Descolei meu primeiro violão com onze anos; ele estava perdido no sótão da minha avó e aprendi a tocar sozinho; sou louco por música desde esse tempo. Minha avó era adorável, e o porão da casa dela era meu lugar favorito. Eu gostava de ficar deitado lá, escutando a chuva. Ou de me esconder lá quando meu pai chegava em casa me procurando com o cinto na mão. Merda. Ouviu só? Gemido e mais gemido. A pessoa acaba ficando louca.

TC: Escute bem, Bobby. E responda com cuidado. Vamos supor que, quando você sair daqui, uma pessoa o procure — vamos dizer que seja Charlie — e peça que cometa um ato violento, que mate um homem. Você mata?

RB (depois de acender mais um cigarro, depois de fumá-lo até a metade): Pode ser. Depende. Eu nunca quis... quis... machucar Gary Hinman. Mas aconteceu uma coisa. Depois mais uma. E então tudo veio abaixo.

TC: E foi tudo bom.

RB: Foi tudo bom.

6. Uma criança linda

Data: 28 de abril de 1955.

Local: A capela da casa funerária Universal Funeral Home, na esquina da avenida Lexington com a rua 52, em Nova York. Uma fauna fascinante abarrota os bancos: celebridades, na maioria, da arena internacional do teatro, do cinema, da literatura, todos ali presentes em tributo a Constance Collier, a atriz inglesa morta no dia anterior, aos setenta e cinco anos de idade.

Nascida em 1880, a srta. Collier tinha começado a carreira como corista de music hall, mas evoluíra a partir daí até se transformar numa das maiores atrizes shakespearianas da Inglaterra (e por muitos anos foi noiva de sir Max Beerbohm, com quem nunca chegou a casar; talvez por essa razão, tenha servido de inspiração para a maliciosa e inatingível heroína do romance de sir Max, *Zuleika Dobson*). Finalmente emigrou para os Estados Unidos, país em que se estabeleceu como uma figura de importância considerável nos palcos nova-iorquinos, bem como nos filmes de Hollywood. Durante as últimas décadas de sua vida, morou em Nova York, onde trabalhava como professora de teatro de calibre singular; só aceitava profissionais como alunos, e geralmente apenas profissionais que já fossem "astros e estrelas" — Katharine Hepburn era sua aluna permanente; a outra Hepburn, Audrey, também foi pupila de Collier, bem como Vivien Leigh, e, por alguns meses antes da morte da srta. Collier, havia uma neófita a quem ela se referia como "meu problema especial", Marilyn Monroe.

Marilyn Monroe, a quem eu fora apresentado por John Huston quando ele a dirigiu em seu primeiro papel com falas, em *O segredo das jóias*, tinha ido parar debaixo da asa da srta. Collier por sugestão minha. Eu conhecia a srta. Collier havia pelo menos seis anos, e via nela, com admiração, uma mulher de verdadeira estatura, tanto física quanto emocional e artisticamente; apesar de seus modos imponentes, de sua forte voz de catedral, era uma pessoa adorável, um pouquinho malvada mas extraordinariamente calorosa; séria, ainda que *gemütlich*.* Eu adorava comparecer aos freqüentes almoços que ela costumava oferecer a poucos em seu sombrio *studio* vitoriano no centro de Manhattan; ela sempre tinha uma infinidade de casos para contar sobre suas aventuras como atriz principal contracenando com sir Beerbohm Tree e o grande ator francês Coquelin, sobre seus envolvimentos com Oscar Wilde, o jovem Chaplin e sobre Garbo em seus tempos de formação silenciosa na Suécia. Ela era de fato uma delícia, assim como sua dedicada secretária e acompanhante, Phyllis Wilbourn, uma solteirona de brilho discreto, que, após o passamento de sua empregadora, se tornou, e ainda é, acompanhante de Katharine Hepburn. A srta. Collier me apresentou a muitas pessoas de quem fiquei amigo: o casal Alfred Lunt e Lynn Fontane, o casal Vivien Leigh e Laurence

* *Gemütlich*: doce, carinhosa, calorosa, em alemão. (N. T.)

Olivier, e especialmente Aldous Huxley. Mas fui eu que lhe apresentei Marilyn Monroe, e num primeiro momento esse não foi um relacionamento que ela se mostrasse ansiosa por travar: sua visão começava a falhar, ela não assistira a nenhum dos filmes de Marilyn, e na verdade nada sabia sobre ela além de que era uma espécie de explosão sexual platinada que obtivera notoriedade global; em suma, nem de longe dava a impressão de ser a argila adequada para a severa moldagem clássica da srta. Collier. Mas achei que as duas poderiam formar uma combinação estimulante.

E formaram. "Ah, sim", a srta. Collier me relatou, "ela tem mesmo alguma coisa. É uma criança linda. Não no sentido óbvio — talvez até óbvio demais. Não acho que ela seja de maneira alguma uma atriz, não no sentido tradicional. As coisas que ela tem — essa presença, essa luminosidade, essa inteligência cintilante — jamais se revelariam num palco. São tão frágeis e sutis que só podem ser surpreendidas pela câmera. É como um beija-flor em pleno vôo: só uma câmera é capaz de congelar a poesia do seu gesto. Mas quem pensa que essa garota não passa de uma nova Harlow, de uma vadia ou de outra coisa qualquer está *louco*. E, por falar em loucura, eis no que estamos trabalhando juntas: Ofélia. As pessoas podem até achar graça, mas é verdade, ela poderia fazer uma Ofélia extraordinária. Conversei com Greta semana passada e contei a ela sobre a Ofélia de Marilyn, e Greta concordou, disse que acreditava porque tinha visto dois dos filmes dela, coisa muito ruim e vulgar, mas que ainda assim tinha percebido as possibilidades de Marilyn. Na verdade, Greta teve uma idéia engraçada. Sabia que ela gostaria de fazer um filme baseado em *Dorian Gray*? Com ela própria no papel de Dorian, claro. Bem, pois disse que adoraria contracenar com Marilyn no papel de uma das moças que Dorian seduz e destrói. Greta! Tão desperdiçada! Quanto talento — e bastante parecido com o de Marilyn, pensando bem. Claro, Greta é uma artista consumada, uma artista com controle absoluto. E essa linda criança não tem nenhuma idéia de disciplina ou sacrifício. De algum modo, acho que ela não chega à velhice. É um absurdo da minha parte pensar assim, mas algo me diz que ela vai partir jovem. Eu espero, rogo mesmo, que ela sobreviva o suficiente para libertar esse talento estranho e adorável que vagueia por dentro dela como um espírito aprisionado."

Mas agora a srta. Collier tinha morrido, e lá estava eu postado no vestíbulo da capela à espera de Marilyn; tínhamos falado ao telefone na noite anterior, combinando que ficaríamos juntos durante o serviço, que estava marcado para o meio-dia. Ela já estava com meia hora de atraso; estava *sempre* atrasada, mas eu tinha pensado que pelo menos dessa vez... Pelo amor de Deus! Então de repente ela chegou, e não a reconheci até ela dizer...

MARILYN: Oh, meu bem, desculpe. Mas é que eu já estava toda pronta quando resolvi que talvez não devesse usar cílios postiços, nem batom nem nada, então precisei tirar tudo, e não conseguia resolver o que usar...

(O que ela resolvera usar seria apropriado para a superiora de um convento de freiras numa audiência particular com o papa. Seus cabelos estavam totalmente escondidos por um lenço preto; seu vestido preto era largo e comprido, e parecia de algum modo emprestado; meias negras de seda cobriam o brilho louro de suas pernas esbeltas. Superiora alguma, isso é certo, jamais envergaria os sapatos pretos vagamente eróticos de salto alto que ela tinha escolhido, nem os óculos escuros negros em forma de olhos de coruja, dramatizando a palidez de baunilha de sua pele fresca como um derivado de leite.)

TC: Você está ótima.

MARILYN (mordiscando a unha de um polegar, já roída até o sabugo): Tem certeza? Quer dizer, estou tão nervosa. Onde fica o banheiro? Se eu pudesse dar uma passada lá só por um instante...

TC: E tomar uma pílula? Não. Shhhh. Esta é a voz de Cyril Ritchard: já começou o elogio fúnebre.

(Na ponta dos pés, entramos na capela abarrotada e nos espprememos para sentar num espaço estreito da última fila. Cyril Ritchard terminou; foi seguido por Cathleen Nesbitt, colega da srta. Collier a vida toda, e finalmente Brian Aherne se dirigiu aos enlutados. O tempo todo, minha companheira removia de quando em quando os óculos para enxugar as lágrimas que brotavam de seus olhos azuis acinzentados. Eu já a tinha visto sem maquiagem, mas na capela Marilyn apresentava uma nova experiência visual, um rosto que eu jamais tinha visto, e num primeiro momento não percebi a que aquilo se devia. Ah! Era por causa do lenço que lhe escondia os cabelos. Com as tranças encobertas, e o rosto limpo de qualquer cosmético, ela aparentava uns doze anos de idade, parecia uma virgem pubescente que acabara de ser admitida num orfanato, entristecida por sua provação. Finalmente a cerimônia acabou, e a congregação começou a se dispersar.)

MARILYN: Por favor, vamos ficar sentados aqui. Vamos esperar todo mundo ir embora.

TC: Por quê?

MARILYN: Não quero falar com ninguém. Nunca sei o que dizer.

TC: Então você fica sentada aqui, e eu espero do lado de fora. Preciso fumar um cigarro.

MARILYN: Você não pode me deixar sozinha! Meu Deus! Fume aqui mesmo.

TC: *Aqui*? Na capela?

MARILYN: Por que não? O que você vai fumar? Um baseado?

TC: Muito engraçado. Venha, vamos embora.

MARILYN: Por favor. Tem muitos fotógrafos lá embaixo. E realmente não quero que eles tirem uma foto minha com esta cara.

TC: Isso eu posso entender.

MARILYN: Você disse que eu estava bem.

TC: E está. Perfeita — para fazer o papel da noiva de Frankenstein.

MARILYN: Agora você está zombando de mim.

TC: Estou com cara de quem está rindo?

MARILYN: Está rindo por dentro. O pior tipo de zombaria. (Franzindo o sobrolho; roendo a unha) Na verdade, eu poderia ter posto um pouco de maquiagem. Pelo que estou vendo, todas as outras pessoas estão usando maquiagem.

TC: Eu, por exemplo. Camadas e mais camadas.

MARILYN: Não, falando sério. É o meu cabelo. Eu preciso de cor. E não tive tempo. Foi tudo tão inesperado, a morte da senhorita Collier e tudo o mais. Está vendo?

(Levantou ligeiramente o lenço para exibir uma linha escura no ponto onde repartia os cabelos.)

TC: E eu, inocente, achando o tempo todo que você era uma loura autêntica.

MARILYN: E sou. Mas ninguém é *tão* autêntico assim. E, antes que eu me esqueça, vá tomar no cu.

TC: Pronto, todo mundo já foi embora. Então vamos, levante.

MARILYN: Os fotógrafos ainda estão lá fora. Eu sei.

TC: Se eles não reconheceram você quando entrou, não vão reconhecer na saída.

MARILYN: Um deles me reconheceu. Mas me enfiei pela porta antes que ele começasse a gritar.

TC: Deve haver uma porta dos fundos. Podemos sair por lá.

MARILYN: Mas não quero ver nenhum cadáver.

TC: E por que veríamos?

MARILYN: Isto aqui é uma casa funerária. Eles precisam guardar os corpos em algum lugar. Era só o que me faltava hoje: entrar numa sala cheia de cadáveres. Agüente um pouco. Depois levo você a algum lugar, para tomar uma garrafa de champanhe.

(Ficamos sentados conversando, e Marilyn disse: "Detesto enterros. Ainda bem que não vou precisar ir ao meu. Só que não quero um funeral — só minhas cinzas jogadas nas ondas por um dos meus filhos, se um dia eu tiver algum. Eu nunca teria vindo aqui, mas é que a senhorita Collier gostava de mim, cuidava do meu bem-estar, e era exatamente como uma avó, uma vovó bem durona, mas que me ensinou muito. Ela me ensinou a respirar. O que foi muito útil para mim, e não só quando represento. Existem outros momentos na vida em que respirar é um problema. Quando ouvi a notícia, que a senhorita Collier estava esfriando, imediatamente pensei: E agora, o que vai ser de Phyllis?! A vida dela era a senhorita Collier. Ouvi dizer que ela vai morar com a senhorita Hepburn. Sorte a dela, agora vai se divertir. Se fosse o caso, eu trocaria de lugar com ela na mesma hora. A senhorita Hepburn é uma mulher é tanto, porra. Bem que eu queria ser amiga dela. Para poder ligar para ela às vezes e... bem, não sei, só ligar para ela".

Conversamos sobre o quanto gostávamos de Nova York e detestávamos Los Angeles ["Apesar de eu ter nascido lá, nunca me ocorreu nada de bom a dizer sobre aquele lugar. Se eu fechar os olhos e imaginar L. A., tudo que vejo são varizes inchadas"]; conversamos sobre atores e a arte de representar ["Todo mundo diz que não sei representar. Mas diziam o mesmo de Elizabeth Taylor. E estavam enganados. Ela estava ótima em *Um lugar ao sol*. Nunca vou conseguir o papel certo, um papel que eu queira de verdade. Por causa da minha cara. Ela é específica demais"]; falamos mais um pouco sobre Elizabeth Taylor, e ela queria saber se eu a conhecia. Respondi que sim, e ela disse: bem, como é que ela é, como é que ela é *de verdade*?, e respondi: ela é um pouco como você, sempre diz o que pensa e fala de um modo apimentado, Marilyn me disse vá se foder e quis saber, se alguém me perguntasse como era Marilyn Monroe, como ela era *de verdade*, o que eu diria, e respondi que precisava pensar a respeito.)

TC: Você acha que agora podemos ir embora deste lugar? Você me prometeu champanhe, está lembrada?

MARILYN: Estou. Mas não tenho dinheiro.

TC: Você está sempre atrasada e nunca tem dinheiro. Por algum acaso está com a ilusão de que é a rainha Elizabeth?

MARILYN: Quem?

TC: A rainha Elizabeth. A rainha da Inglaterra.

MARILYN (franzindo os olhos): E o que essa babaca tem a ver com a história?

TC: A rainha Elizabeth também nunca anda com dinheiro. Não lhe é permitido. O sonante imundo não pode macular os dedos reais. É uma lei, ou coisa assim.

MARILYN: Quem dera aprovassem uma lei igual para mim.

TC: Se você continuar desse jeito, pode ser que acabem aprovando.

MARILYN: Ora. E como ela paga as coisas? Quando sai para as compras, por exemplo.

TC: Sempre tem, logo atrás dela, uma dama de companhia com uma bolsa cheia de libras.

MARILYN: Sabe de uma coisa? Aposto que ela consegue tudo de graça. Pela divulgação do produto.

TC: É possível. Não me espantaria nada. *By Appointment of Her Majesty*. Cãezinhos Corgi. Todos os artigos da Fortnum & Mason. Maconha. Camisinhas.

MARILYN: Mas para que ela iria querer camisinhas?

TC: Ela não, burra. Mas aquele sujeito que sempre anda dois passos atrás dela. O príncipe Philip.

MARILYN: Ele. Ah, sei. Ele é bonitão. Dá a impressão de ter uma bela pica. Já lhe contei da vez que Errol Flynn pôs o pau para fora e tocou piano com ele? Ah, bem, foi há séculos, eu tinha acabado de virar modelo, e fui a uma festa sem graça. Errol Flynn, todo cheio de si, estava lá, pôs o pau para fora e começou a tocar piano com ele. Batendo nas teclas. Tocou *You are my sunshine*. Deus do céu! Todo mundo diz que Milton Berle tem o maior pau de Hollywood. Mas e daí? Escute, você não tem dinheiro *nenhum*?

TC: Talvez uns cinqüenta dólares.

MARILYN: Bem, já dá para tomar champanhe.

(Do lado de fora, a avenida Lexington só era percorrida por pedestres inofensivos. Eram quase duas horas de uma bela tarde de abril, exatamente do tipo que se deseja: o clima ideal para passear. Saímos andando na direção da Terceira Avenida. Alguns sujeitos viravam a cabeça, não por terem reconhecido Marilyn mas por causa de seus trajes de funeral; ela deu seu risinho especial, um som tão tentador quanto a sineta de uma camionete de sorvete, e disse: "Talvez agora eu me vista sempre assim. Bem anônima".

Quando nos aproximamos do P. J. Clarke's, sugeri que poderia ser um bom lugar para tomarmos alguma coisa, mas ela vetou a idéia: "Está sempre cheio desses imbecis da propaganda. E aquela vaca, Dorothy Kilgallen, está sempre lá enchendo a cara. Qual é o problema desses irlandeses? Bebem de um jeito pior que os índios".

Eu me senti impelido a defender Kilgallen, que era mais ou menos minha amiga, e lembrei que, em certas ocasiões, ela conseguia ser uma mulher muito inteligente e engraçada. E Marilyn disse: "Seja como for, escreveu coisas horríveis a meu respeito. Mas essas babacas todas me odeiam. Hedda, Louella. Sei que deveria me acostumar, mas não consigo. Fico magoada de verdade. O que é que eu fiz de mal a essas bruxas? O único que escreve coisas decentes sobre mim é Sidney Skolsky. Mas ele é homem. Os homens me tratam bem. Quase como se eu fosse uma pessoa humana. Pelo menos me dão o benefício da dúvida. E Bob Thomas é um cavalheiro. E Jack O'Brian".

Começamos a olhar as vitrines dos antiquários; uma delas exibia uma bandeja de anéis antigos, e Marilyn disse: "Bonito. Aquele brilhante com as pérolas cultivadas. Bem que eu gostaria de poder usar um anel, mas detesto que as pessoas reparem nas minhas mãos. São gordinhas demais. Elizabeth Taylor tem mãos gordas. Mas, com aqueles olhos, quem é que vai olhar para as mãos dela? Gosto de dançar nua na frente do espelho e ficar vendo o balanço dos meus peitos. Eles estão em boa forma. Mas bem que eu queria que minhas mãos não fossem tão gordinhas".

Outra vitrine exibia um belo relógio de pé, que a fez observar: "Nunca tive uma casa. Uma casa de verdade, com móveis meus. Mas, se um dia eu tornar a me casar e ganhar muito dinheiro, vou contratar uns caminhões e descer a Terceira Avenida comprando todo tipo de objeto maluco. Vou comprar uma dúzia de relógios antigos e colocar um ao lado do outro numa sala, e fazer todos darem as horas ao mesmo tempo. Vai criar uma atmosfera bem acolhedora, você não acha?")

MARILYN: Ei! Do outro lado da rua!

TC: O quê?

MARILYN: Está vendo o letreiro com a mão aberta? Deve ser uma pessoa que lê mãos.

TC: Você está mesmo querendo fazer uma coisa dessas?

MARILYN: Bom, pelo menos vamos olhar.

(Não era um estabelecimento convidativo. Através de uma vitrine suja, distinguimos uma sala nua com uma cigana magra de cabelos compridos, sentada numa cadeira de lona sob um lustre com uma lâmpada vermelha que espalhava um brilho tortuoso; tricotava um par de meias de bebê, e não retribuiu nossos olhares. Ainda assim, Marilyn chegou a fazer menção de entrar, mas mudou de idéia.)

MARILYN: Às vezes me dá vontade de ficar sabendo o que vai acontecer. Mas acabo decidindo que é melhor não saber. Só queria saber mesmo de duas coisas. Uma é se vou perder peso.

TC: E a outra?

MARILYN: A outra é segredo.

TC: Ora, hoje não é dia de guardar segredos. Hoje é um dia de dor, e quem sente dor deve compartilhar os pensamentos mais íntimos.

MARILYN: Pois é um homem. Tem uma coisa que eu queria saber. Mas é só isso que vou contar. O resto é realmente segredo.

(E pensei: Isso é o que você acha. Vou dar um jeito de arrancá-lo de você.)

TC: Estou pronto para tomar aquele champanhe.

(Fomos parar na Segunda Avenida, num restaurante chinês com uma decoração exuberante e sem cliente algum. Mas o bar era bem abastecido, e pedimos uma garrafa de Mumm; ela chegou sem gelo e sem balde, de maneira que tomamos o champanhe em copos altos e com pedras de gelo.)

MARILYN: Divertido. Parece uma locação — se é que você gosta de cenas filmadas em locação. O que eu particularmente detesto. *Torrentes de paixão*. Aquela coisa horrível. Argh.

TC: Então me fale do seu namorado secreto.

MARILYN: (Silêncio)

TC: (Silêncio)

MARILYN: (Risinho)

TC: (Silêncio)

MARILYN: Você conhece tantas mulheres! Qual é a mulher mais atraente que você conhece?

TC: Sem a menor dúvida. Barbara Paley. De longe.

MARILYN (franzindo os olhos): Aquela que todo mundo chama de "Babe"? Pois ela não me lembra nem um pouco um bebê. Vi as fotos dela na *Vogue* e tudo. Tão elegante. Linda. Só de olhar para as fotos dela me sinto uma porca, de tão gorda.

TC: Ela vai achar graça disso. Morre de ciúme de você.

MARILYN: Ciúme de *mim*? Pronto, agora você começou a zombar de mim de novo.

TC: De maneira nenhuma. Ela tem ciúme, sim.

MARILYN: Mas por quê?

TC: Porque uma dessas colunistas, acho que a Kilgallen, soltou uma nota que era mais ou menos assim: "Dizem que a senhora DiMaggio teve um encontro com o maior manda-chuva da televisão, e que não foi para falar de negócios". Pois ela leu a nota e acreditou.

MARILYN: Acreditou em *quê*?

TC: Que o marido dela estava tendo um caso com você. William S. Paley. O maior manda-chuva da televisão americana. Ele gosta muito de louras de corpo bonito. De morenas também.

MARILYN: Mas isso é uma loucura. Nem conheço o cara.

TC: Ora, deixe disso. Pode se abrir comigo. Esse seu namorado secreto... é William S. Paley, *n'est-ce pas*?

MARILYN: Não! É um escritor. Ele é escritor.

TC: Ah, está melhorando. Agora estamos chegando mais perto. Quer dizer que seu namorado é escritor. Deve ser um escrevinhador qualquer, ou você não teria vergonha de contar quem é.

MARILYN (furiosa, frenética): O que esse "S" quer dizer?

TC: "S". Que "S"?

MARILYN: O "S" de William S. Paley.

TC: Aah, *esse* "S". Não quer dizer nada. Ele resolveu enfiar a letra ali só para melhorar as aparências.

MARILYN: Quer dizer que é só uma inicial, sem nome por trás? Meu Deus, o senhor Paley deve ser um tanto inseguro.

TC: Tem muitos cacoetes. Mas vamos voltar ao nosso escriba misterioso.

MARILYN: Pode parar! Você não está entendendo. Tenho muito a perder.

TC: Garçom, vamos tomar outro Mumm, por favor.

MARILYN: Está tentando soltar minha língua?

TC: Estou. E vou lhe dizer uma coisa. Vamos fazer uma troca. Conto uma coisa para você, e, se você achar que é interessante, talvez a gente possa conversar sobre seu amigo escritor.

MARILYN (tentada, mas hesitante): E sua história é sobre o quê?

TC: Errol Flynn.

MARILYN: (Silêncio)

TC: (Silêncio)

MARILYN (sentindo ódio de si mesma): Bem, conte logo.

TC: Lembra do que você contou sobre Errol? Como ele gostava do próprio pau? Pois isso eu posso confirmar. Uma vez passamos uma noite bem quente. Se é que você me entende.

MARILYN: Você está inventando. Está tentando me enganar.

TC: Palavra de escoteiro. Nenhuma carta marcada. (Silêncio; mas dá para ver que ela foi fisgada, então, depois de acender um cigarro...) Bem, aconteceu quando eu tinha dezoito anos. Dezenove. Durante a guerra. No inverno de 1943. Naquela noite, Carol Marcus, ou talvez já fosse Carol Saroyan, estava dando uma festa para a melhor amiga dela, Gloria Vanderbilt. No apartamento da mãe dela, na Park Avenue. Um jantar enorme, para umas cinqüenta pessoas. Por volta da meia-noite, Errol Flynn chegou com seu alter ego, um playboy exuberante chamado Freddie McEvoy. Os dois já estavam bem altos. De qualquer maneira, Errol começou a conversar comigo. Ele era brilhante, e um fazia o outro rir quando, de repente, ele disse que estava com vontade de ir até o El Morocco, e perguntou se eu queria ir com ele e o amigo dele, McEvoy. Respondi que sim, mas McEvoy resolveu que não queria deixar a festa e todas aquelas debutantes, de maneira que eu e Errol saímos sozinhos. Só que não fomos para o El Morocco. Pegamos um táxi para o Gramercy Park, onde eu morava num apartamentozinho conjugado. E ele ficou lá até o meio-dia do dia seguinte.

MARILYN: E que tal foi a experiência? Numa escala de um a dez.

TC: Para falar com franqueza, se ele não fosse o Errol Flynn, acho que eu nem me lembraria.

MARILYN: Uma história bem sem graça. Não se compara com a minha — não chega aos pés.

TC: Garçom, e o nosso champanhe? Nós dois aqui estamos com muita sede.

MARILYN: E você nem me contou nada de novo. Eu sempre soube que Errol Flynn era gilete. Tenho uma massagista que é praticamente minha irmã, era massagista do Tyrone Power e me contou da história entre Errol e Ty Power. Você vai precisar de uma história bem melhor do que essa.

TC: Você é muito dura na queda.

MARILYN: Estou escutando. Então me conte sua melhor experiência. Nessa mesma linha.

TC: A melhor? A mais memorável? Só se antes você responder à mesma pergunta.

MARILYN: E sou *eu* a dura na queda! Ha! (Engolindo champanhe) Joe não é mau. Até acerta um *home run* de vez em quando. Se fosse só por isso, ainda estaríamos casados. Ainda adoro o Joe. Ele é autêntico.

TC: Não vale marido. Não nesta nossa brincadeira.

MARILYN (roendo a unha, pensando muito): Bem, conheci um homem, meio aparentado de algum modo com Gary Cooper. É corretor, nem é bonito — tem uns sessenta e cinco anos e usa óculos de lentes bem grossas. Grossas como águas-vivas. Não sei dizer o que foi, mas...

TC: Pode parar aí mesmo. Já sei tudo sobre ele, outras garotas me contaram. Esse velho realmente não toma jeito. O nome dele é Paul Shields. E é padrasto de Rocky Cooper. Dizem que é uma coisa espetacular.

MARILYN: E é. E então, espertinho? Sua vez.

TC: Pode esquecer. Não preciso contar mais nada. Porque já sei quem é seu herói mascarado: Arthur Miller. (Ela baixou os óculos escuros; só lhes conto uma coisa: se olhares matassem...!) Adivinhei na hora em que você disse que era escritor.

MARILYN (gaguejando): Mas como? Quer dizer, ninguém... Quer dizer, quase ninguém...

TC: Uns três ou talvez quatro anos atrás, Irving Drutman...

MARILYN: Irving *o quê*?

TC: Drutman. Ele escreve no *Herald Tribune*. E me contou que você andava envolvida com Arthur Miller. Que era ligada nele. Mas sou cavalheiro demais para tocar no assunto primeiro.

MARILYN: Cavalheiro! Seu escroto. (Gaguejando de novo, mas com os óculos escuros de volta ao lugar) Você não está entendendo. Foi muito tempo atrás. Acabou. Mas agora é uma coisa nova. É tudo diferente, e...

TC: Só não vá se esquecer de me convidar para o casamento.

MARILYN: Se você falar sobre isso, eu mato você. Mando lhe darem uma surra. Conheço um ou dois sujeitos que teriam o maior prazer em me fazer esse favor.

TC: Disso eu não duvido nem um pouco.

(Finalmente o garçom voltou com a segunda garrafa.)

MARILYN: Diga a ele para levar de volta. Não quero mais nada. Quero é ir embora desta porra de lugar.

TC: Desculpe se deixei você nervosa.

MARILYN: Não estou nervosa.

(Mas estava. Enquanto eu pagava a conta, ela foi à toalete, e quem me dera que eu tivesse um livro para ler: suas visitas à toalete às vezes duravam mais que a prenhez de uma elefanta. Sem ter o que fazer, à medida que o tempo ia passando, comecei a especular se ela estaria tomando calmantes ou excitantes. Calmantes, sem dúvida. Havia um jornal no balcão do restaurante, e o peguei; estava escrito em chinês. Depois de vinte minutos, resolvi investigar. Talvez ela tivesse tomado uma dose letal, ou até mesmo cortado os pulsos. Encontrei a toalete das senhoras, e bati na porta. Ela disse: "Pode entrar". Lá dentro, ela enfrentava um espelho mal iluminado. Perguntei: "O que você está fazendo?". Ela respondeu: "Olhando para Ela". Na verdade, estava pintando os lábios com um batom cor de rubi. Também tinha tirado o lenço escuro da cabeça, e penteara seus cabelos brilhantes e finos como algodão-doce.)

MARILYN: Espero que ainda tenha sobrado algum dinheiro.

TC: Depende. Não o suficiente para lhe comprar um colar de pérolas, se essa for a condição para fazermos as pazes.

MARILYN (rindo, e recuperando o bom humor. Decidi que não tornaria a tocar no nome de Arthur Miller): Não. Só o suficiente para uma corrida de táxi.

TC: Vamos para onde? Hollywood?

MARILYN: Não, nada disso. Para um lugar que eu gosto. Você vai descobrir quando chegarmos lá.

(Não precisei esperar muito, porque, assim que pegamos um táxi, eu a ouvi pedir ao motorista que nos levasse ao South Street Pier, e pensei: Não é o lugar onde se toma a balsa para Staten Island? E minha conjectura seguinte foi: Ela tomou umas bolinhas por cima de todo esse champanhe, e agora está fora de si.)

TC: Espero que não tenhamos de tomar nenhum barco. Não trouxe minha caixa de Dramamine.

MARILYN (feliz, rindo): Só vamos ao cais.

TC: Posso perguntar por quê?

MARILYN: Gosto de lá. Tem cheiro de lugar estrangeiro, e posso dar comida para as gaivotas.

TC: Qual comida? Você não trouxe nada para dar a elas.

MARILYN: Trouxe, sim. Estou com a bolsa cheia de biscoitinhos da sorte. Roubei daquele restaurante.

TC (provocando): Sei. Enquanto você estava no banheiro, abri um deles. E o papelzinho tinha uma piada suja.

MARILYN: Minha nossa! Biscoitinhos da sorte com sacanagem?

TC: Acho que as gaivotas não vão se incomodar.

(Nosso percurso nos levou através do Bowery. Pequenas casas de penhor, postos de doação de sangue, dormitórios com catres a cinqüenta *cents*, e hotéis sujos e diminutos com camas a um dólar, um bar para brancos e outro para pretos, por toda parte vagabundos, vagabundos, jovens, nada jovens, velhos, vagabundos acocorados junto ao meio-fio, acocorados em meio a cacos de vidro e destroços asquerosos, vagabundos encostados em entradas de prédios e aglomerados como pingüins nas esquinas. Quando paramos num sinal vermelho, um espantalho de nariz roxo avançou, oscilando em nossa direção, e começou a esfregar o pára-brisa do táxi com um trapo molhado que segurava na mão trêmula. Nosso motorista, em protesto, gritou-lhe obscenidades em italiano.)

MARILYN: O que foi? O que está havendo?

TC: Ele quer uma gorjeta por ter limpado o vidro.

MARILYN (cobrindo o rosto com a bolsa): Que coisa horrível! Não agüento. Dê alguma coisa para ele. Depressa. Por favor!

(Mas o táxi já tinha partido em velocidade, quase atropelando o velho pinguço. Marilyn chorava.)

Estou enjoada.

TC: Quer ir para casa?

MARILYN: Agora estragou tudo.

TC: Levo você até sua casa.

MARILYN: Só um minuto. Já vou ficar bem.

(Assim continuamos até a South Street. De fato, a visão de uma balsa ancorada ali, com a silhueta dos edifícios do Brooklyn do outro lado do rio e gaivotas que pairavam e mergulhavam, brancas contra um horizonte marítimo borrifado de nuvens aveludadas frágeis como renda — esse quadro logo apaziguou sua alma.

Quando descemos do táxi, vimos um homem com um chow na coleira, um passageiro em potencial, caminhando na direção da balsa, e, quando passamos por eles, minha companheira parou para acariciar a cabeça do cachorro.)

O HOMEM (em tom firme, mas não hostil): Você não deveria pôr a mão em cachorros desconhecidos. Especialmente chows. Às vezes eles mordem.

MARILYN: Nunca fui mordida por um cachorro. Só por pessoas. Como é que ele se chama?

O HOMEM: Fu Manchu.

MARILYN (risos): Ah, igual ao filme. Que bonitinho.

O HOMEM: E você?

MARILYN: Como eu me chamo? Marilyn.

O HOMEM: Foi o que pensei. Minha mulher nunca vai acreditar. Pode me dar um autógrafo?

(Tirou do bolso um cartão de visita e uma caneta; usando a bolsa como apoio, ela escreveu: *Deus o abençoe — Marilyn Monroe*.)

MARILYN: Obrigada.

O HOMEM: Sou *eu* que agradeço. Espere só quando eu mostrar isso no escritório.

(Continuamos até a beira do cais, escutando o rumor das ondas contra as estacas.)

MARILYN: Eu costumava pedir autógrafos. Às vezes ainda peço. No ano passado, Clark Gable sentou do meu lado no Chasen's, e pedi a ele que assinasse meu guardanapo.

(Apoiando-se num dos balaústres do cais, ela apresentou seu perfil: Galatéia contemplando as extensões por conquistar. Os ventos agitavam seus cabelos, e sua cabeça se virou para mim com uma graça etérea, como que impelida pela brisa.)

TC: Quando é que vamos dar comida para as gaivotas? Também estou ficando com fome. Está tarde, e não chegamos a almoçar.

MARILYN: Lembra do que perguntei? Se alguém lhe perguntasse como eu era, como é que é Marilyn Monroe *de verdade*... bem, o que é que você responderia? (Seu tom era de provocação, zombeteiro, mas também sério; ela queria uma resposta honesta) Aposto que você iria dizer que eu era uma palerma. Uma banana split.

TC: Claro. Mas também diria...

(A luz estava se acabando. E ela parecia se apagar com o dia, fundir-se ao céu e às nuvens, recuar ainda mais. Quis erguer minha voz acima dos gritos das gaivotas e chamá-la de volta: Marilyn! Marilyn, por que tudo teve de ser da maneira como foi? Por que a vida tem de ser essa merda colossal?)

TC: Eu diria...

MARILYN: Não estou ouvindo.

TC: Diria que você é uma criança linda.

7. Turnos noturnos ou Como gêmeos siameses fazem sexo

TC: Droga! Totalmente acordado! Pelamordedeus, a gente não dormiu nem um minuto. Quanto tempo a gente dormiu, meu bem?

TC: São duas. A gente tentou ir dormir lá pela meia-noite, mas todo mundo estava tenso demais. E aí você disse por que não tocamos punheta, e eu disse que sim, que talvez nos relaxasse, geralmente relaxa, e aí tocamos e fomos dormir direto. Às vezes me pergunto: O que seria de nós sem Mamãe Mão e Suas Cinco Filhas? Como elas nos trataram bem esses anos todos! São uns amores.

TC: Só duas horinhas. Deus sabe a que horas a gente vai conseguir dormir de novo. E nem dá pra fazer nada. Nem pra tomar um gole de alguma coisa porque tá proibido. Nem uma pílula pra dormir, porque também tá proibido.

TC: Deixe disso. Largue essa pose de bonzinho. Não estou a fim hoje à noite.

TC: Você nunca tá a fim. Não queria nem tocar umazinha.

TC: Mas vamos ser justos. Alguma vez eu lhe neguei esse direito? Quando você quer tocar uma, eu sempre saio da frente e deixo você fazer o que quer.

TC: É porque nem adianta você fazer nada, só isso.

TC: Pois prefiro a satisfação solitária a alguns dos trastes que você já me obrigou a agüentar.

TC: Se dependesse de você, a gente nunca faria sexo com mais ninguém, só um com o outro.

TC: E pense só em todo o sofrimento que isso teria nos poupado.

TC: Em compensação, nunca nos teríamos apaixonado por mais ninguém além de um pelo outro.

TC: Ha ha ha ha ha. Ho ho ho ho ho. *"Is it an earthquake, or only a shock? Is it the real turtle soup, or merely a mock? Is it the Lido I see, or Ashbury Park?" Or is it at long last shit?**

TC: Você nunca soube cantar. Nem mesmo na banheira.

TC: Você está mesmo implicante esta noite. Talvez fosse o caso de passarmos algum tempo trabalhando na sua Lista de Implicâncias.

TC: Eu não diria que é uma Lista de Implicâncias. É mais o que se poderia chamar de uma Lista de Fortes Antipatias.

TC: Bem, por quem estamos sentindo uma antipatia bem forte hoje à noite? Mas só valem os vivos. Não tem graça se não estiverem vivos.

TC: Billy Graham
Princesa Margaret
Billy Graham
Princesa Anne
Reverendo Ike

* "Is it an earthquake… Ashbury Park?": trecho de "At long last love", música de Cole Porter. Truman Capote faz uma brincadeira com o verso seguinte, "Or is it at long last love?", terminando o parágrafo com "Or is it at long last shit?" (Ou será finalmente uma merda?). (N. T.)

Ralph Nader
O juiz da Suprema Corte Byron "Whizzer" White
Princesa Z
Werner Erhard
Princesa Real
Billy Graham
Madame Gandhi
Masters e Johnson
Princesa Z
Billy Graham
CBSABCNBCNET
Sammy Davis, Jr.
Jerry Brown, Esq.
Billy Graham
Princesa Z
J. Edgar Hoover
Werner Erhard*

TC: Espere aí. J. Edgar Hoover já morreu.

TC: Não, não morreu. Clonaram o velho Johnny, e agora ele está em toda parte. Clonaram Clyde Tolson também, só para os dois poderem continuar namorando firme. E o cardeal Spellman, em sua versão clonada, de vez em quando se junta aos outros dois para uma suruba.

TC: Por que essa implicância com Billy Graham?

* Billy Graham: pregador, o primeiro e talvez o maior dos televangelistas norte-americanos. Reverendo Ike: televangelista negro, reponsável por um negócio milionário de vendas pelo correio. Ralph Nader: criador dos movimentos de defesa do consumidor. Byron "Whizzer" White: antes de chegar à Suprema Corte, esse juiz foi um famoso jogador de futebol americano; na Corte, atuou de maneira conservadora, especialmente nas questões relacionadas com a liberdade de expressão. Werner Erhard: no início da década de 70, foi responsável pela criação dos seminários de motivação. (N. T.)

TC: Billy Graham, Werner Erhard, Masters e Johnson, Princesa Z — todos uns mentirosos. Mas o reverendo Billy é quem fala mais merda.

TC: De todos até aqui é ele o responsável por mais merda?

TC: Não, Princesa Z é a grande responsável.

TC: Como assim?

TC: Bom, afinal, ela é uma égua. E é absolutamente natural que um cavalo faça mais merda que um ser humano, por maior que seja a competência de uma pessoa nesse campo. Você não se lembra da Princesa Z, aquela égua que correu o quinto páreo em Belmont? Apostamos nela e perdemos uma fortuna, praticamente até nosso último dólar. E você disse: "É exatamente como dizia o tio Bud — 'Nunca ponha seu dinheiro num cavalo com nome de princesa'".

TC: Tio Bud sabia das coisas. Não tanto quanto nossa velha prima Sook, mas sabia. De qualquer maneira, quem é que nós vemos com Forte Simpatia? Pelo menos hoje à noite?

TC: Ninguém. Morreram todos. Alguns há pouco, outros há séculos. Vários deles estão no Père-Lachaise. Rimbaud não está lá; mas é impressionante ver quanta gente está. Gertrude e Alice. Proust. Sarah Bernhardt. Oscar Wilde. Eu me pergunto onde Agatha Christie terá sido enterrada...

TC: Desculpe interromper, mas deve haver alguma pessoa viva que vemos com Forte Simpatia.

TC: Muito difícil. Essa é dureza. Está bem, vá lá. A senhora Richard Nixon. A imperatriz do Irã. O senhor William "Billy" Carter. Três vítimas, três santos. Se Billy Graham fosse Billy Carter, Billy Graham seria Billy Graham.

TC: Isso me faz lembrar uma mulher; eu me sentei ao lado dela num jantar, outro dia. E ela me disse: "Los Angeles é o lugar perfeito para se viver — se você for mexicano".

TC: Tem outra piada nova ou é só essa?

TC: Não era piada. Era uma observação precisa de cunho social. Os mexicanos de Los Angeles têm uma cultura própria, uma cultura autêntica; as outras pessoas não têm nada. Uma cidade cheia de Uriah Heeps bronzeados.

Ainda assim, outro dia me contaram uma coisa que me fez rir. Uma conversa entre D. D. Ryan e Greta Garbo.

TC: Ah, sim. Elas moram no mesmo edifício.

TC: E são vizinhas há mais de vinte anos. Pena que não sejam boas amigas, são muito parecidas. As duas têm senso de humor e convicções, mas só trocam gracejos en passant, e mais nada. Algumas semanas atrás, D. D. entrou no elevador e se viu sozinha com Garbo. D. D. estava trajada como sempre, de maneira extravagante, e Garbo, como se nunca tivesse reparado antes, disse: "Ora, senhora Ryan, a senhora está *linda*". E D. D., achando graça mas ao mesmo tempo comovida, respondeu: "Olha quem fala".

TC: Só isso?

TC: *C'est tout.*

TC: Não achei muito engraçado.

TC: Escute, pode esquecer. Não tem importância. Vamos acender as luzes, pegar caneta e papel. Comece aquele artigo para a revista. Não faz sentido ficar aqui deitado conversando com um idiota como você. Vale mais a pena tentar ganhar alguns trocados.

TC: Está falando daquele artigo que é uma auto-entrevista, em que a idéia é entrevistar a si mesmo? Fazer as perguntas e você mesmo responder?

TC: Exatamente isso. Mas por que você não fica aí deitado bem quietinho enquanto cuido disso? Preciso descansar da sua frivolidade malévola.

TC: Está certo, cretino.

TC: Bem, lá vai.

P: O que lhe dá medo?
R: Sapos reais em jardins imaginários.
P: Não, na vida real...
R: É da vida real que estou falando.
P: Deixe eu perguntar de outra forma. Qual das suas experiências foi a mais assustadora?
R: Traições. Abandonos.
Gostaria que eu falasse de alguma história mais específica? Bem, minha memória de infância mais remota é bastante assustadora. Quando eu tinha uns três anos de idade, talvez até menos, fui ao zôo de Saint Louis, acompanhado por uma negra enorme, que minha mãe tinha contratado para me levar. De repente, um pandemônio. Crianças, mulheres, homens gritavam e corriam em todas as direções. Dois leões tinham fugido da jaula! Duas feras sedentas de sangue estavam à solta no parque. Minha babá entrou em pânico. Simplesmente saiu correndo e me deixou sozinho no meio do caminho. É só disso que me lembro.
Quando eu tinha nove anos de idade, fui mordido por uma cobra venenosa, uma moccasin. Eu estava com alguns primos explorando uma floresta isolada, a uns dez quilômetros da cidade do Alabama onde morávamos. Havia um cristalino rio estreito e raso que corria por essa floresta. E um grande tronco caído que atravessava o rio de uma margem à outra. Meus primos, equilibrando-se, atravessaram o rio correndo por cima do tronco, mas resolvi atravessar o riozinho a vau. Quando estava quase chegando à outra margem, vi uma cobra enorme nadando, coleando na superfície sombreada da água. Minha boca ficou seca como

algodão; fiquei paralisado, frio, como se todo o meu corpo tivesse recebido uma injeção de Novocaína. A cobra continuou nadando, avançando em minha direção. Quando estava a alguns centímetros de mim, tentei me virar, mas escorreguei numas pedrinhas escorregadias. A cobra me mordeu no joelho.

Tumulto. Meus primos se revezaram me carregando nas costas até chegarmos a uma casa de fazenda. Enquanto o proprietário atrelava a mula à carroça, seu único veículo, sua mulher pegou várias galinhas, despedaçou-as ainda com vida e aplicou as aves quentes e ensangüentadas no meu joelho. "Isso puxa o veneno", ela disse, e de fato a carne das galinhas ficou verde. Por toda a viagem até a cidade, meus primos ficaram aplicando as galinhas mortas à minha ferida. Depois que chegamos em casa, minha família telefonou para um hospital em Montgomery, a uns cento e cinqüenta quilômetros de distância, e cinco horas mais tarde chegou um médico com soro antiofídico. Passei muito mal, e a única coisa boa de tudo isso foi que pude faltar à escola por dois meses.

Uma vez, a caminho do Japão, passei uma noite no Havaí com Doris Duke, no palácio extraordinário e um tanto persa que ela construíra numa encosta em Diamond Head. O dia mal tinha clareado quando acordei e resolvi explorar os arredores. O quarto em que eu dormira tinha portas-balcão, que davam para um jardim com vista para o mar. Eu estava caminhando pelo jardim havia mais ou menos meio minuto quando um bando apavorante de dobermans surgiu, aparentemente de lugar nenhum; os cães me cercaram e me mantiveram cativo no interior do círculo rosnante que formaram. Ninguém tinha me avisado que toda noite, depois que a senhorita Duke e seus convidados se retiravam, aquela malta de caninos homicidas era solta para dissuadir, e possivelmente punir, intrusos sem convite.

Os cães não tentaram me tocar; apenas ficaram parados ali, olhando para mim com frieza e fremindo de raiva controlada. Eu tinha medo de respirar; minha impressão era de que, se deslocasse minimamente meu pé, aquelas feras cairiam sobre mim para me despedaçar. Minhas mãos tremiam; as pernas, também. Meu cabelo ficou molhado como se eu tivesse saído do mar. Não existe nada mais exaustivo do que permanecer de pé absolutamente imóvel; mas ainda assim consegui ficar ali parado por mais de uma hora. O socorro chegou sob a forma de um jardineiro, que, ao perceber o que estava acontecendo, simplesmente assobiou e bateu palmas, então todos aqueles cães do inferno saíram correndo para saudá-lo, com a cauda abanando amigavelmente.

São exemplos de terror específico. Ainda assim, nossos verdadeiros medos são o som de passos caminhando pelos corredores de nossa mente, e a ansiedade, as flutuações fantasmagóricas, que produzem.

P: Cite algumas coisas que você saiba fazer.

R: Patinar no gelo. Esquiar. Ler de cabeça para baixo. Andar de skate. Acertar numa lata jogada para o ar com um revólver calibre trinta e oito. Já dirigi uma Maserati (ao amanhecer, numa estrada plana e solitária do Texas) a duzentos e setenta quilômetros por hora. Sei fazer um suflê Furstenberg (o que não é pouco: trata-se de um preparado à base de queijo e espinafre, para o qual é preciso mergulhar seis ovos pochés na massa antes de assar; o difícil é conseguir que as gemas dos ovos ainda estejam moles e líquidas quando o suflê é servido). Sei sapatear. Bato à máquina sessenta palavras por minuto.

P: Agora, algumas coisas que você não faz.

R: Não consigo recitar o alfabeto, pelo menos não corretamente ou do começo ao fim (nem mesmo sob hipnose; é um bloqueio que já deixou vários psicoterapeutas fascinados). Sou um completo imbecil em matéria de matemática — sei somar mais ou menos, mas sou incapaz de subtrair e fui reprovado no primeiro ano de álgebra três vezes seguidas, mesmo com a ajuda de um professor particular. Consigo ler sem óculos, mas não dirigir sem eles. Não sei falar italiano, embora tenha morado na Itália por nove anos ao todo. Sou incapaz de discursar um texto ensaiado — meu discurso precisa sempre ser espontâneo, "feito na hora".

P: Você tem um lema?

R: Mais ou menos. Escrevi num dos meus diários do tempo de escola: *Eu Aspiro*. Não sei por que escolhi essas palavras em especial; são estranhas, mas sua ambigüidade me agrada — aspiro ao céu ou ao inferno? Seja como for, têm uma ressonância inegavelmente nobre.

No inverno passado, estava caminhando por um cemitério à beira-mar, perto de Mendocino, uma cidadezinha à moda da Nova Inglaterra no extremo norte da Califórnia, um lugar áspero onde a água é gelada demais para se nadar e por onde as baleias passam assobiando. Era um pequeno cemitério adorável, e as datas nas pedras tumulares cor de mar, verde gris, eram quase todas do século XIX; a maior parte delas tinha alguma inscrição, algo que revelava a filosofia do ocupante. E uma delas dizia: SEM COMENTÁRIOS.

Então comecei a pensar no que eu gostaria que fosse inscrito em minha lápide — só que nunca terei uma pedra tumular, porque dois videntes de muito talento, um haitiano e outro um revolucionário indiano que vive em Moscou, já me disseram que desaparecerei no mar, embora eu não saiba se por acidente ou por escolha (*comme ça*, Hart Crane). De qualquer maneira, a primeira inscrição que me ocorreu foi: CONTRA A MINHA VONTADE. Então pensei em algo mais característico. Uma desculpa, uma expressão que costumo usar a respeito de quase qualquer compromisso: TENTEI ESCAPAR, MAS NÃO CONSEGUI.

P: Algum tempo atrás você fez sua estréia como ator de cinema (em *Assassinato por morte*). E então?

R: Não sou ator; não tenho desejo de ser ator. Fiz o filme por diversão; achei que seria engraçado, e até que foi, mas também deu muito trabalho: acordar às seis da manhã, e nunca deixar o estúdio antes das sete ou oito da noite. Grande parte dos críticos me considerou um péssimo ator. Mas eu já esperava por isso; e todo mundo também — era o que se pode chamar de reação inevitável. Na verdade, nem me saí tão mal assim, minha interpretação foi adequada.

P: Como é que você lida com o fator "fama"?

R: Não me incomoda nem um pouco, e é muito útil quando você precisa descontar um cheque em algum local distante. E também pode ter conseqüências divertidas. Por exemplo, uma noite eu estava sentado com amigos numa mesa de um bar lotado em Key West. Numa mesa próxima, havia uma mulher um tanto embriagada ao lado do marido muito embriagado. Dali a pouco, a mulher se aproximou e me pediu que lhe desse um autógrafo num guardanapo de papel. Isso aparentemente enfureceu o marido dela; ele cambaleou até minha mesa, abriu o zíper da calça, tirou o equipamento para fora e me disse: "Já que você está dando autógrafos, por que não autografa isto aqui?". As mesas à nossa volta tinham ficado em silêncio, de maneira que muitas pessoas puderam ouvir minha resposta, que foi a seguinte: "Não sei se vai dar para assinar meu nome aí, mas talvez eu possa escrever as minhas *iniciais*".

Normalmente eu não me importo de dar autógrafos. Mas existe algo que me deixa louco: sem exceção, todo homem que já me pediu um autógrafo num restaurante ou num avião invariavelmente tomou o cuidado de me dizer que queria o autógrafo para a filha ou para a namorada, mas nunca, *nunca* para ele próprio.

Tenho um amigo com quem costumo dar longos passeios pelas ruas da cidade. Muitas vezes, algum passante hesita, franze os olhos com um ar de será-que-é-ou-não-é, depois pára e me pergunta: "Você é Truman Capote?". E respondo: "Sim, sou Truman Capote". Ao que o meu amigo faz um ar de deprezo, me sacode e grita: "Pelo amor de Deus, George, quando é que você vai parar com isso? Algum dia você ainda vai se meter numa encrenca!".

P: Você considera a conversação uma arte?

R: Uma arte moribunda, sim. A maioria dos conversadores mais famosos — Samuel Johnson, Oscar Wilde, Whistler, Jean Cocteau, lady Astor, lady Cunard, Alice Roosevelt Longworth — gosta de monologar, e não de conversar. Uma conversa é um diálogo, não um monólogo. É por isso que existem tão poucas boas conversas: devido à escassez, é raro o encontro de duas pessoas que falem bem. Da lista que fiz, os únicos dois que conheci pessoalmente são Cocteau e a sra. Longworth. (Quanto a ela, retiro o que disse — não é uma solista; ela deixa você dividir o ar com ela.)

Entre os melhores conversadores com quem já estive se encontram Gore Vidal (se você não for vítima do seu fino, mas às vezes tão grosseiro, senso de humor), Cecil Beaton (que se exprime, conforme se imagina mesmo, quase inteiramente com imagens visuais — algumas lindas e *outras* de uma maldade sublime). A genial dinamarquesa já falecida, a baronesa Blixen, que escrevia sob o pseudônimo de Isak Dinesen, era, apesar de sua aparência decadente embora distinta, uma verdadeira sedutora, uma tagarela sedutora. Ah, como era fascinante, sentada ao lado do fogo em sua linda casa numa aldeia dinamarquesa à beira-mar, fumando um atrás do outro os seus cigarros negros com ponteira prateada, refrescando sua língua inquieta com goles de champanhe, e conduzindo o ouvinte de um assunto ao outro — seus anos como agricultora na África (não deixem de ler, se ainda não leram, seu livro autobiográfico *A fazenda africana*, um dos melhores deste século), a vida sob o nazismo na Dinamarca ocupada ("Eles me adoravam. Discutíamos, mas eles não se incomodavam com o que eu dizia; não davam atenção ao que mulher *nenhuma* dizia — era uma sociedade completamente machista. Além disso, não tinham a menor idéia de que eu mantinha judeus escondidos no meu porão, com as maçãs de inverno e minhas caixas de champanhe").

Dos que me lembro assim mais de passagem, outros conversadores que respeito muito são Christopher Isherwood (ninguém o supera em matéria de sinceridade total mas manifestada com leveza) e a felina Colette. Marilyn Monroe era muito divertida quando estava relaxada e tinha tomado algumas doses. O mesmo pode ser dito do pranteado roteirista Harry Kurnitz, um cavalheiro de extrema feiúra que conquistava homens, mulheres e crianças de todas as classes com seus vôos verbais. Diana Vreeland, a excêntrica Madre Superiora da Alta Moda e durante muito tempo editora da *Vogue*, fala com muito encanto e é capaz de magnetizar serpentes.

Quando eu tinha dezoito anos, encontrei a pessoa cuja maneira de conversar mais me impressionou, talvez porque a pessoa em questão seja a que mais me impressionou na vida. Aconteceu da seguinte maneira:

Em Nova York, na rua 79 leste, existe um refúgio muito agradável conhecido como New York Society Library, e, durante o ano de 1942, passei muitas tardes lá fazendo pesquisas para um livro que planejava escrever mas nunca escrevi. Ocasionalmente, via por lá uma mulher cuja aparência — especialmente os olhos: azuis, de um azul-claro brilhante e sem nuvens dos céus das pradarias — me deixava mesmerizado. Mas, mesmo sem essa característica especial, seu rosto era interessante — de queixo firme e belos contornos, um tanto andrógino. Cabelos grisalhos repartidos ao meio. Sessenta e cinco anos, mais ou menos. Lésbica? Bem, sim.

Um dia de janeiro, emergi da biblioteca no crepúsculo e vi que caía uma nevasca pesada. A senhora de olhos azuis, usando um sobretudo preto de belo corte com gola de zibelina, estava esperando junto ao meio-fio. A mão enluvada pairava no ar, chamando um táxi, mas não havia táxis. Ela olhou para mim, sorriu e disse: "Você acha que uma xícara de chocolate pode ajudar? Existe um Longchamps logo depois da esquina".

Ela pediu chocolate quente. Pedi um martíni "muito" seco. Em tom meio sério, ela me perguntou: "Você não é menor de idade?".

"Bebo desde os catorze anos. E fumo também."

"Pois ainda não parece ter mais do que catorze anos."

"Faço dezenove em setembro." E em seguida lhe contei mais algumas coisas: que vinha de Nova Orleans, tinha publicado vários contos, queria ser escritor e estava trabalhando num romance. E ela quis saber de que escritores americanos eu gostava. "Hawthorne, Henry James, Emily Dickinson..." "Não, os vivos." Ah, bem, hummm, vejamos: como é difícil para um autor contemporâneo, ou escritor em formação, constatada a rivalidade, admitir sua admiração por outro. E finalmente eu disse: "Não Hemingway — um homem realmente desonesto, com tudo escondido. Nem Thomas Wolfe — todo aquele vômito arroxeado; claro, ele não está vivo. Faulkner, às vezes: *Light in August*. Fitzgerald, às vezes: *O diamante do tamanho do Ritz*, *Suave é a noite*. E gosto muito de Willa Cather. Já leu *My mortal enemy*?"

Sem nenhuma expressão especial, ela disse: "Na verdade, fui eu que escrevi".

Eu já tinha visto fotografias de Willa Cather — de um passado distante, tiradas talvez nos anos 20. Mais suave, mais feia, menos elegante que minha companheira de mesa. Mas acreditei instantaneamente que ela realmente *fosse* Willa Cather, e aquele foi um dos maiores frissons da minha vida. Comecei a tagarelar sobre os livros dela como se fosse um colegial — meus favoritos: *A lost Lady*, *The professor's house*, *Minha Antonia*. Não que eu tivesse qualquer coisa em comum com ela como escritor. Eu jamais teria escolhido os mesmos temas que ela, nem tentado imitar seu estilo. Mas eu a considerava uma grande artista. Tão boa quanto Flaubert.

Ficamos amigos; ela sempre lia minhas obras e se revelava sempre uma juíza justa e pronta a ajudar. Era cheia de surpresas. Primeiro, ela e sua amiga da vida inteira, a senhorita Lewis, moravam num apartamento espaçoso e lindamente mobiliado na Park Avenue — de algum modo, a idéia da senhorita Cather morar num apartamento da Park

Avenue me parecia incoerente com sua formação no Nebraska, com a natureza simples e bastante elegíaca de seus romances. Segundo, seu principal interesse não era a literatura, mas a música. Ela ia constantemente a concertos, e quase todos os seus amigos mais próximos eram personalidades do mundo da música, especialmente Yehudi Menuhin e a irmã dele, Hepzibah.

Como todos os conversadores genuínos, ela sabia ouvir muito bem, e, quando era sua vez de falar, nunca era gárrula, e sim contida e objetiva. Certa vez ela me disse que minha sensibilidade às críticas era excessiva. A verdade é que ela era ainda mais sensível do que eu às alfinetadas dos críticos; qualquer referência depreciativa às suas obras a entristecia consideravelmente. Quando lhe falei disso, ela respondeu: "Sim, mas não estamos sempre procurando nossos defeitos nos outros e os repreendendo por possuí-los? Estou viva. Tenho pés de barro. Sei muito bem".

P: Qual é seu esporte preferido, como espectador?

R: Fogos de artifício. Jorros em miríades de cores de desenhos evanescentes rebrilhando nos céus noturnos. Os melhores, eu vi quando estava no Japão — os japoneses são mestres e conseguem desenhar criaturas de fogo no ar: dragões, gatos que explodem, rostos de divindades pagãs. Os italianos, especialmente os venezianos, às vezes detonam verdadeiras obras-primas por cima do canal Grande.

P: Você tem muitas fantasias sexuais?

R: Quando tenho alguma fantasia sexual, geralmente tento transferi-la para a realidade — e às vezes com sucesso. No entanto, muitas vezes me surpreendo entregue a devaneios eróticos que nunca deixam de ser exatamente isso: devaneios. Lembro de uma conversa que tive certa vez a esse respeito com o falecido E. M. Forster, a meu ver o melhor romancista inglês deste século. Ele me contou que, quando estava na escola, seu espírito era dominado por pensamentos sexuais. E disse: "Achei que à medida que eu envelhecesse essa febre fosse diminuir, até mesmo me deixar. Mas não foi esse o caso; ela continuou ardendo até eu completar trinta anos, e pensei: Bem, certamente quando eu chegar aos quarenta, vou ter algum alívio desse tormento, dessa procura constante do objeto amoroso perfeito. Mas não foi assim; até os cinqüenta anos, a luxúria estava sempre de tocaia em minha cabeça. E então completei cinqüenta anos, e sessenta, e nada mudou: imagens sexuais continuam a girar em meu cérebro como figuras num carrossel. Agora estou com mais de *setenta* anos, e ainda sou prisioneiro de minha imaginação sexual. Não consigo me livrar dela, mesmo numa idade em que já não posso mais tomar nenhuma providência a respeito".

P: Você já pensou em suicídio?

R: Certamente. Como todo mundo, aliás, exceto possivelmente o idiota da aldeia. Pouco depois do suicídio do admirado escritor japonês Yukio Mishima, que eu conhecia bem, uma biografia dele foi publicada e, para meu horror, o autor afirmou que ele dizia: "Ah, sim, penso muito no suicídio. E conheço algumas pessoas que tenho certeza de que ainda vão se suicidar. Truman Capote, por exemplo". Não consigo imaginar o que pode tê-lo feito chegar a essa conclusão. Meus encontros com Mishima sempre foram alegres, muito cordiais. Mas Mishima era um homem sensível e extremamente intuitivo, uma pessoa que não se podia subestimar. Nessa questão, porém, acho que sua intuição falhou; eu jamais teria a coragem de fazer o que ele fez (pedir a um amigo que lhe cortasse a cabeça com uma espada). De qualquer maneira, como eu já disse antes, a maioria das pessoas que se matam tira a própria vida porque, na verdade, quer matar alguma outra pessoa — um marido negligente, um amante infiel, um amigo traiçoeiro —, mas não tem coragem de fazê-lo, e por isso acaba se matando. Eu não; se uma pessoa me fizer chegar a esse ponto vai acabar olhando para o interior do cano de uma espingarda.

P: Você acredita em Deus ou pelo menos em algum poder superior?

R: Acredito em vida após a morte. Quer dizer, simpatizo com a idéia da reencarnação.

P: Em sua próxima vida, como gostaria de reencarnar?

R: Como uma ave — de preferência um abutre. O abutre não precisa se preocupar com a aparência ou sua capacidade de atrair e agradar; não precisa se mostrar. Ninguém vai gostar dele mesmo; ele é feio, indesejado, mal recebido em toda parte. E existem muitas vantagens no tipo de liberdade que isso traz. Por outro lado, não me incomodaria de ser uma tartaruga marinha. Elas podem viver na terra e conhecem os segredos das profundezas do mar. E também têm vida longa, e seus olhos encobertos acumulam muita sabedoria.

P: Se pudesse satisfazer um desejo, qual seria?

R: Acordar um belo dia e sentir que tinha finalmente me tornado uma pessoa adulta, livre de ressentimentos, de pensamentos vingativos e de outras emoções infantis devastadoras. Gostaria de me descobrir, em outras palavras, um adulto.

TC: Ainda está acordado?

TC: Um pouco entediado, mas ainda de olhos abertos. Como é que posso dormir enquanto você não dorme?

TC: E o que você acha disso que escrevi? Até aqui?

TC: Bemmmm... já que você *pergunta*... Eu diria que Billy Graham não é o único responsável aqui por esse tipo de merda.

TC: Sua peste, peste, peste. Chorar e dizer maldades. É só isso que você sabe fazer. Nunca diz nada de gentil.

TC: Ah, não estou dizendo que tenha nada de *muito* ruim. Só algumas coisinhas aqui e ali. Ninharias. Quer dizer, talvez você não esteja sendo tão honesto quanto quer parecer.

TC: Não quero *parecer* honesto. Estou *sendo* honesto.

TC: Desculpe. Não queria peidar. Não foi um comentário, foi só um acidente.

TC: Tática diversionista. Você diz que sou desonesto, me compara logo a Billy Graham, pelo amor de Deus! E agora ainda tenta escapar das conseqüências. Fale logo. O que escrevi de desonesto aqui?

TC: Nada. Ninharias. Essa coisa do filme, por exemplo. Só por diversão, hein? Você fez foi pela grana — e para satisfazer esse seu lado palhaço, que é tão irritante. Você deveria dar um jeito de se livrar desse cara. Ele é um imbecil.

TC: Ah, não sei. Ele é imprevisível, mas tenho um fraco por ele. É parte de mim — tanto quanto você. E quais são as outras ninharias?

TC: A próxima... bem, não é exatamente uma ninharia. É a maneira como você respondeu quando perguntou se acreditava em Deus. E saiu pela tangente. Disse algo sobre vida após a morte, reencarnação, sobre voltar como um abutre. Mas tenho uma coisa a lhe dizer, meu camarada, você não precisa esperar pela reencarnação para ser tratado como um abutre; já é tratado assim por muita gente. Por verdadeiras multidões. Mas não é esse o ponto falso de sua resposta. É o fato de você não ter respondido diretamente que *acredita, sim*, em Deus. Já ouvi você admitir, com a cara mais limpa do mundo, coisas que deixariam um babuíno azul de vergonha, mas ainda assim você não admite que acredita em Deus. Qual é o problema? Está com medo de ser chamado de Cristão Renascido, de Pirado de Jesus?

TC: Não é tão simples assim. Eu acreditava em Deus. Depois deixei de acreditar. Lembra de quando éramos pequenos e costumávamos sair pelos bosques com a cachorra Queenie e a velha prima Sook? Saíamos catando flores do campo, aspargos silvestres. Pegávamos borboletas, que depois acabávamos soltando. Pescávamos percas e as jogávamos de volta ao rio. Às vezes encontrávamos cogumelos gigantes, e Sook nos dizia que era lá que os elfos moravam, debaixo daqueles lindos cogumelos. Ela nos contou que Deus tinha determinado que eles morariam ali, assim como Ele tinha determinado tudo que víamos. Tanto o bom quanto o mau. As formigas, os mosquitos e as cascavéis, cada folha, o sol no alto do céu, a lua velha e a lua nova, os dias de chuva. E acreditávamos nela.

Mas então aconteceram coisas que estragaram aquela fé. Primeiro foi a igreja, e a coceira que a gente sentia no corpo todo de tanto ouvir aqueles pregadores ignorantes do interior falando até cansar; depois foram todos os internatos e a obrigação de ir rezar na capela toda maldita manhã. E a própria Bíblia — nenhuma pessoa dotada de um mínimo de bom senso pode acreditar no que ela nos pede para acreditar. Onde estavam os cogumelos? Onde estavam as luas? E finalmente a vida, simplesmente as situações vividas acabaram com as memórias da fé que ainda restavam em mim. Não sou a pior pessoa que já cruzou meu caminho, nem de longe, mas cometi alguns pecados sérios, entre eles a crueldade deliberada; e eles não me incomodaram nem um pouco, nem parei para pensar no assunto.

Até que as circunstâncias me obrigaram. E aí, quando a chuva começou a cair, era uma chuva violenta e preta, e não parava mais de cair. Foi então que recomecei a pensar em Deus.

Pensei em são Julião. Na história de Flaubert, "St. Julien, l'hospitalier". Fazia tanto tempo que eu tinha lido esse conto, e no lugar onde eu estava, uma clínica distante de qualquer biblioteca, não consegui um exemplar do livro. Mas lembrei (pelo menos achava que a história fosse mais ou menos essa) que, quando criança, Julião gostava de vagar pelos bosques e amava todos os animais e criaturas vivas. Morava numa grande propriedade, e seus pais o adoravam; queriam que ele tivesse tudo que havia no mundo. Seu pai lhe comprava os melhores cavalos, arcos e flechas, e o ensinou a caçar. A matar os mesmos animais que antes ele amava tanto. E foi terrível, porque Julião descobriu que gostava de matar. Só se sentia feliz ao fim de um dia de massacre sangrento. Assassinar animais e aves se transformou numa mania, e, depois de, num primeiro momento, admirarem sua habilidade, seus vizinhos passaram a detestá-lo e a temê-lo por sua sede de sangue.

Depois há uma parte da história meio vaga na minha memória. De qualquer maneira, de um modo ou de outro Julião matava sua mãe e seu pai. Num acidente de caça, talvez... Alguma coisa assim, terrível. Ele se transformava então num pária penitente. Vagando pelo mundo, descalço e maltrapilho, à procura do perdão. Ficava velho e doente. Numa noite fria, estava à beira de um rio esperando pelo balseiro para conduzi-lo ao outro lado. Será que era o rio Estige? O fato é que Julião estava morrendo. E, enquanto ele esperava, um velho horrendo apareceu. Era um leproso, e seus olhos eram feridas abertas, sua boca, apodrecida e fétida. Julião não sabia, mas aquele velho de aparência repulsiva e malvada era Deus. E Deus o testou para ver se todos aqueles sofrimentos tinham realmente modificado o coração selvagem de Julião. Disse a Julião que Ele estava com frio, pediu para compartilhar seu cobertor, e Julião aceitou; então o leproso pediu que Julião O abraçasse, e Julião concordou; e depois Ele lhe fez um derradeiro pedido — pediu a Julião que beijasse Seus lábios doentes e apodrecidos. E Julião beijou. E nisso Julião e o velho leproso, subitamente transformado numa visão radiosa e brilhante, ascenderam juntos aos céus. E foi assim que Julião se tornou são Julião.

Então lá estava eu na chuva, e quanto mais ela caía mais eu pensava em Julião. Roguei a sorte de encontrar um leproso para encerrar em meus braços. E foi então que recomecei a acreditar em Deus, e entendi que Sook tinha razão: tudo era desígnio d'Ele, a lua cheia e a lua nova, a chuva forte que caía, e, se pelo menos eu conseguisse pedir a Ele que me ajudasse, Ele me ajudaria.

TC: E ajudou?

TC: Sim. Cada vez mais. Mas ainda não virei santo. Sou alcoólatra. Sou viciado em drogas. Sou homossexual. Sou um gênio. Claro, eu poderia ser essas quatro coisas dúbias e ainda assim ser um santo. Mas com certeza ainda não sou santo, não, senhor.

TC: Bem, Roma não foi feita num dia. Agora vamos nos recolher e tentar dormir um pouco.

TC: Mas antes vamos fazer uma oração. Vamos dizer a nossa *antiga* oração. A que costumávamos fazer quando éramos bem pequenos e dormíamos na mesma cama que Sook e Queenie, com as colchas empilhadas em cima de nós porque aquela casa era muito grande e bem fria.

TC: A nossa antiga oração? Está bem.

TC e TC: Agora que vou me recolher, peço ao Senhor pra minh'alma proteger. E, se eu morrer antes de acordar, peço ao Senhor pra minh'alma levar. Amém.

TC: Boa noite.

TC: Boa noite.

TC: Eu amo você.

TC: Eu amo você também.

TC: Acho bom. Porque, no fim das contas, só temos mesmo um ao outro. A sós. Até o túmulo. E é esta a tragédia, não é?

TC: Você está esquecendo. Também temos a Deus.

TC: É. Temos a Deus.

TC: Zzzzzzzzzzzzzzzz.

TC: Zzzzzzzzzzzzzzz.

TC e TC: Zzzzzzzzzzzzzzzzzz

ESTA OBRA FOI COMPOSTA EM ELECTRA PELO ACQUA ESTÚDIO E IMPRESSA
EM OFSETE PELA PROL EDITORA GRÁFICA SOBRE PAPEL PÓLEN SOFT DA SUZANO
BAHIA SUL PARA A EDITORA SCHWARCZ EM FEVEREIRO DE 2006